PH**E**25
Después de todo

PHoto**ESPAÑA**
Festival internacional
de fotografía y artes visuales
30 de abril – 14 de septiembre

Alba Serra, Ana Amado, Rocío Bueno,
Tamara Kalo, Alinka Echeverría,
Ana Maisonave, Ana Paes, Andreas Gursk
Axel Hütte, Ayana V. Jackson,
Cami Stone, Bernardita Morello,
Bleda y Rosa, Candida Höfer,
Carmenchu Alemán, Cristóbal Hara,
David Salcedo, Eduardo Nave,
Dora Maar, Duane Michals,
Elisa Miralles, Emilio Pemjean, Espe Pons,
Eugène Atget, Felipe Romero Beltrán,
Fernando Vílchez, Frank Thiel, Israel Ariño,
Graciela Iturbide, Hugo Schmölz,
Isabel Muñoz, Isidro Ferrer, Janos Frecot,
Javier Izquierdo, Jerónimo Álvarez,
Juan Millás, Joan Andreu Puig Farran,
Joan Fontcuberta, Joel Meyerowitz,
Julia Toro, Sofía Crespo, Edward Weston,
Jonàs Forchini, Jordi Bernadó,
Josef Stoffels, María Platero, José Guerrero,
Jorge Fuembuena, Jorge Salgado,
Michael Mauney, Liborio Porset, Alice Pallot

Juan Valbuena, Sergio Belinchón,
Bernd & Hilla Becher,
Juanan Requena, Judith Prat,
Thomas Ruff, Julia Margaret Cameron,
Laura C. Vela, Laura San Segundo,
Lotty Rosenfeld,
Marina Bobo, Lourdes Grobet,
Lurdes R. Basolí, Manuel Sonseca,
Marcin Ryczek, Sasha Stone,
María Sánchez, Mario von Bucovich,
Marisa Flórez, Martín Gusinde,
Mercedes Hausmann,
Miss Beige, Montaña Gama,
Nicholas Nixon, Nélia Dos Santos,
Nacho Criado, Patricia Andrés,
Paul Wolff, Paula Anta, Rocío Aguirre,
Rui Ochoa, Ruth Orkin, Sofía Moro,
Sonsoles Calzado, Tanya Traboulsi,
Taysir Batniji, Navia, Thomas Struth,
Txema Salvans, Valery Katsuba,
Hein Gorny, Alejandra Carles-Tolra

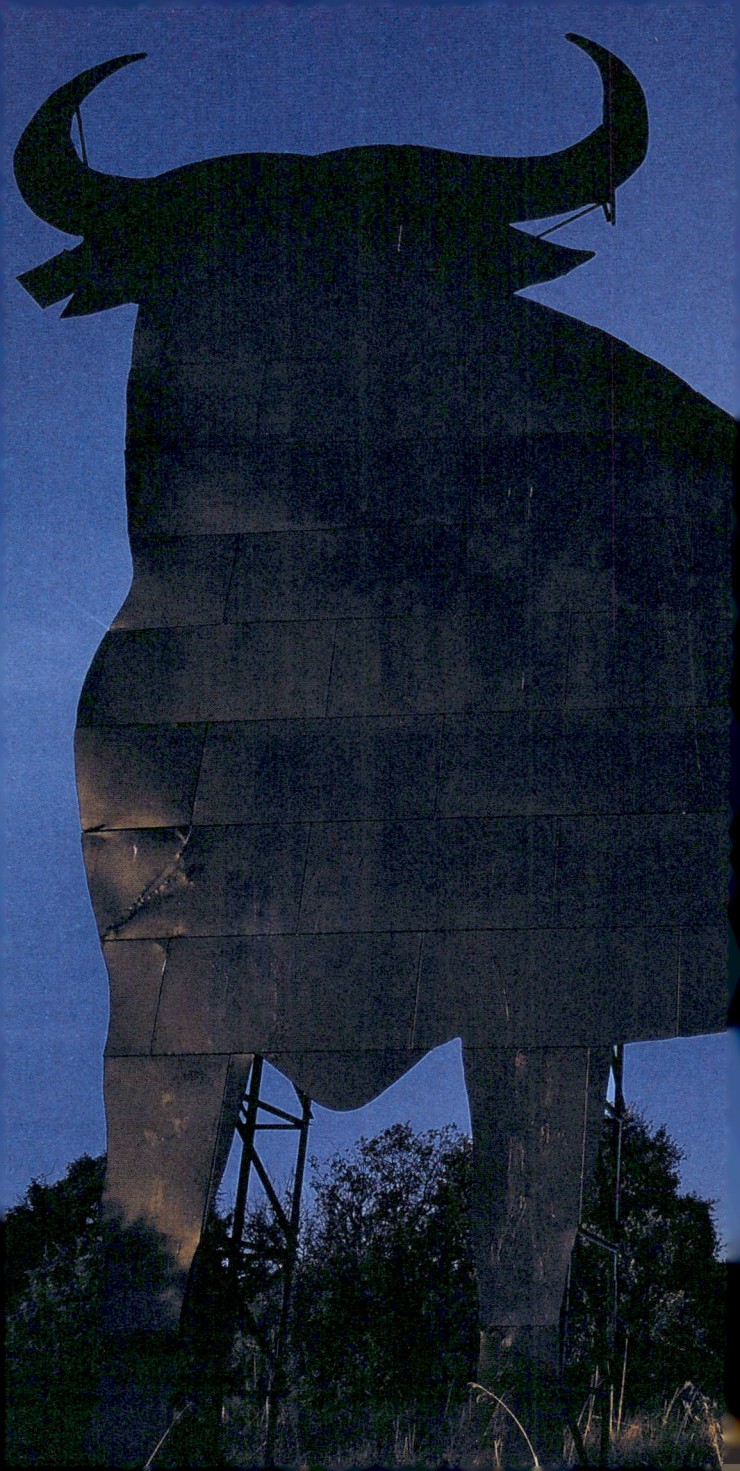

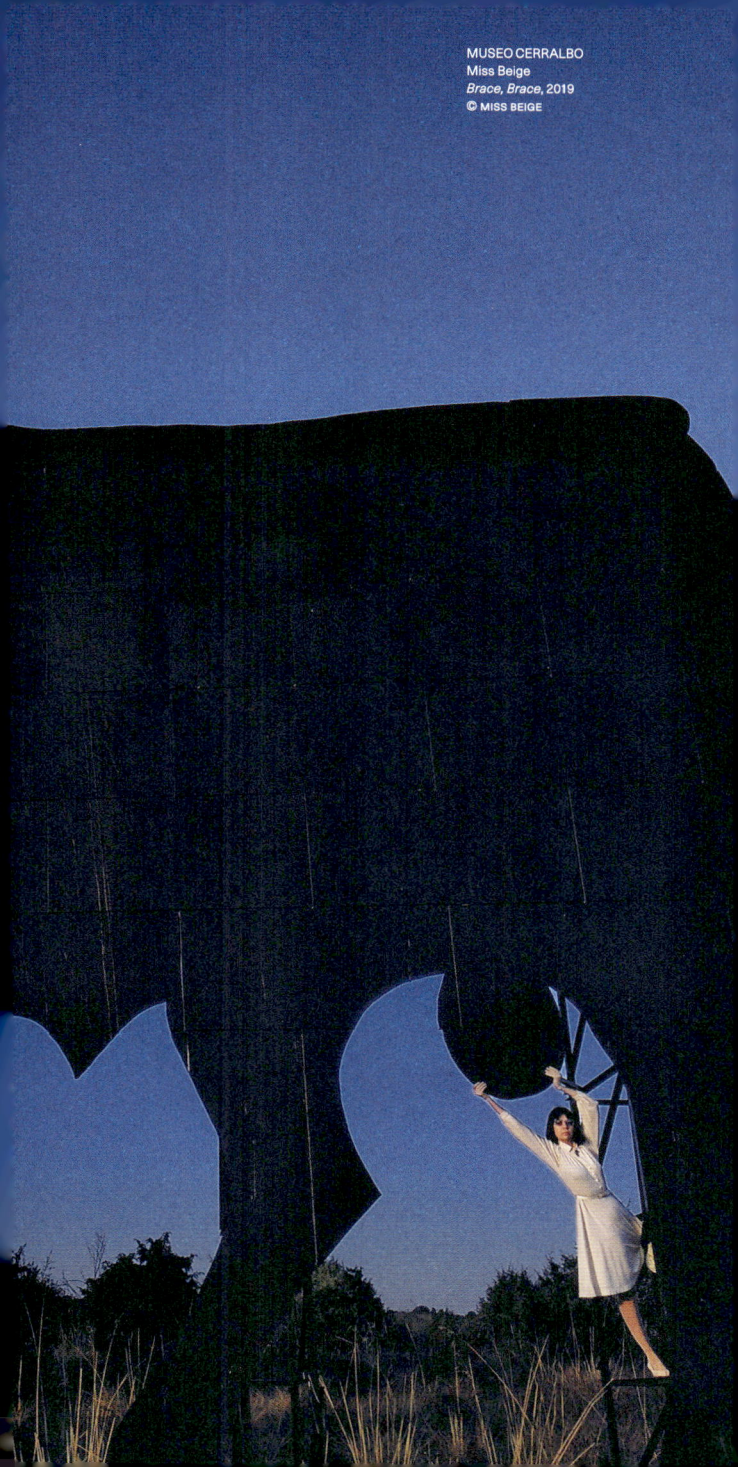

MUSEO CERRALBO
Miss Beige
Brace, Brace, 2019
© MISS BEIGE

CÍRCULO DE BELLAS ARTES
Nacho Criado
Encalado de una pared, Mengíbar, 1974
© NACHO CRIADO, VEGAP, MADRID, 2025

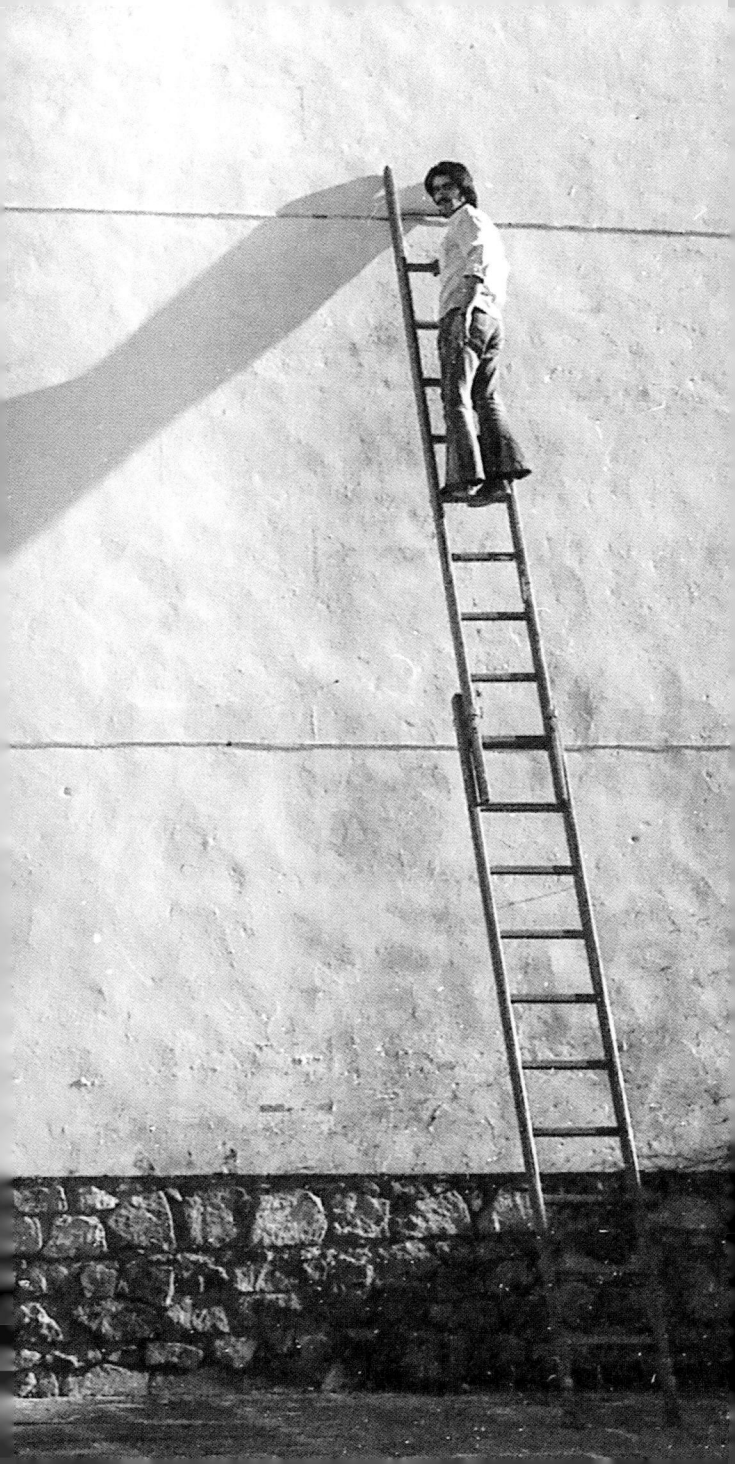

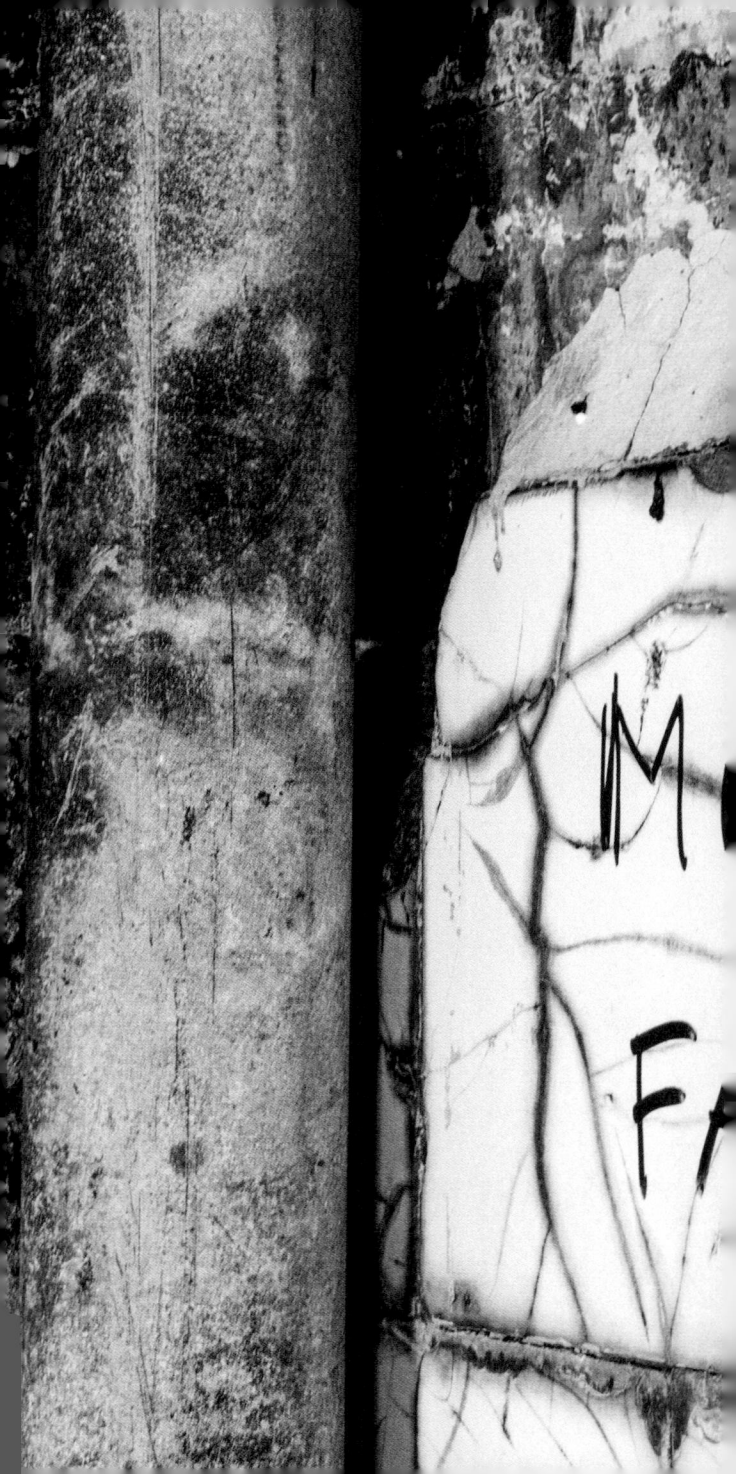

ORT AU
SCISME

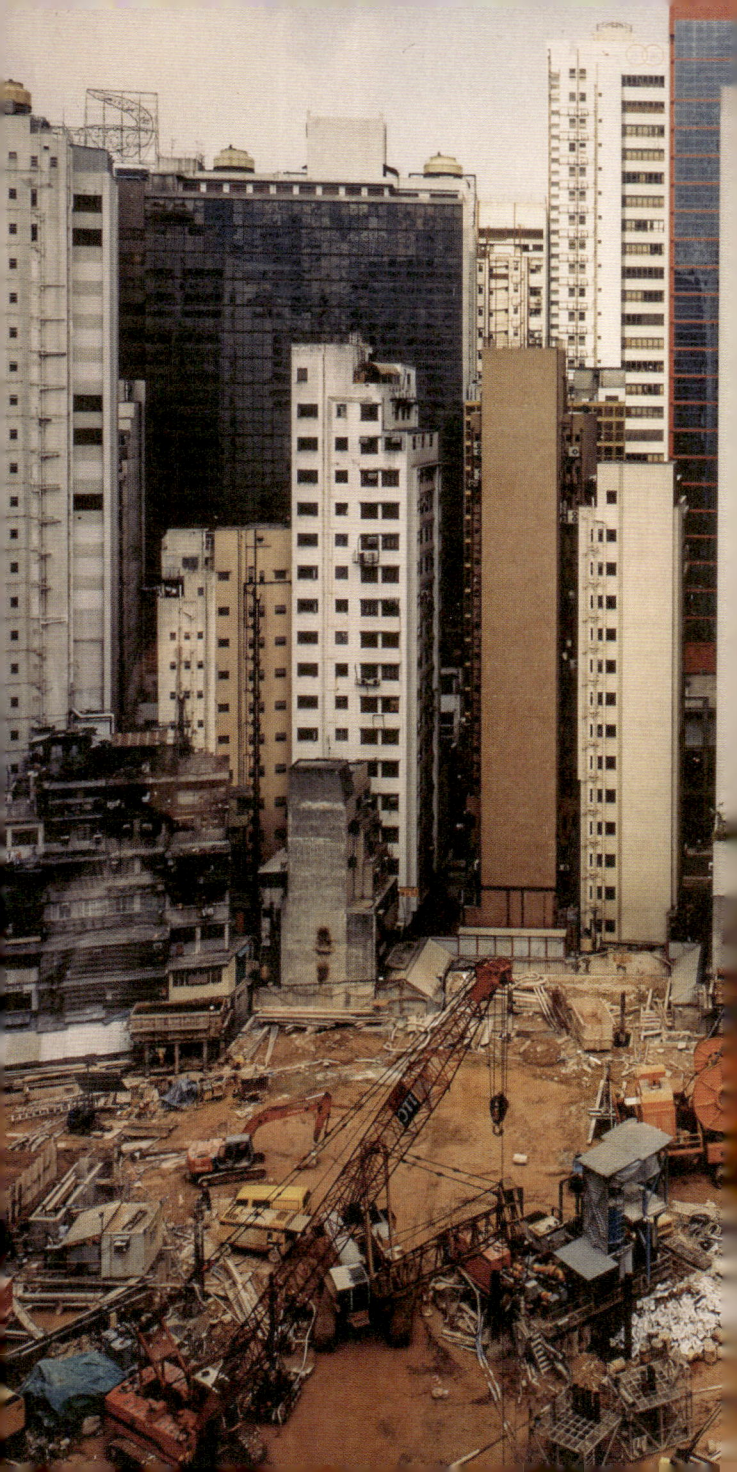

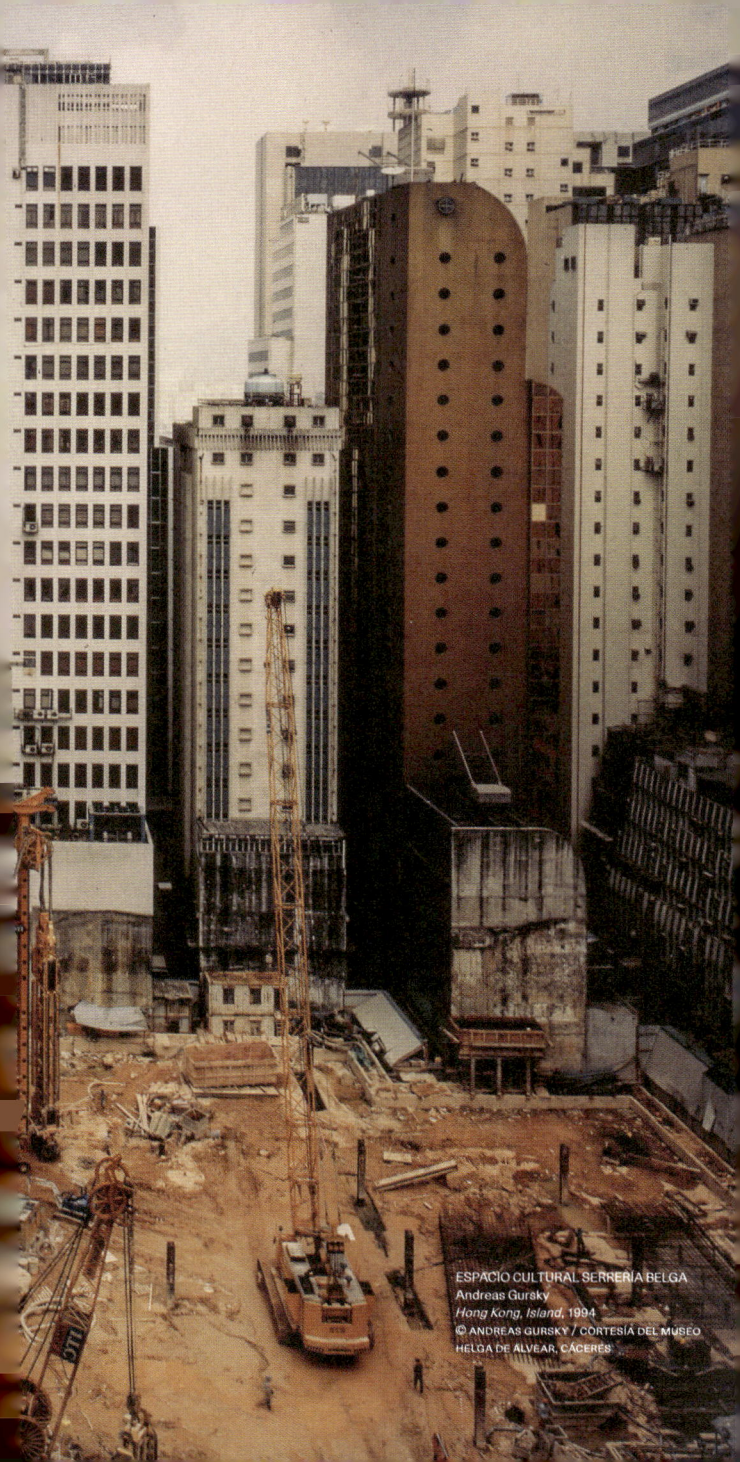

ESPACIO CULTURAL SERRERÍA BELGA
Andreas Gursky
Hong Kong, Island, 1994
© ANDREAS GURSKY / CORTESÍA DEL MUSEO
HELGA DE ALVEAR, CÁCERES

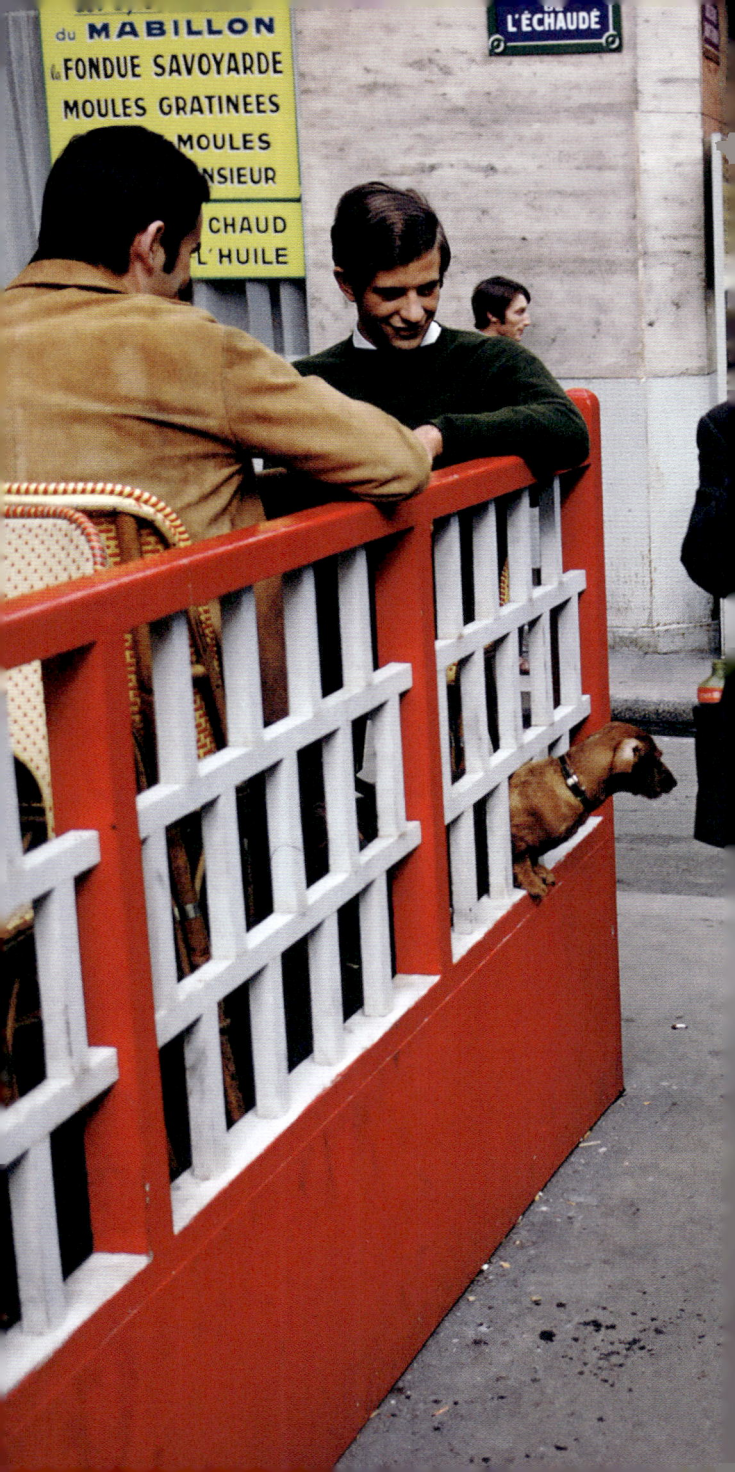

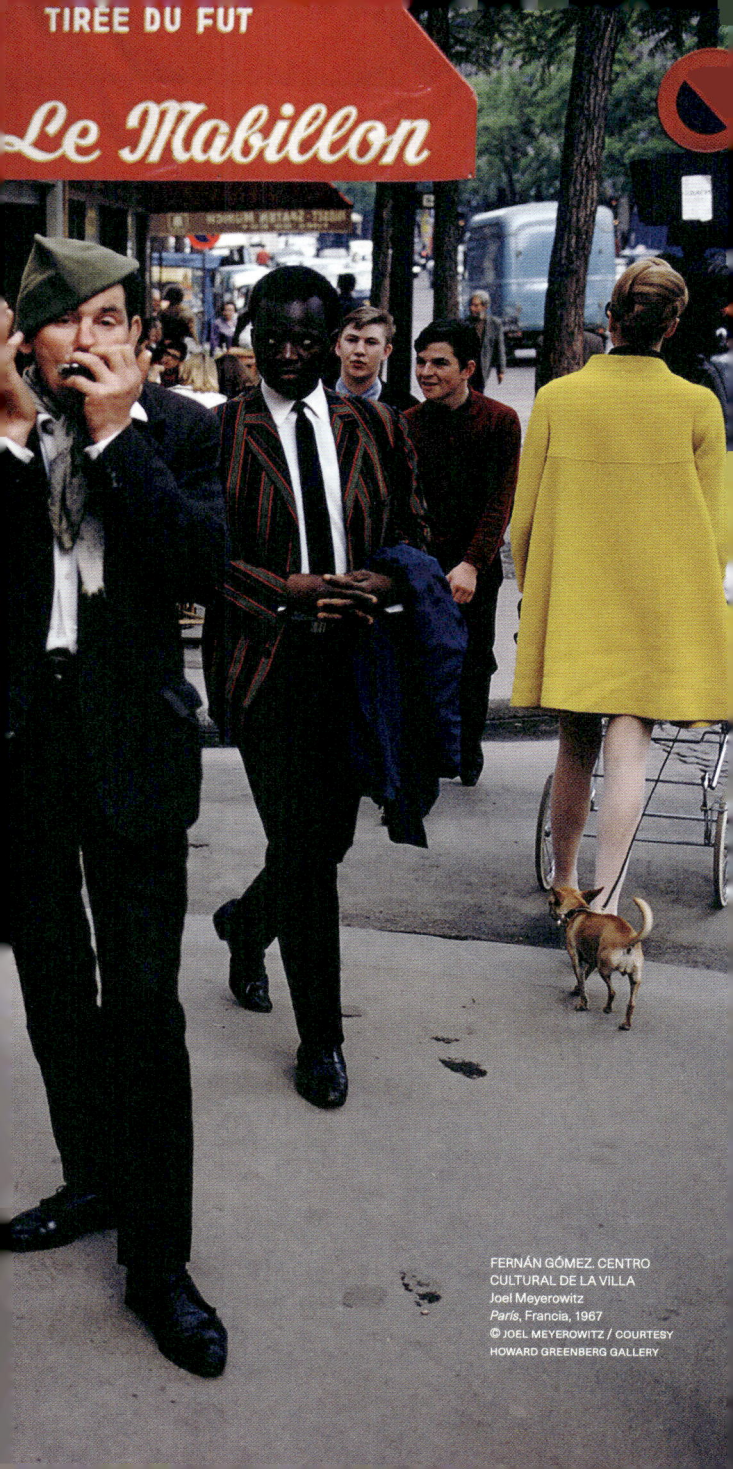

FERNÁN GÓMEZ. CENTRO
CULTURAL DE LA VILLA
Joel Meyerowitz
París, Francia, 1967
© JOEL MEYEROWITZ / COURTESY
HOWARD GREENBERG GALLERY

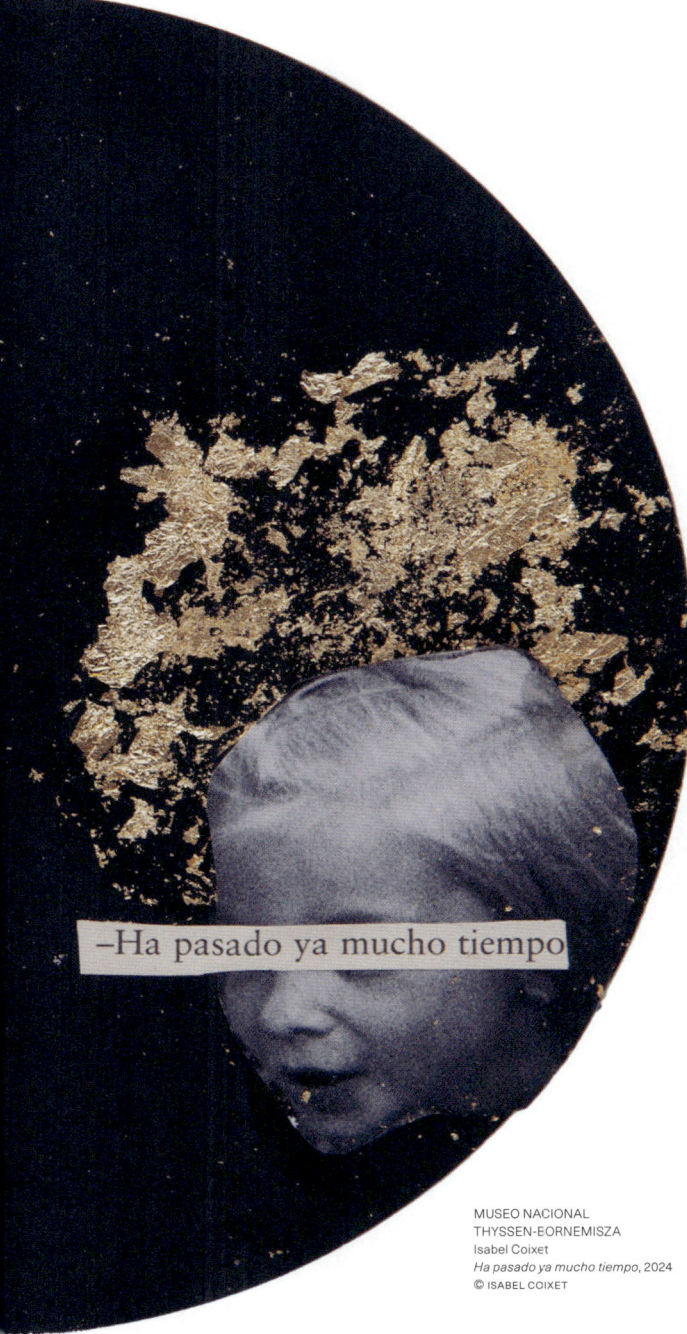

–Ha pasado ya mucho tiempo

MUSEO NACIONAL
THYSSEN-EORNEMISZA
Isabel Coixet
Ha pasado ya mucho tiempo, 2024
© ISABEL COIXET

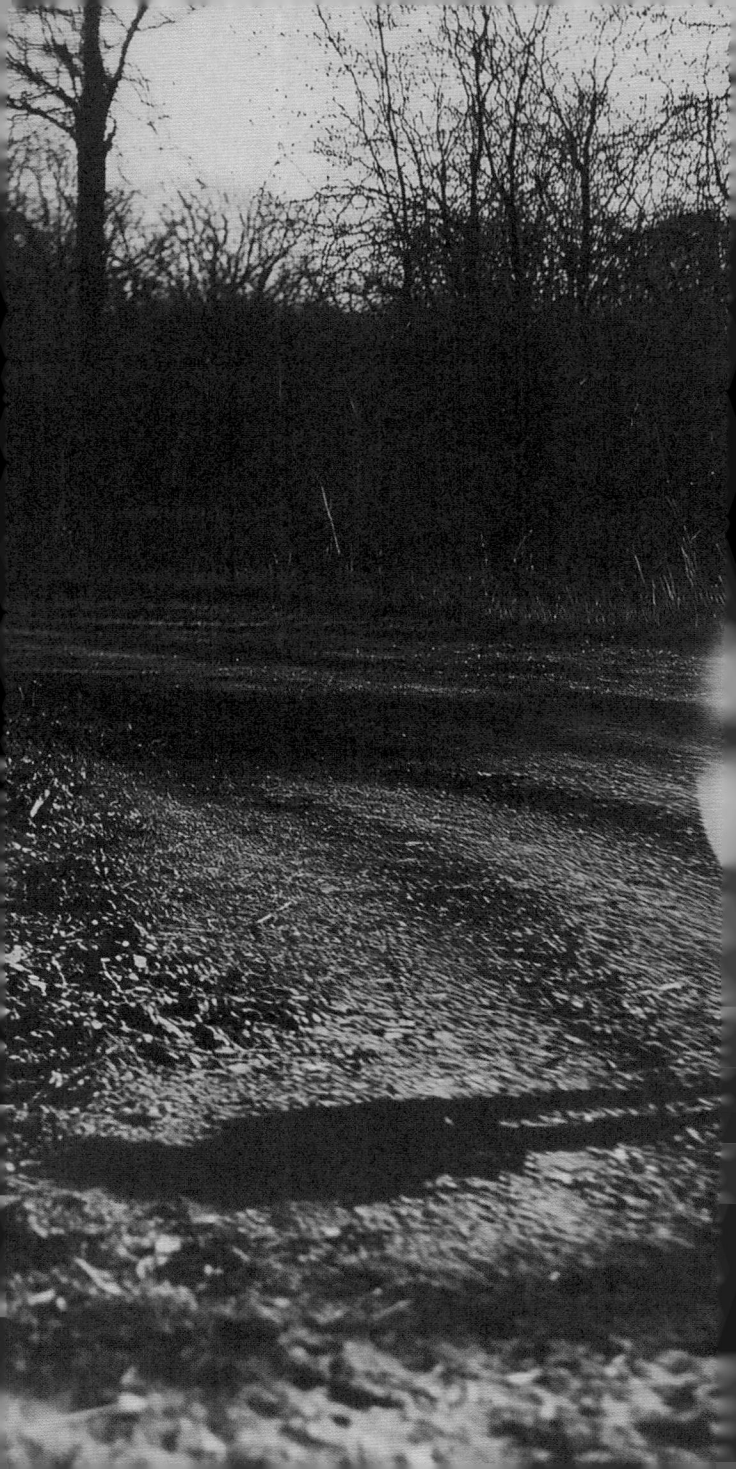

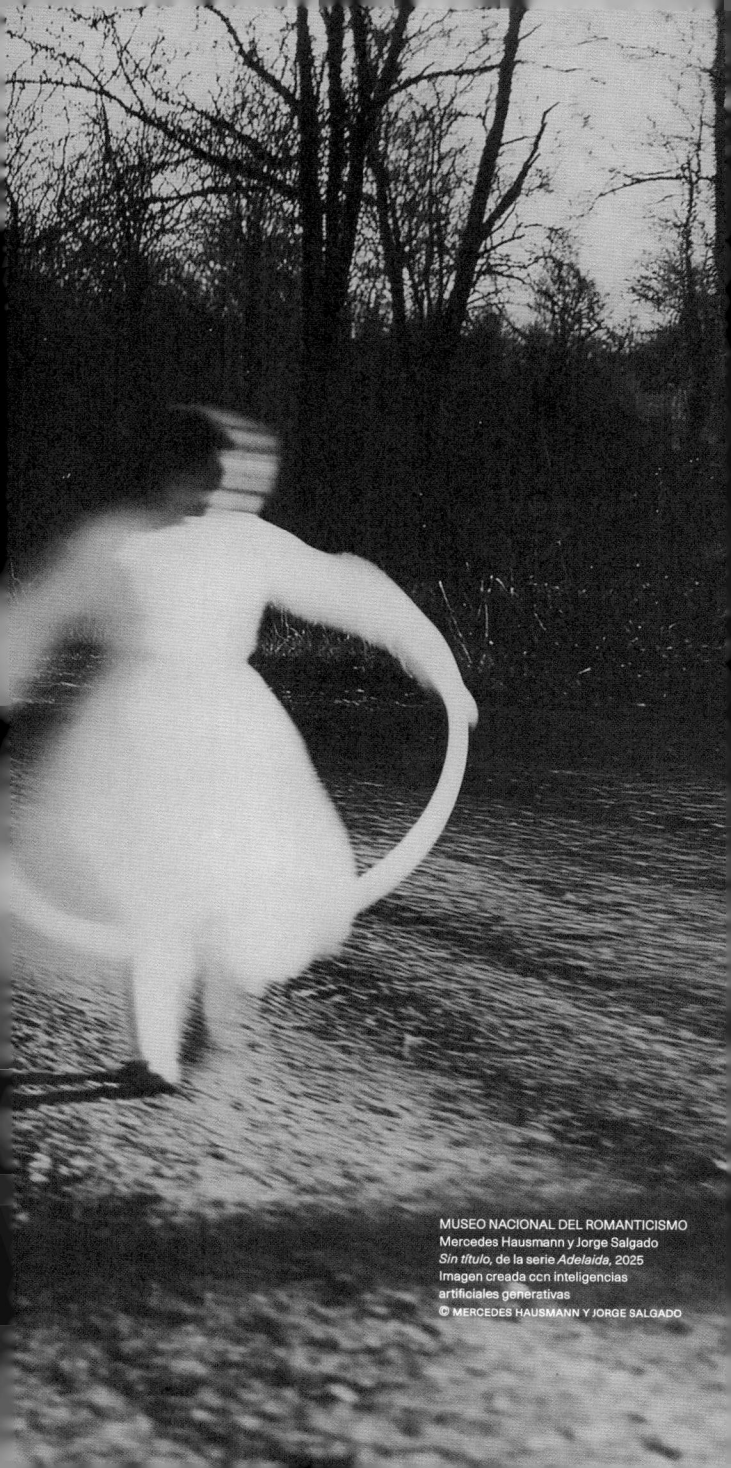

MUSEO NACIONAL DEL ROMANTICISMO
Mercedes Hausmann y Jorge Salgado
Sin título, de la serie *Adelaida*, 2025
Imagen creada con inteligencias
artificiales generativas
© MERCEDES HAUSMANN Y JORGE SALGADO

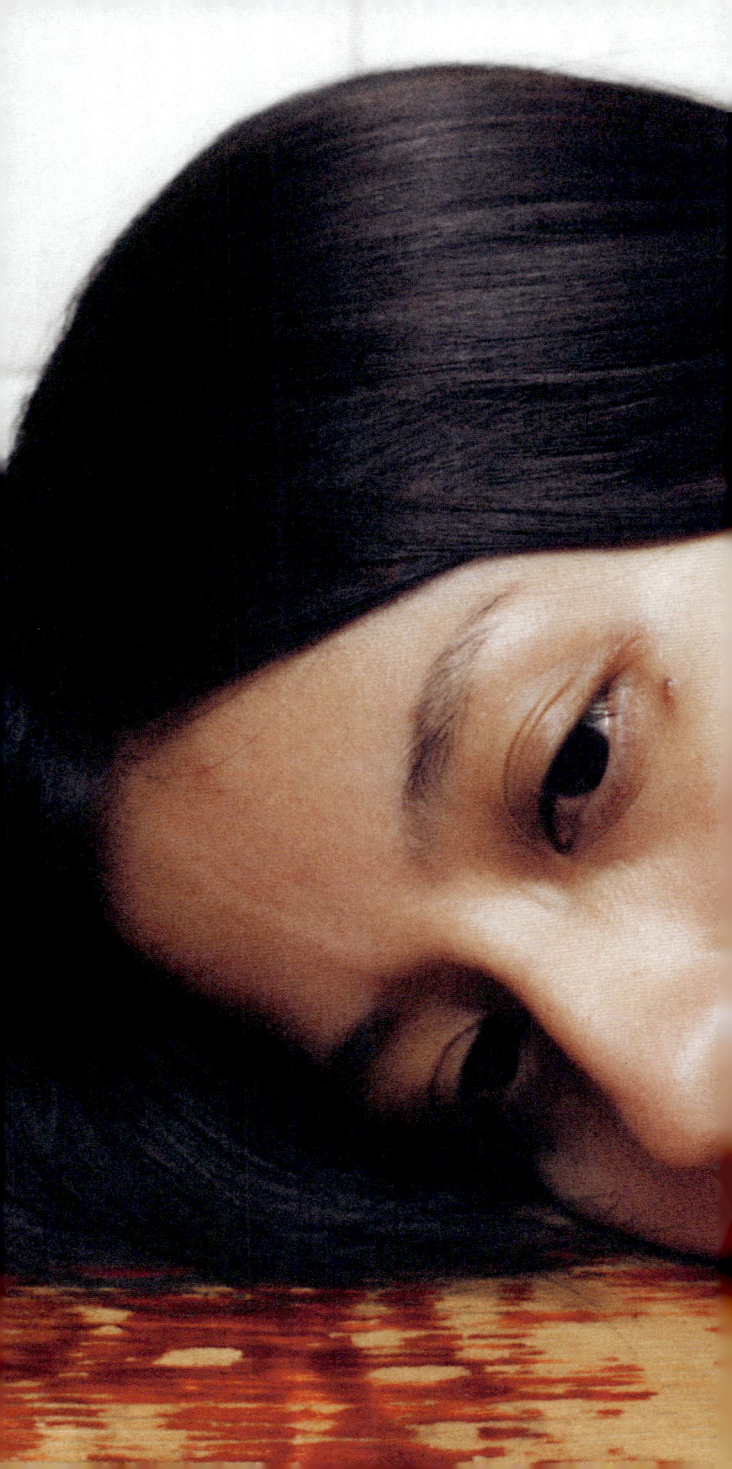

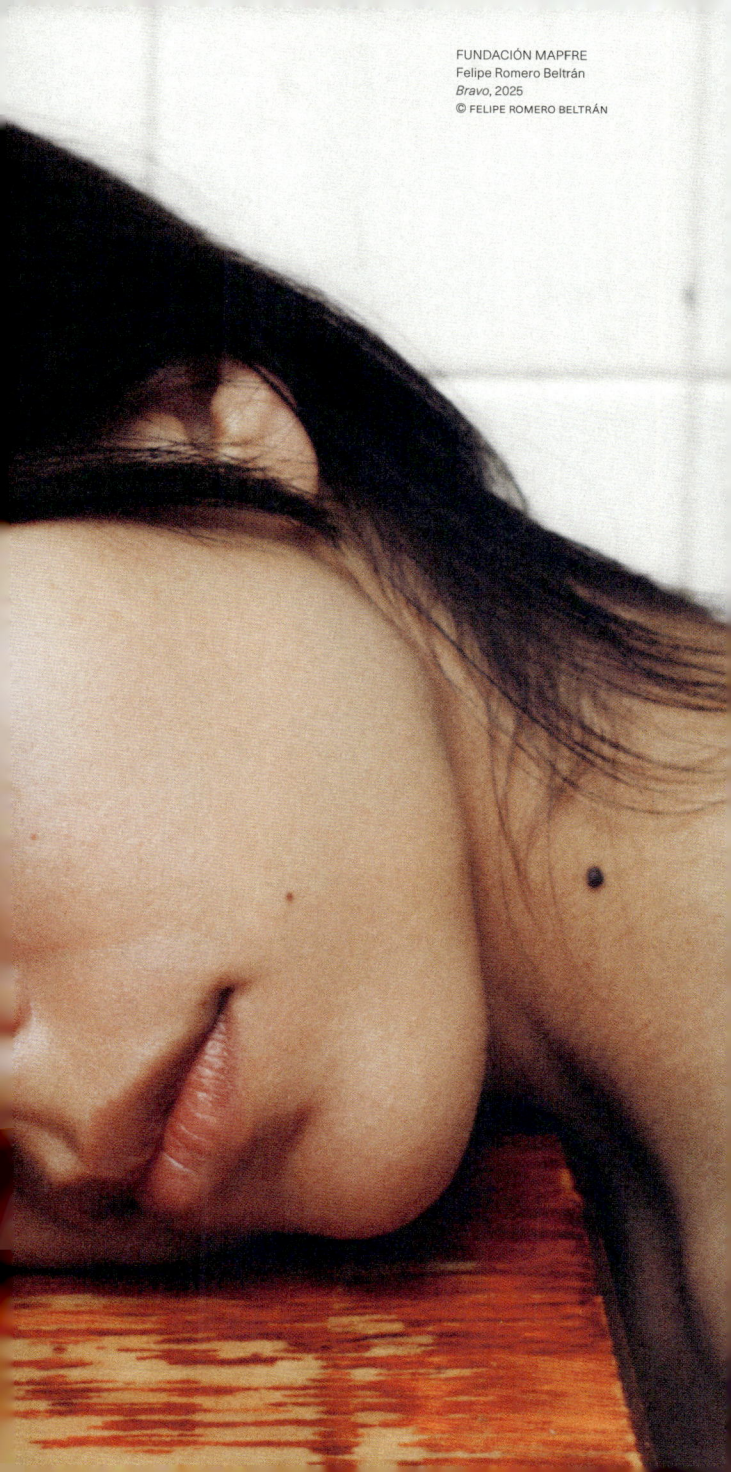

FUNDACIÓN MAPFRE
Felipe Romero Beltrán
Bravo, 2025
© FELIPE ROMERO BELTRÁN

XXVIII Festival internacional
de fotografía y artes visuales
30 de abril – 14 de septiembre

PHoto**ESPAÑA** 2025

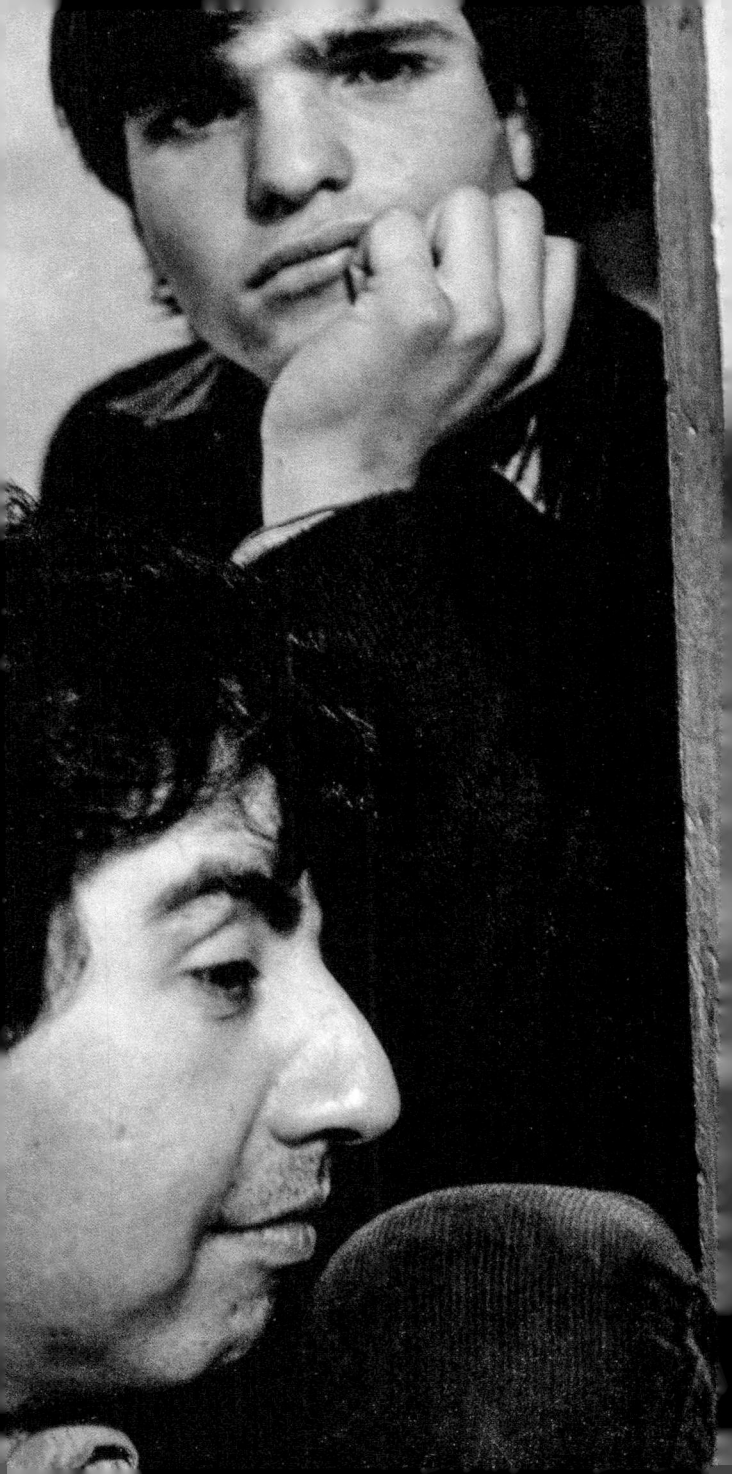

Un modelo a seguir

ALBERTO FESSER
Presidente de La Fábrica

Cuando hace 30 años Alberto Anaut concibió la idea de poner en marcha un festival internacional de fotografía en Madrid, se propuso un objetivo muy claro: poner el punto de mira en la fotografía —el medio de expresión más contemporáneo— y moverla hacia el lugar que le correspondía en el mundo del arte. Un objetivo muy ambicioso y de largo recorrido, que requería aunar esfuerzos durante muchos años.

Con esa idea nació PHotoESPAÑA, un proyecto abierto donde creadores y profesionales del arte, instituciones culturales, administraciones públicas y empresas con muy distintas misiones encontrasen, en la promoción de la fotografía, una oportunidad para su desarrollo.

Un festival construido con las aportaciones de muchos y en el que nadie tiene un peso dominante, que cada año sigue creciendo y adaptándose a una actualidad cambiante, atento a las demandas de nuestra sociedad. Un proyecto dirigido con la responsabilidad de saber que es de todos.

El modelo de PHotoESPAÑA, plenamente vigente, ha resultado crucial para afrontar coyunturas difíciles a lo largo de sus 28 ediciones, ha inspirado otros proyectos puestos en marcha con éxito desde la misma organización, La Fábrica, y sin duda, ha contribuido a fomentar la colaboración entre organizaciones, públicas y privadas, tan valiosa para el sector cultural.

Bienvenidos a vuestro festival.

MUSEO LÁZARO GALDIANO
Julia Toro
Sin título, 1982
© JULIA TORO

A Model Worth Following

ALBERTO FESSER
President of La Fábrica

When Alberto Anaut came up with the idea of launching an international photography festival in Madrid thirty years ago, he set a very clear objective: to spotlight photography—the most contemporary medium of expression—and to give it the place it deserved in the art world. This is a very ambitious, long-term objective which compelled him to summon a great deal of effort over many years.

This idea was the birth of PHotoESPAÑA: an open project where creators and art professionals, cultural institutions, public administrations and companies with widely diverging missions can meet to promote photography, an opportunity to develop its missions.

It is a festival built upon many people's contributions, where nobody stands out over the others; one that continues growing every year and adapting to an ever-changing reality, attentive to our society's needs; a project managed with the responsibility of knowing that it belongs to everybody.

The PHotoESPAÑA model, which is still thoroughly valid today, has been crucial in grappling with different situations that have arisen throughout its twenty-eight years; has inspired other projects that have been successfully launched by the same organisation, La Fábrica; and has unquestionably contributed to fostering collaboration among public and private organisations, which is so valuable to the cultural sector.

Welcome to your festival!

ATENEO DE MADRID
Rui Ochoa
Armas ao alto no 25 de abril de 1974
© RUI OCHOA

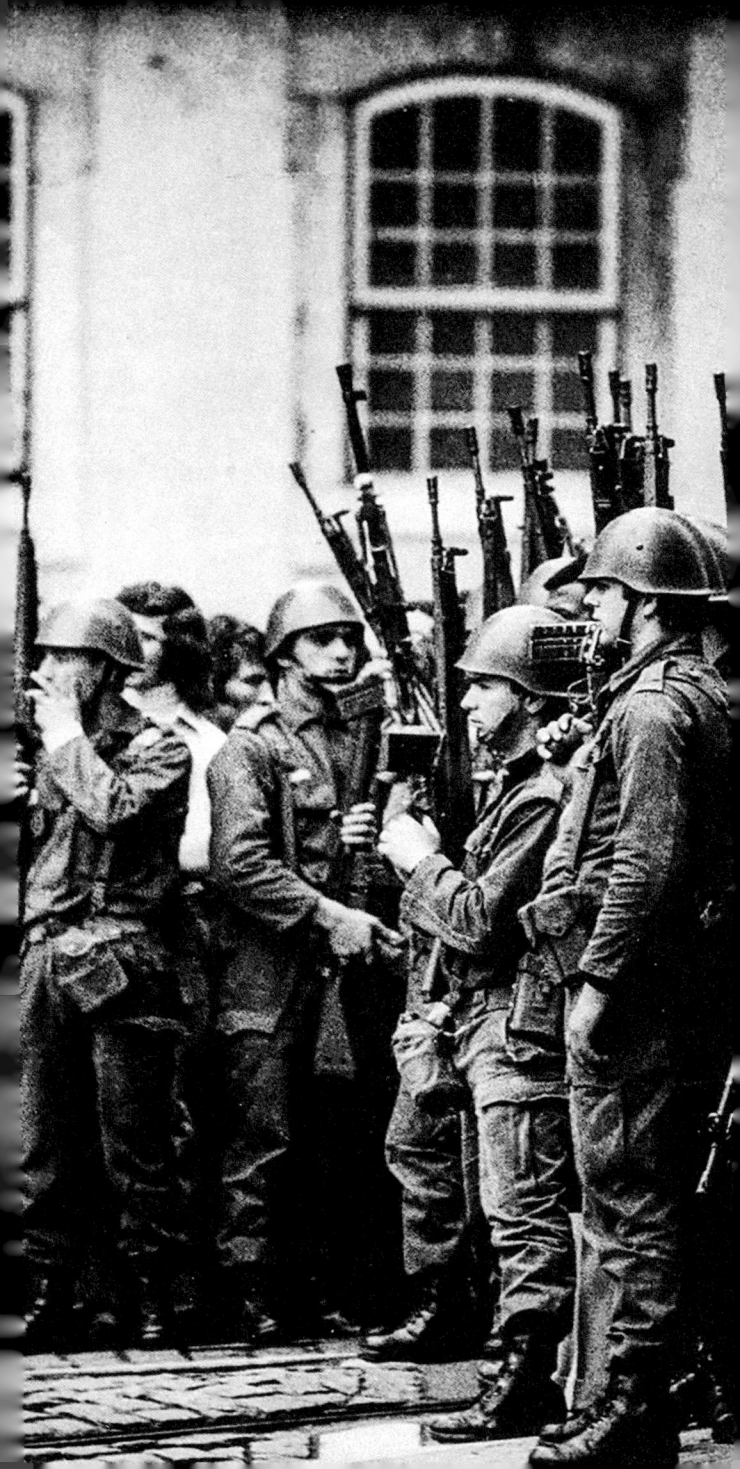

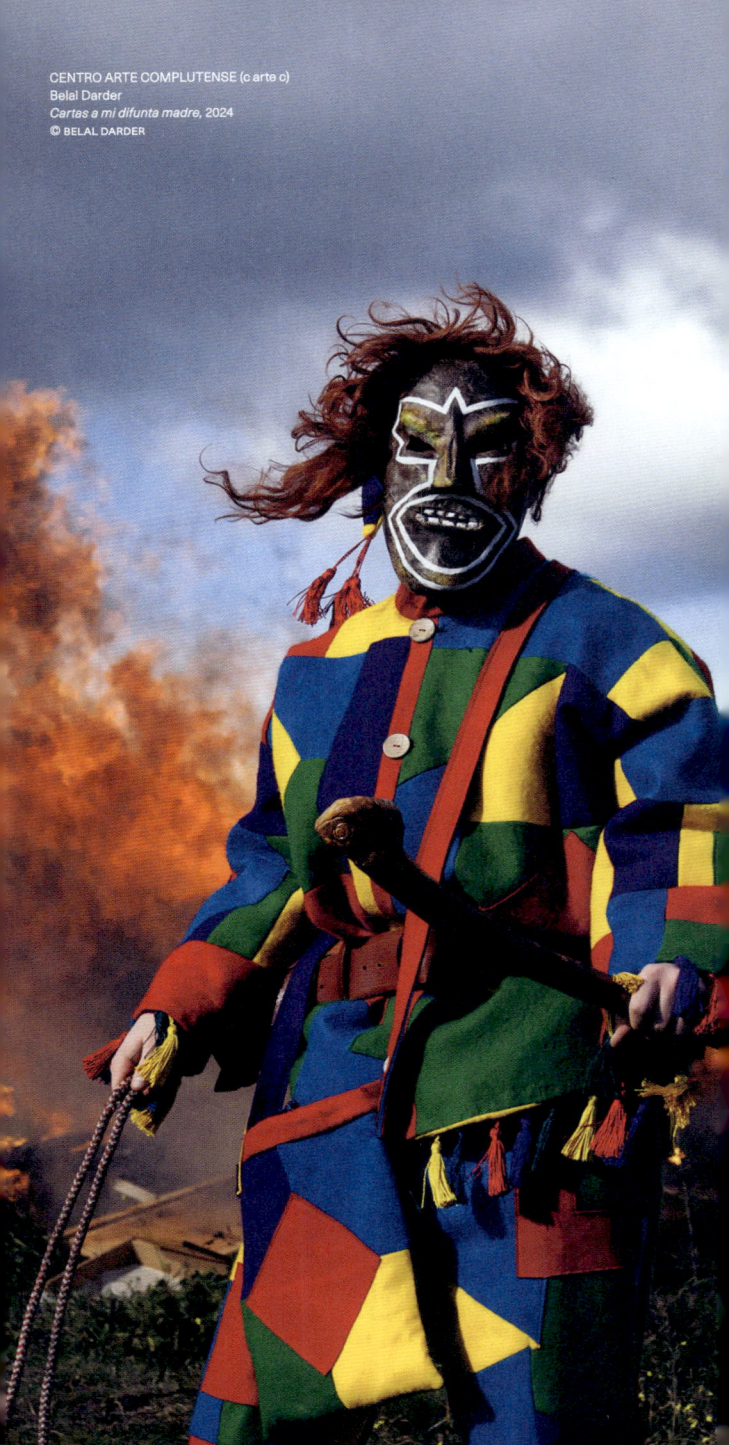
CENTRO ARTE COMPLUTENSE (c arte c)
Belal Darder
Cartas a mi difunta madre, 2024
© BELAL DARDER

Después de todo

MARÍA SANTOYO
Directora de PHotoESPAÑA 2025

Cuando estalló la segunda guerra mundial en 1939, la fotografía celebraba su primer centenario y se convirtió en una herramienta bélica fundamental, suministrando material de propaganda, pero también un sinfín de imágenes difundidas a través de revistas ilustradas que alimentaron la evidencia de nuestra capacidad de deshumanización y autoaniquilación. Las fotografías de soldados desembarcando en la playa de Omaha, izando banderas en Iwo Jima o en lo alto del Reichstag, así como las de los cuerpos amontonados en los campos de exterminio nazi se clavaron en una memoria colectiva profundamente dañada desde 1945.

Las imágenes del conflicto fueron el sustrato de una voluntad de restitución que dio paso a la denominada fotografía humanista. Cornell Capa habló de *concerned photography*: una fotografía solidaria, empática incluso, que no solamente aspiraba a registrar el mundo, sino a cambiarlo. Ochenta años después, la práctica fotográfica sigue manteniendo una estrecha vinculación con la realidad circundante y las preocupaciones que atañen, tanto a comunidades y territorios específicos, como a la sociedad en su conjunto. La relación de la fotografía con el conflicto —personal, histórico, político o social— permanece. Y su papel sigue siendo fundamental en el posconflicto, como herramienta crítica y disidente, como vehículo de expiación o justicia.

La fotografía actual aborda cuestiones esenciales como la memoria histórica, la asimilación del poscolonialismo y sus nuevas perspectivas de raza y clase, la colisión entre la necesaria preservación del medioambiente y el hiperdesarrollo, el impacto de las tecnologías digitales en nuestra identidad personal y colectiva, la lucha por la igualdad de género o la libertad sexual, entre otros asuntos que nos interpelan en un paradigma tan inestable como el actual.

Fotografiar es un derecho que no siempre está garantizado. Es fácil dudar de una historia sin archivos ni evidencias, de la actualidad sin fotorreporteros que la atestigüen o de nuestros recuerdos sin álbumes. Como dijo W. Eugene Smith en 1948, "debidamente empleada, [la fotografía], es un gran poder para nuestro mejoramiento e inteligencia; mal empleada, puede encender muchos fuegos inoportunos".

Esta nueva edición de PHotoESPAÑA pone el foco en el trabajo de fotógrafas y fotógrafos, corrientes y artistas visuales que han optado en distintos contextos y períodos históricos por una confrontación crítica con la realidad para, tal vez, permitirse y permitirnos soñar otra. Después de todo, sin la fotografía, nada se sabe, nada sucede, y nada puede cambiar. Por ello, os damos la bienvenida a un festival que quiere reivindicar, más que nunca, nuestro derecho a fotografiar.

After all

MARÍA SANTOYO
Director of PHotoESPAÑA 2025

When the Second World War broke out in 1939, photography was celebrating its first centennial and became an essential tool during the war by supplying propaganda material and countless images spread through illustrated magazines, feeding the evidence of our capacity for dehumanisation and self-annihilation. The photographs of soldiers landing on Omaha Beach and raising flags on Iwo Jima and atop the Reichstag, as well as pictures of bodies piled up at Nazi extermination camps, have been etched in a profoundly damaged collective memory since 1945.

The images of the conflict underlay a desire for restitution, which gave rise to what is called humanistic photography. Cornell Capa talked about *concerned photography*: socially conscious and even empathetic photography that aspired to not only record the world but also change it. Eighty years later, the practice of photography continues to be closely tied to the reality around it and the concerns of both specific communities and regions and society as a whole. Photography's relationship with conflict—personal, historical, political or social— remains in place, and its role post-conflict is still essential as a critical tool of memory, dissidence, expiation or justice.

Contemporary photography engages with fundamental issues such as historical memory, the assimilation of post-colonialism and its new perspectives on race and class, the collision between the necessary preservation of the environment and hyper-development, the impact of digital technologies on our personal and collective identity, the struggle for gender equality or sexual freedom and many other issues that are challenging us in such an unstable paradigm as today's.

Photographing is a right that is not always guaranteed. It is easy to doubt a story without either archives or evidence, an event without photojournalists who bear witness to it or our memories without albums. As W. Eugene Smith said in 1948: 'Properly used it is a great power for betterment and understanding; misused, it can kindle many troublesome fires'.

This new edition of PHotoESPAÑA spotlights the work of photographers, trends and visual artists who have chosen to confront reality critically in different places and historical periods in order perhaps to allow them and us to dream about a different one. After all, without photography, nothing would be known, nothing would happen and nothing could change. For this reason, we are welcoming you to a festival that aims to assert our right to photograph, now more than ever.

ANTIGUO HOSPITAL DE SANTA MARÍA
LA RICA. ALCALÁ DE HENARES
Sonsoles Calzado
De la serie *El último verano*, 2022-2023
© SONSOLES CALZADO

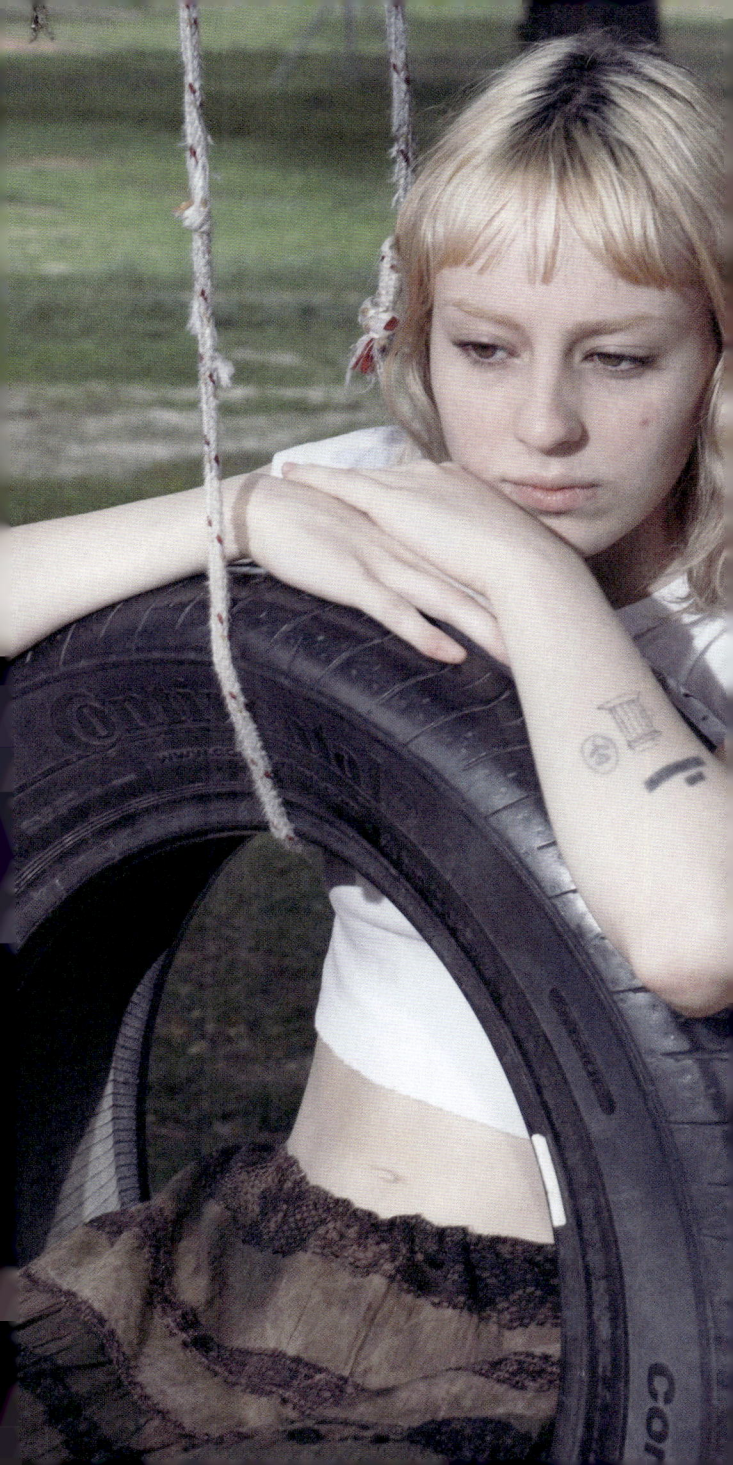

PHoto**ESPAÑA** 2025

Otras ciudades

Chile
País invitado

Lotty Rosenfeld
By Pass. La frontera del signo

CÍRCULO DE BELLAS ARTES
04.06 – 07.09.2025

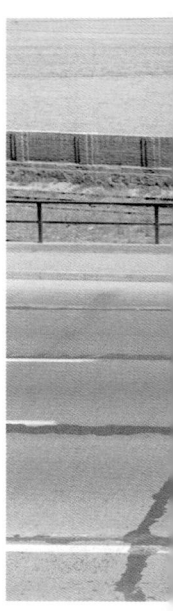

Figura clave del videoarte en Latinoamérica, Lotty Rosenfeld (Santiago de Chile, 1943-2020) fue autora de una obra inclasificable radicada en la confluencia de su lucha política frente a la violencia de estado y de una concepción de las imágenes como espacio de libertad imprescindible para transformar el presente.

En un momento, como los años de dictadura, en el que las calles estaban vetadas a todo tipo de manifestación ciudadana y el registro fílmico o fotográfico prohibido, su trabajo eclosionó a través de una serie de intervenciones en el espacio público que desafiaban el silenciamiento impuesto por el poder político-militar, a la vez que interpelaban a la comunidad a imaginar otras formas de participación colectiva. La pregnancia de sus primeros gestos marcó toda su obra posterior, en la que siguió ahondando en las aristas más conflictivas de las políticas neoliberales.

Uno de los centros vitales de su práctica artística consistió en situarse con su cuerpo donde no estaba previsto estar. Más específicamente, señalar aquellos signos cuyo poder para organizar la economía de la vida había sido naturalizado hasta hacerse invisible a todo cuestionamiento crítico. Desde esos puntos, elegidos con precisión quirúrgica, Rosenfeld intervino generando con sus acciones y el movimiento de sus imágenes olas de interferencias cuyos efectos fueron, y siguen siendo, fundamentales.

La bolsa de comercio de Santiago, espacios transfronterizos, casas de empeño o los centros de máximo poder institucional fueron algunos de los emplazamientos donde decidió trabajar con el propósito de cuestionar las lógicas y los mecanismos con las que se instauran la desigualdad social, la exclusión, la normatividad de las conductas o del género. Es en este sentido que su obra audiovisual, caracterizada por un radical entrecruzamiento de materiales, lenguajes y archivos, opera como un auténtico *bypass*, abriendo una posibilidad allí donde la vida y sus fuerzas imaginantes han quedado obstruidas.

Lotty Rosenfeld
Paz para Sebastián Acevedo, 1985
© LOTTY ROSENFELD / FUNDACIÓN LOTTY ROSENFELD

Lotty Rosenfeld
Puzzle para un buen domingo, 1978
© LOTTY ROSENFELD / FUNDACIÓN LOTTY ROSENFELD

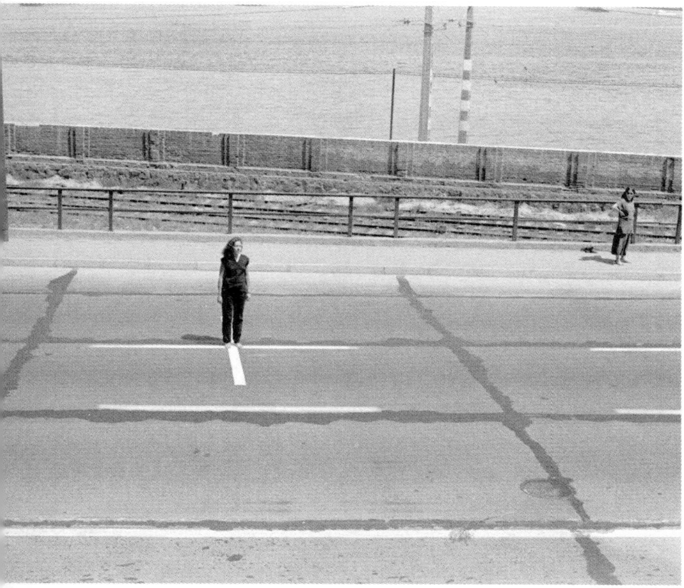

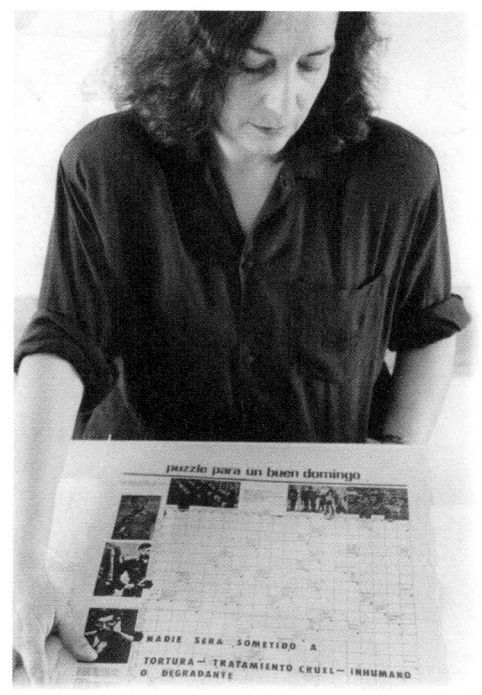

puzzle para un buen domingo

NADIE SERA SOMETIDO A
TORTURA — TRATAMIENTO CRUEL— INHUMANO
O DEGRADANTE

A key figure in video art in Latin America, Lotty Rosenfeld (Santiago de Chile, 1943–2020) was the author of an unclassifiable oeuvre located at the confluence of her political struggle against state violence and a conception of images as an essential space of freedom for transforming the present.

Her work erupted during the years of dictatorship, when the streets were off-limits for any type of citizen demonstration and taking films or photographs was forbidden, through a series of interventions in the public space that challenged the silence imposed by the political-military power while also challenging the community to imagine other forms of collective participation. The cogency of her first acts marked all her subsequent works in which she continued to delve into the most contentious aspects of neoliberal policies.

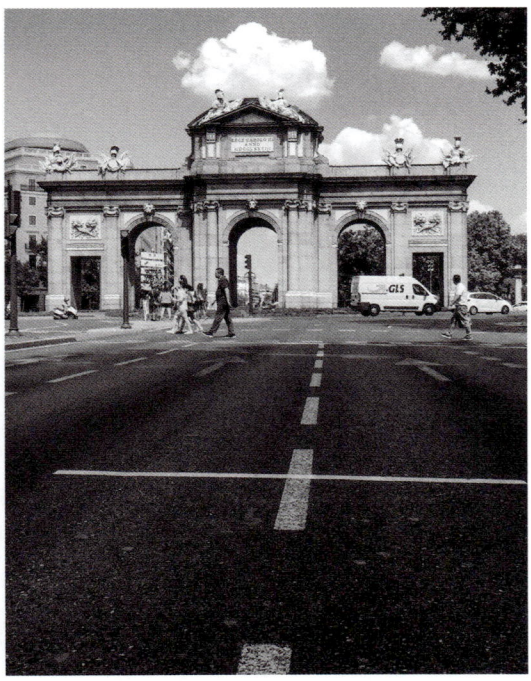

Lotty Rosenfeld
Puerta de Alcalá, 2018
© LOTTY ROSENFELD / FUNDACIÓN LOTTY ROSENFELD

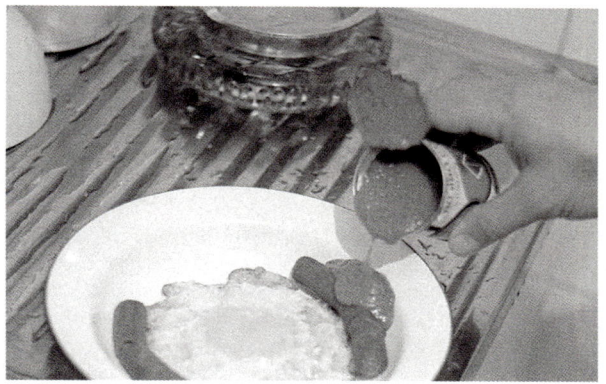

Lotty Rosenfeld
Paz para Sebastián Acevedo, 1985
© LOTTY ROSENFELD / FUNDACIÓN LOTTY ROSENFELD

One of the cores of her artistic practice entailed situating herself with her body in unexpected places. More specifically, she pointed out signs whose power to organise the economy of life had been naturalised so much that they were rendered invisible from any critical questioning. Rosenfeld intervened from those points, chosen with surgical precision, as her actions and the movement of her images generated waves of interferences whose effects were—and still are—fundamental.

The Santiago Stock Exchange, cross-border places, pawn shops and epicentres of institutional power were just some of the sites where she decided to work with the purpose of questioning the mechanisms that instilled social inequality, exclusion and normativity of behaviours or gender-normative. In this sense, her audiovisual work, which is characterised by a radical intersection of materials, languages and archives, operates as a true bypass, opening up a possibility wherever life and its imaginative forces have been obstructed.

 Círculo de Bellas Artes
Sala Goya
Alcalá, 42
28014 Madrid
Lunes cerrado
circulodebellasartes.com

Comisarias
Marta Dahó y Alejandra Coz
Rossenfeld

Organiza
Ministerio de las Culturas, las Artes y el Patrimonio del Estado de Chile, Círculo de Bellas Artes y PHotoESPAÑA

Colabora
Fundación Lotty Rosenfeld

Julia Toro
Estado Fotográfico

MUSEO LÁZARO GALDIANO
10.09 – 09.11.2025

Por primera vez se expone en España el trabajo de la autora Julia Toro (Talca, Chile, 1933). Su obra, libre de estrategias y concesiones, se guía por el asombro, el calor o la sencillez. Sus fotografías están en un tiempo suspendido y en ellas florece milagrosamente lo universal, al abordar temáticas como el dolor, la ausencia, el amor o la vida en el barrio, compaginadas con imágenes de una hija, un poeta, un travesti...

Estas fotografías, en su mayoría realizadas en Chile durante la dictadura de Pinochet, reflejan la vida en un país silenciado, donde, a pesar de todo, se mantuvieron las reuniones con los amigos y las amigas, los almuerzos en familia, los paseos por el parque los domingos, los recitales de poesía, las risas y el amor, pero también los sentimientos de temor que surgían con la oscuridad. Julia Toro documenta toda esta cotidianidad sin pudor, con elegancia y cariño, convirtiendo sus imágenes en un testimonio íntimo y colectivo.

Hoy, a sus 91 años, la fotógrafa chilena no mira el presente con nostalgia. Despierta cada día con fuerza creadora y retrata lo que la vida le propone, los encuentros, las injusticias, las sorpresas, las alegrías. Esta exposición no es una retrospectiva, sino la obra de una vida bien viva, que muestra su propio punto de vista sobre las relaciones humanas.

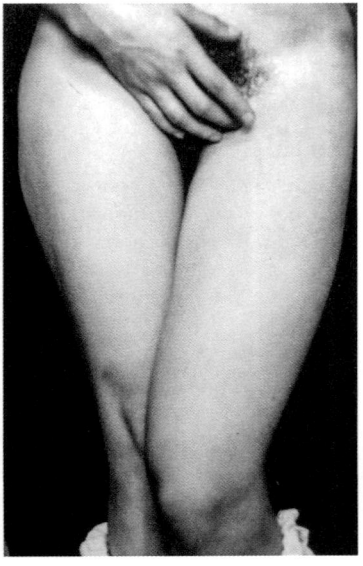

Julia Toro
Venus, 1980
© JULIA TORO

Julia Toro
Los Detectives Salvajes, 1983
© JULIA TORO

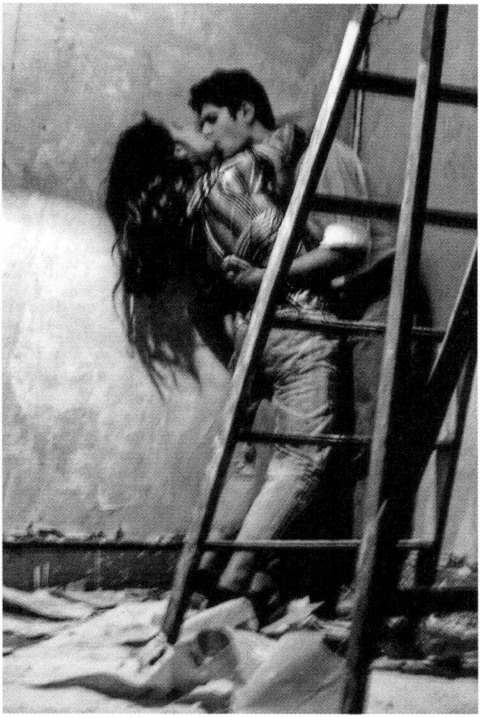

Julia Toro
Sin título, 1995
© JULIA TORO

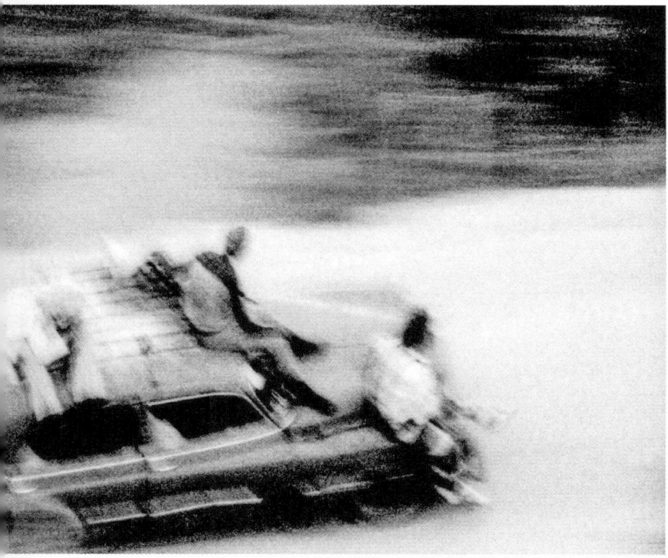

The work of the author Julia Toro (Talca, Chile, 1933) is being shown in Spain for the first time. Her work, which is free of strategies and concessions, is instead guided by wonder, heat or simplicity. Her photographs are in suspended time and the universal miraculously blossoms in them as they address issues like pain, absence, love or life in the barrio, combined with images of a daughter, a poet, a transvestite...

These photographs, most of them taken in Chile during the Pinochet dictatorship, reflect the life of a silenced country where gatherings with friends, family lunches, Sunday strolls through the park, poetry recitals, laughter and love nonetheless persisted, along with feelings of fear when darkness fell. Julia Toro documents all this everyday life with no shame, with elegance and affection, turning her images into an intimate yet collective testimonial.

Today, at the age of 91, the Chilean photograph does not seek to look at the present with nostalgia. Awake with creative power every day, she portrays what life brings her, the encounters, injustices, surprises and joys. This exhibition is not a retrospective but the work of a life that is alive, showing one point of view on human relations.

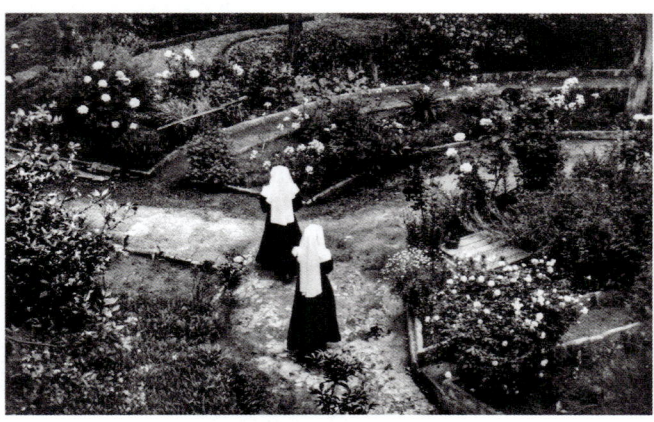

Julia Toro
El jardín de los senderos que se bifurcan, 2000
© JULIA TORO

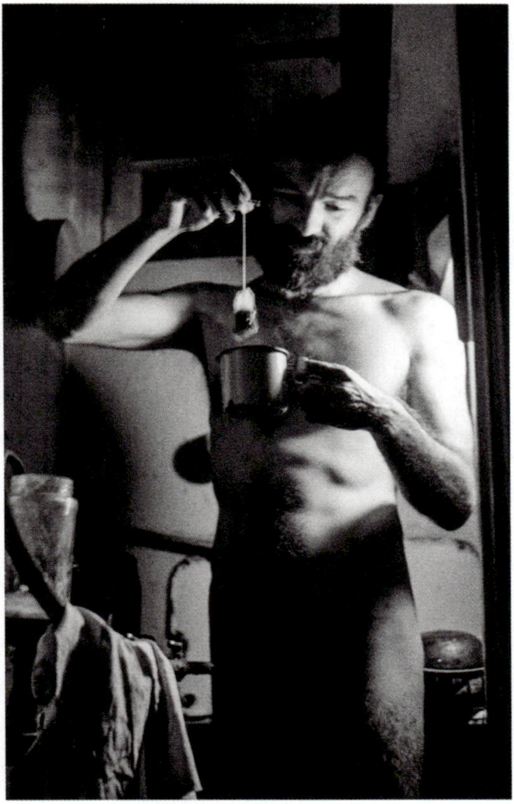

Julia Toro
Jaime, 1979
© JULIA TORO

02 **Museo Lázaro Galdiano**
Serrano, 122
28006 Madrid
Lunes cerrado
museolazarogaldiano.es

Comisario
Rodrigo Gómez Rovira

Organiza
Ministerio de las Culturas, las
Artes y el Patrimonio del Estado
de Chile, Museo Lázaro Galdiano
y PHotoESPAÑA

Michael Mauney
Chile 1971: los primeros días de Allende

CASA DE AMÉRICA
Septiembre 2025

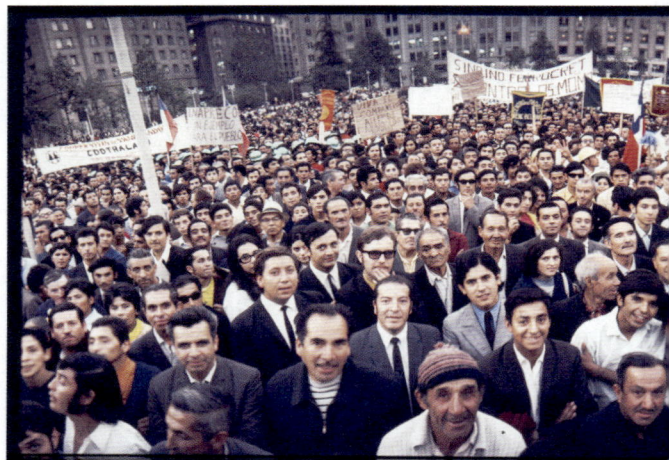

En marzo de 1971, Michael Mauney (Carolina del Norte, EEUU, 1937) llegó a Chile como fotógrafo de *Life* para retratar a Salvador Allende, el primer marxista elegido democráticamente como jefe de Estado. El Chile que encontró respiraba esperanza. En las calles de Santiago la gente caminaba con la certeza de estar viviendo un momento histórico. No había señales de lo que vendría después: ni desabastecimiento, ni polarización, ni colas, ni paros amenazantes. La palabra "golpe" era apenas un susurro lejano.

Carlos *"El Negro"* Jorquera, jefe de prensa y mano derecha de Allende, le cancelaba reuniones en el último momento, estudiando cada paso que daba. En esos años, cualquier estadounidense podía ser un agente de la CIA disfrazado de periodista. Sin embargo, Mauney supo convertir esas esperas en una oportunidad. Con su cámara recorrió la capital capturando la vida cotidiana de un país en transformación: ejecutivos y obreros compartiendo al alba, niños jugando en poblaciones, quiosqueros y lustrabotas en la Plaza de Armas, pasajeros colgando de autobuses repletos.

Cuando, finalmente, Jorquera le abrió las puertas del despacho presidencial, comenzó un viaje íntimo por los días de Allende. Lo acompañó mientras anunciaba la nueva Ley Indígena en Temuco y lo vio descansar con su familia en el palacio presidencial de Viña del Mar, caminar por La Moneda, y jugar con sus perros en su residencia privada.

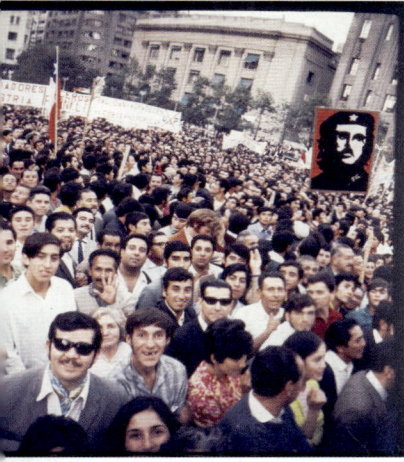

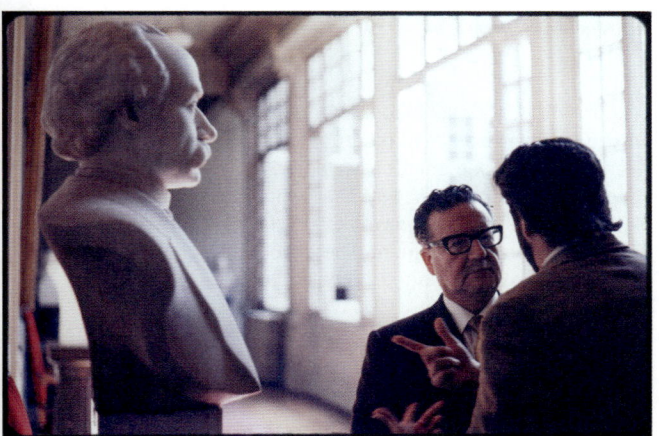

Después de que *Life* publicara el reportaje, Mauney guardó 461 fotografías en color en su archivo personal. A diferencia del resto de su obra, estas imágenes permanecieron con él durante más de cinco décadas. Cincuenta y tres años después, las imágenes que preservó como un tesoro fueron donadas a la Biblioteca Nacional de Chile y hoy se muestran al público por primera vez.

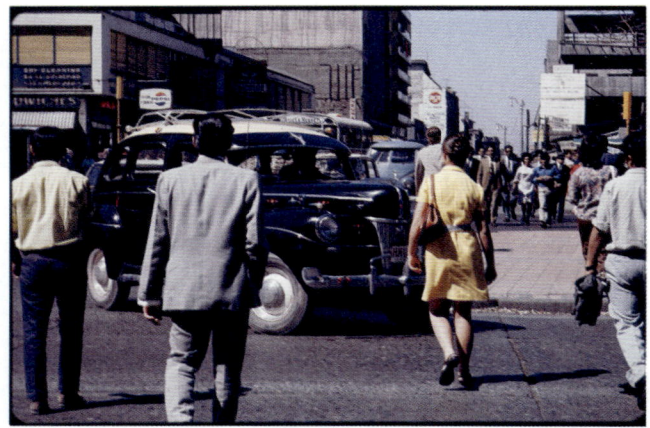

TODAS LAS FOTOS
Michael Mauney
Sin título, 1971
© BIBLIOTECA NACIONAL DE CHILE

In March 1971, Michael Mauney (North Carolina, USA, 1937) arrived in Chile as a *Life* photographer to capture Salvador Allende, the first democratically elected Marxist head of state. The Chile he encountered was filled with hope. In the streets of Santiago, people walked with the certainty that they were witnessing a historic moment. There were no signs of what was to come—no shortages, no polarisation, no queues, no looming strikes. The word *coup* was merely a distant whisper.

Carlos *"El Negro"* Jorquera, Allende's press chief and right-hand man, would cancel meetings at the last minute, carefully assessing every move they made. In those years, any American could be a CIA agent disguised as a journalist. Mauney turned those waiting periods into opportunities. With his camera, he wandered the capital, capturing the daily life of a country in transformation: executives and workers sharing the early morning hours, children playing in working-class neighbourhoods, newsstand vendors and shoeshine boys in the Plaza de Armas, passengers clinging to overcrowded buses.

When Jorquera finally granted him access to the presidential office, Mauney embarked on an intimate journey through Allende's days. He accompanied him as he announced the new Indigenous Law in Temuco and he saw him relax with his family at the presidential palace in Viña del Mar, stroll through La Moneda, and play with his dogs at his private residence.

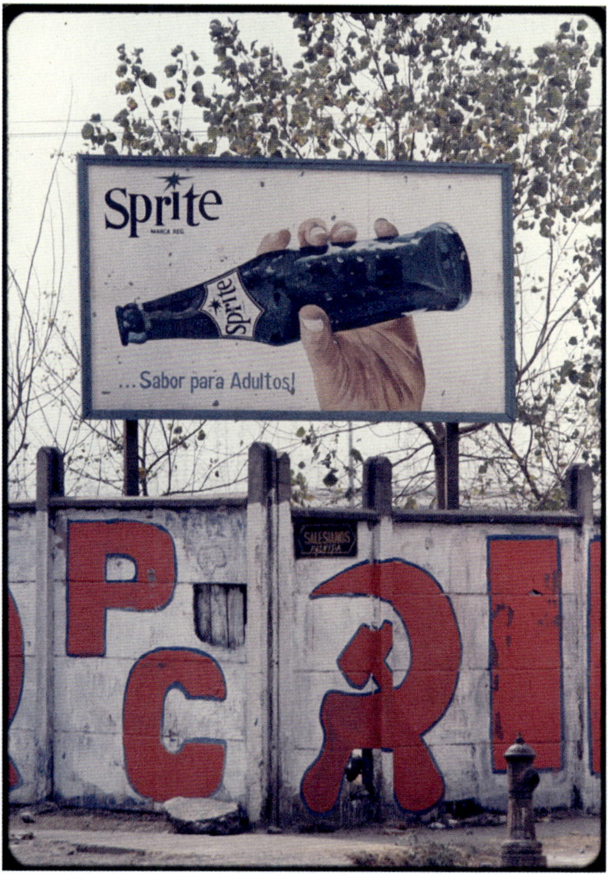

After *Life* published the story, Mauney kept 461 colour photographs in his personal archive. Unlike the rest of his work, these images remained with him for more than five decades. Now, fifty-three years later, the images he preserved as a treasure, were donated to the Biblioteca Nacional de Chile and unveiled to the public for the very first time.

03 **Casa de América**
Marqués del Duero, 2
28014 Madrid
casadeamerica.es

Organiza
Ministerio de Exteriores de Chile,
Biblioteca Nacional de Chile,
Casa de América y PHotoESPAÑA

Martin Gusinde
Chile. Voces de la Patagonia

BIBLIOTECA CENTRAL DE CANTABRIA
28.06 – 28.08.2025

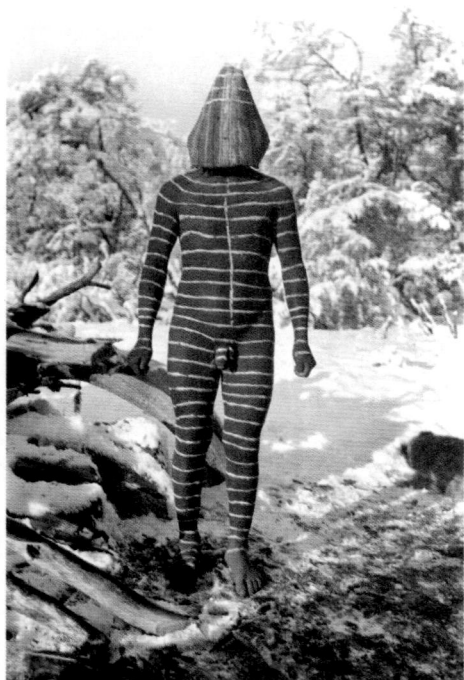

Martin Gusinde
Ulen, el bufón masculino. Su rol es divertir a los espectadores del hain. Ceremonia del Hain, rito Selknam, 1923
© MARTIN GUSINDE / ANTHROPOS INSTITUT / ATELIER EXB

Martin Gusinde
Elek, Angela Loij e Imshuta durante una danza llamada Kewánix en honor a Tanu. Cada mujer tiene el cuerpo pintado con arcilla roja y motivos blancos específicos de su linaje. Selknam, 1923
© MARTIN GUSINDE / ANTHROPOS INSTITUT / ATELIER EXB

Nuestros ancestros nos enseñan que la historia se construye día a día. Que, lejos de ser estática, se reinterpreta entre generaciones y que la transmisión de cada historia entre padres e hijos, abuelos y nietos es el más preciado de los legados de nuestra identidad.

Son esas voces, las de nuestros antepasados, las que han mantenido viva, por siglos, la memoria del pueblo patagónico: único, misterioso y a la vez heroico.

A principios del siglo XX, Martin Gusinde (Poland, 1886-Austria, 1969) estudió, y creó vínculos y relaciones únicos con hombres y mujeres Selk'nam, Yaghan y Kawéskar, llegando a conocer su cosmovisión, su lengua y sus tradiciones. Gracias a él y al trabajo de Xavier Barral, siglos después, contamos con un registro único de esta cultura ancestral, parte esencial de la identidad de Chile.

50 CHILE, PAÍS INVITADO

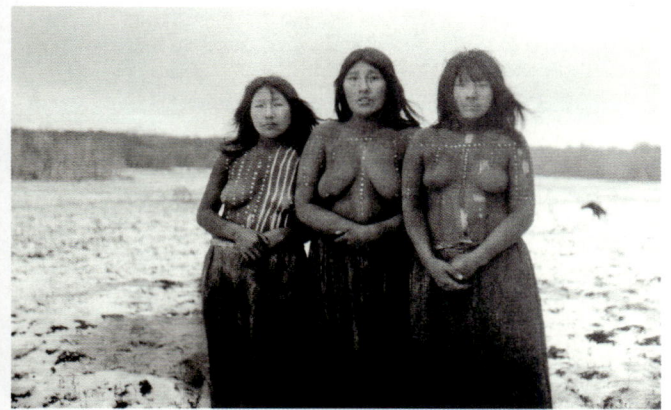

Our ancestors taught us that history is built day by day;
that far from being static, it is reinterpreted in each generation;
and that the transmission of each story between parents and
children, grandparents and grandchildren is the most precious
legacy of our identity.

Those voices of our ancestors have also been kept alive over
the centuries by the memory of the people of Patagonia: unique,
mysterious and yet heroic.

In the early twentieth century, Martin Gusinde (Poland,
1886-Austria, 1969) not only studied but also forged bonds and
unique relationships with Selk'nam, Yamana and Kawéskar men
and women and learned about their world view, language and
traditions. Thanks to Gusinde and the work of Xavier Barral,
centuries later we have a unique record of this ancestral culture,
an essential part of Chile's identity.

Biblioteca Central de Cantabria
Sala Piti Cantalapiedra
Ruiz de Alda, 19
39009 Santander
bcc.cantabrica.es

Basado en una ideal original
de Xavier Barral

Comisariado
Filantropía Cortés Solari
Atelier EXB

Organiza
Gobierno de Cantabria. Consejería
de Cultura, Turismo y Deporte,
Filantropía Cortés Solari y Atelier EXB

Colabora
Fundación Chile-España

Madrid
Sección Oficial

Después de todo
Fotografía en la Colección Helga de Alvear

ESPACIO CULTURAL SERRERÍA BELGA
03.06 – 27.07.2025

La herida abierta que dejó la I Guerra Mundial, la crisis industrial que vivió Alemania occidental desde 1950 y que azotaría Europa y Estados Unidos, y la reconfiguración del orden político mundial tras la caída del muro de Berlín, simbolizan algunos de esos momentos que, en sus respectivas épocas, han representado el fin de *algo*, el después de *todo*.

De cada uno de estos tiempos históricos poseemos una imagen construida por la fotografía y representada en los fondos de la Colección Helga de Alvear.

El inicio lo marcan los autores de la *Nueva objetividad* de los años 20 y 30, precedidos por Eugène Atget, quienes, prescindiendo de cualquier atisbo de optimismo, subjetivismo y pictorialismo, representaron el período de entreguerras con precisión técnica y exactitud formal.

La siguiente parada se inicia en 1959, año en que Bernd y Hilla Becher comenzaron el titánico inventario de edificios y estructuras industriales marcados con la inminencia de su propia muerte, creando la huella de un tiempo histórico desde el mismo instante en que son atrapados por el objetivo. Un archivo melancólico de documentos de una crisis, sobre todo social, a pesar de la deshumanización a la que son sometidos.

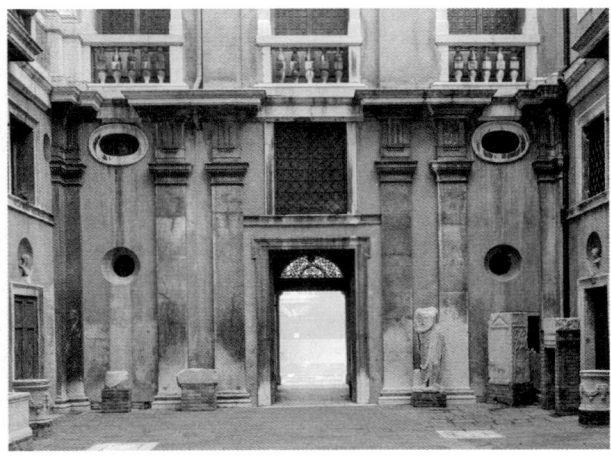

Axel Hütte
Museo Archeologico, Venice, 1985
© AXEL HÜTTE / CORTESÍA DEL MUSEO HELGA DE ALVEAR, CÁCERES

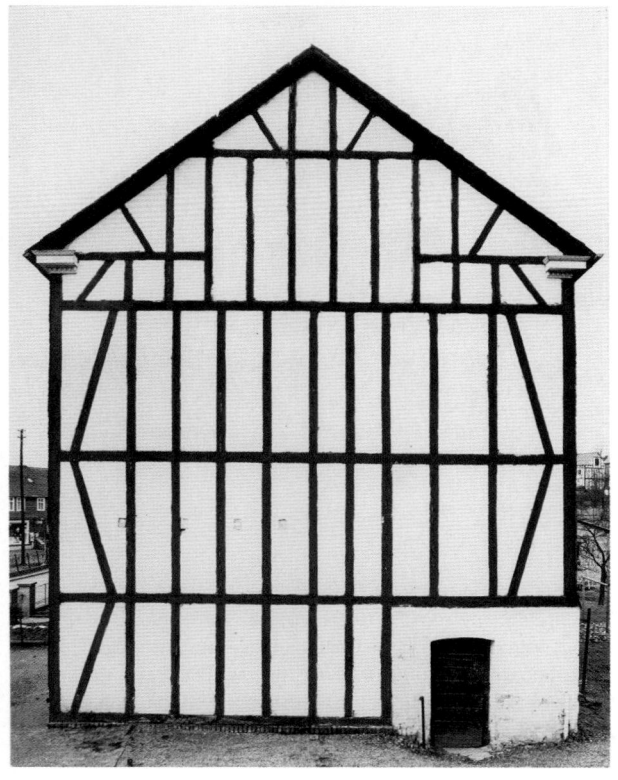

Bernd & Hilla Becher
Fachwerk. Rensdorfstraße, 5, Salchendorf, 1959
© BERND & HILLA BECHER / CORTESÍA DEL MUSEO
HELGA DE ALVEAR, CÁCERES

Por último, ese nuevo tiempo que los alumnos de los Becher
representaron arropados bajo la designación de Escuela de
Düsseldorf. Höfer, Struth, Gursky, Hütte y Ruff tornaron explícito
el conflicto entre la memoria y el futuro, conceptualizándolo
a través de edificios y espacios urbanos con una fotografía
suspendida entre la objetividad y la noción de construcción.
La representación de un tiempo que se destruye y renace
incesantemente a través de su arquitectura.

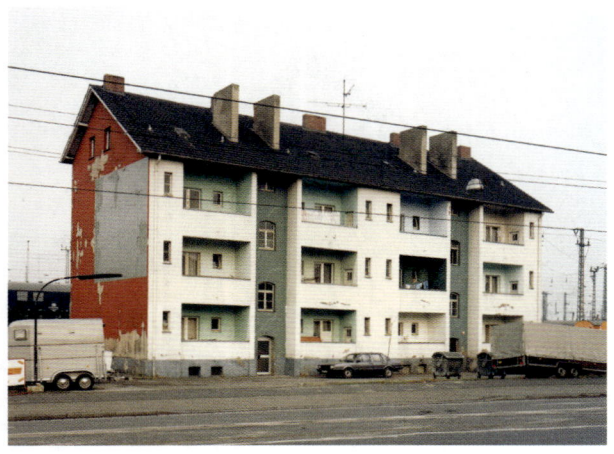

Thomas Ruff
Häuser, 1988-1989
© THOMAS RUFF / CORTESÍA DEL
MUSEO HELGA DE ALVEAR, CÁCERES

The open wound left by the First World War, the industrial crisis in West Germany from the 1950s onward—which would go on to impact both Europe and the United States—and the reconfiguration of the global political order following the fall of the Berlin Wall, symbolize key moments that, in their respective eras, marked the end of something and the beginning of everything that followed.

Each of these historical periods is reflected through images captured in photography and represented in the Helga de Alvear Collection.

The journey begins with the artists of the New Objectivity movement in the 1920s and 1930s, preceded by Eugène Atget, who abandoned all traces of optimism, subjectivism, and pictorialism to portray the interwar period with technical precision and formal clarity.

The next chapter begins in 1959, when Bernd and Hilla Becher embarked on their monumental project: an inventory of buildings and industrial structures already marked by the imminence of their disappearance. Their work preserves the trace of a historical moment from the instant it is captured by the lens—a melancholic archive documenting a crisis that is, above all, social, despite the depersonalization imposed upon its subjects.

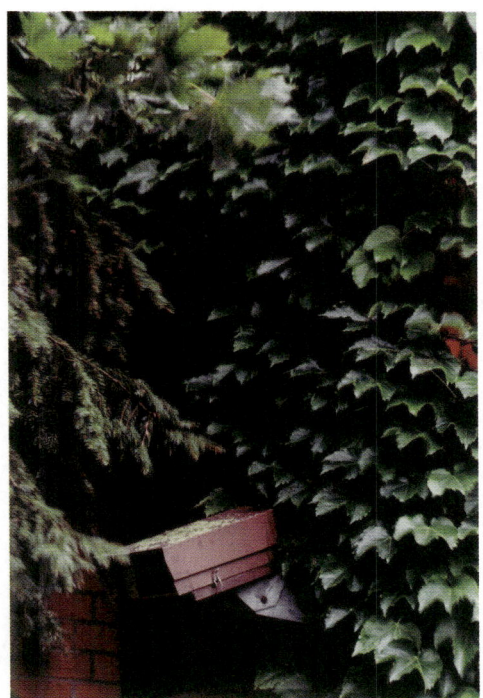

Frank Thiel
Ohne Titel (96/16), de la
serie *City TV*, 1997-1999
© FRANK THIEL /
CORTESÍA DEL MUSEO
HELGA DE ALVEAR,
CÁCERES

Finally, we arrive at a new era, represented by the Bechers'
students under the banner of the Düsseldorf School.
Photographers such as Candida Höfer, Thomas Struth,
Andreas Gursky, Axel Hütte, and Thomas Ruff made explicit
the tension between memory and the future. Through depictions
of architecture and urban spaces, they conceptualized this conflict
while positioning photography in a space suspended between
objectivity and constructed narrative. Their work portrays a time
that is continuously destroyed and reborn through its architecture.

 Espacio Cultural Serrería Belga
Alameda, 15
28014 Madrid
Lunes cerrado
serreria-belga.es

Autores
Eugène Atget, Bernd & Hilla Becher,
Mario von Bucovich, Janos Frecot,
Andreas Gursky, Candida Höfer,
Axel Hütte, Thomas Ruff, Hugo
Schmölz, Josef Stoffels, Cami
Stone, Sasha Stone, Thomas Struth,
Frank Thiel y Paul Wolff

Comisarias
Sandra Guimarães y María
Jesús Ávila

Organiza
Ayuntamiento de Madrid, Espacio
Cultural Serrería Belga, Museo
de Arte Contemporáneo Helga de
Alvear y PHotoESPAÑA

Bleda y Rosa
Cuaderno de campo N.º 2
Las horas del sol

JARDINES DEL CAMPO DEL MORO
GALERÍA DE LAS COLECCIONES REALES
05.06 – 07.09.2025

Bleda y Rosa
De la serie *Las horas
del sol*, 2025
© BLEDA Y ROSA

Cuadernos de campo es un programa de tres años que dirige su mirada a los espacios naturales de los Reales Sitios del Patrimonio Nacional. La iniciativa es fruto de la colaboración entre dicha institución, PHotoESPAÑA y ACCIONA, compañía centrada en desarrollar soluciones de infraestructuras resilientes y de energías renovables y comprometida con proyectos artísticos que visibilizan la voluntad de construir una sociedad positiva cuyo bienestar lleve inherente la conservación del entorno. El programa pone en contacto a fotógrafos consagrados de nuestro país con entornos naturales privilegiados, con el fin de sensibilizar al público sobre la necesaria protección del medio ambiente.

La primera edición de *Cuadernos de campo* fue desarrollada por Javier Vallhonrat en El Real Sitio de La Granja de San Ildefonso, prestando atención a sus ingenios del agua. Esta nueva entrega del proyecto se fija en el sol como fuente fundamental de energía y de vida. Los fotógrafos Bleda y Rosa, Premio Nacional de fotografía 2008, han desarrollado una nueva serie en el Monasterio de San Jerónimo de Yuste bajo el título *Las horas del sol*.

Este bello emplazamiento fue la última morada del emperador Carlos V (1500-1558). Tras abdicar, el monarca buscaba un lugar de retiro, apartado de las cortes de Valladolid y Toledo, en el que poder descansar, atender a su delicada salud y preparar su alma antes de fallecer. El lugar elegido fue un pequeño monasterio de la comarca de la Vera, fundado a comienzos del siglo XV. Su arquitectura original fue transformada en profundidad para poder incluir la casa palacio y los jardines que tanta importancia tendrían en el ocaso de su vida.

Para hacer realidad sus sueños, el emperador se apoyó en el milanés Juanelo Turriano (1500-1585),

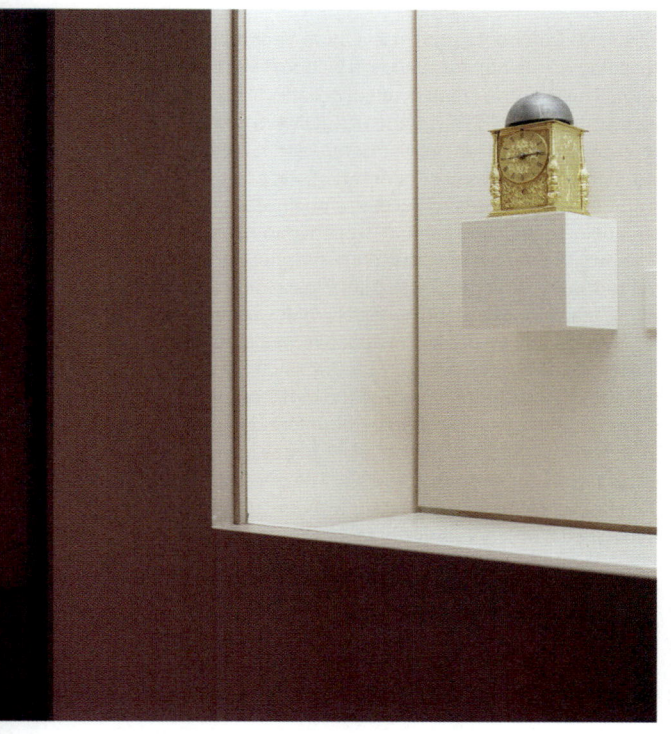

su relojero de corte, además de ingeniero, matemático, inventor y constructor de autómatas. Juanelo fue responsable del sistema hidráulico que permitió el mejor aprovechamiento de los jardines, además de artífice de muchos de los relojes que marcaron las últimas horas del rey.

Bleda y Rosa han aproximado su mirada al entorno natural del monasterio a partir de tres focos de interés de Carlos V: la astronomía, la botánica y los Ingenios mecánicos, además de establecer una dicotomía entre la naturaleza y su ordenación, entre la vida y la visión renacentista, entre lo tangible y lo que contemplamos desde la ventana.

The *Field Notebooks* project is a three-year programme focusing on the natural spaces in National Heritage's Royal Sites. The initiative is the result of collaboration between that institution, PHotoESPAÑA and ACCIONA, a company focused on developing resilient infrastructure and renewable energy solutions, join forces in support of artistic projects that reflect a shared commitment to building a positive society, where well-being goes hand in hand with environmental preservation. The programme puts famous photographers from Spain in contact with privileged natural settings in order to raise the public's awareness of the necessity of environmental protection.

The first edition of *Field Notebooks* was created by Javier Vallhonrat at The Royal Site of La Granja de San Ildefonso, with a focus on its water devices and the most remote spots on the property, those where 'nature encounters human intelligence'. This new instalment of the project focuses on the sun as an essential source of energy and life. The photographers Bleda y Rosa, 2008 National Photography Award winners, have developed a new series in the Monastery of San Jerónimo de Yuste entitled *The Hours of Sunlight*.

This beautiful site was the last home of Emperor Charles V (1500–1558). After abdicating the throne, the monarch sought a retreat far from the courts of Valladolid and Toledo where he could rest, care for his delicate health and prepare his soul for death. The site chosen was a small monastery in the county of La Vera founded in the early fifteenth century. Its original architecture was given an in-depth overhaul to include the palatial home and gardens that were so important in his early years.

To make his dreams come true, the emperor relied on his court clocksmith from Milan, Juanelo Turriano, who was also an engineer, mathematician, inventor and builder of automata. Turriano was responsible for the hydraulic system that made the gardens more productive, in addition to being the mastermind behind many of the clocks that kept time to the king's last hours.

Bleda y Rosa have focused on the natural environment of the monastery through the lens of three of Charles V's interests: astronomy, botany and mechanical devices. They have also established a dichotomy between nature and its organisation, between Renaissance life and vision and between the tangible and what we see through a window.

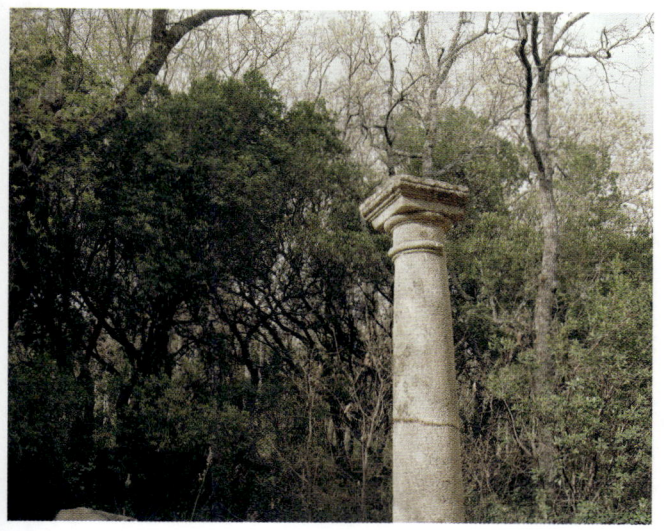

Bleda y Rosa
De la serie *Las horas del sol*, 2025
© BLEDA Y ROSA

 Jardines del Campo del Moro
Virgen del Puerto, 1
28013 Madrid
patrimonionacional.es

Galería de las Colecciones Reales
Bailén s/n
28013 Madrid
galeriadelascoleccionesreales.es

Monasterio de San Jerónimo de Yuste
Carretera de Yuste s/n
10430 Cuacos de Yuste (Cáceres)

Organiza
Patrimonio Nacional
y PHotoESPAÑA

Patrocina
ACCIONA

Más info
phe.es

Emilio Pemjean
No tan lejos

COAM | COLEGIO OFICIAL DE ARQUITECTOS DE MADRID
04.07 – 10.09.2025

En la antigüedad las cartografías del mundo no explorado contenían zonas grises, imprecisas o no definidas. Estos mapas incompletos, faltos de información, incitaban a imaginar y completar los paisajes no descritos.

Viajar y explorar, aunque solo sea con la imaginación. Habitar lo desconocido y, sin embargo, profundamente deseado es una forma de soñar. Las resonancias de esos lugares, como esbozos de lo que fueron, nos llegan a través de rumores, un mapa con manchas grises, una antigua imagen descontextualizada e incompleta, un cuadro, una página de un libro que nos sorprende, un plano rescatado de un archivo, un relato o una leyenda.

La exposición se articula a través de una serie de viajes virtuales que reconstruyen espacios y sus atmósferas desaparecidas a partir de maquetas, fotografías y vídeos. Son fantasmas, intervenciones difusas, arquitecturas frágiles, efímeras o en proceso de desaparición, ahora casi invisibles por el paso del tiempo y el abandono.

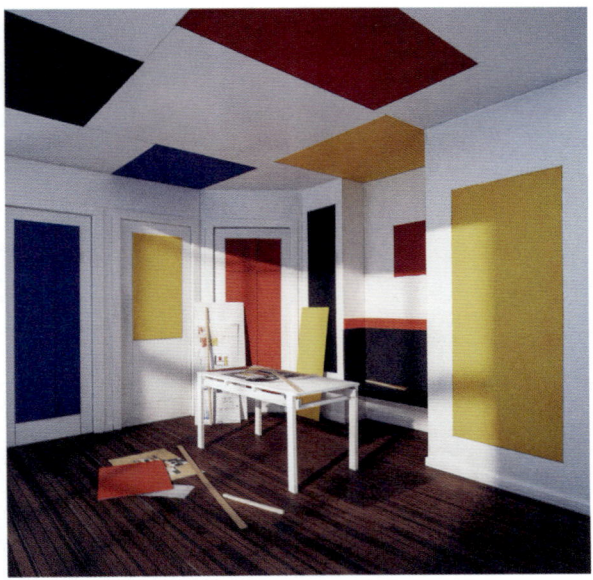

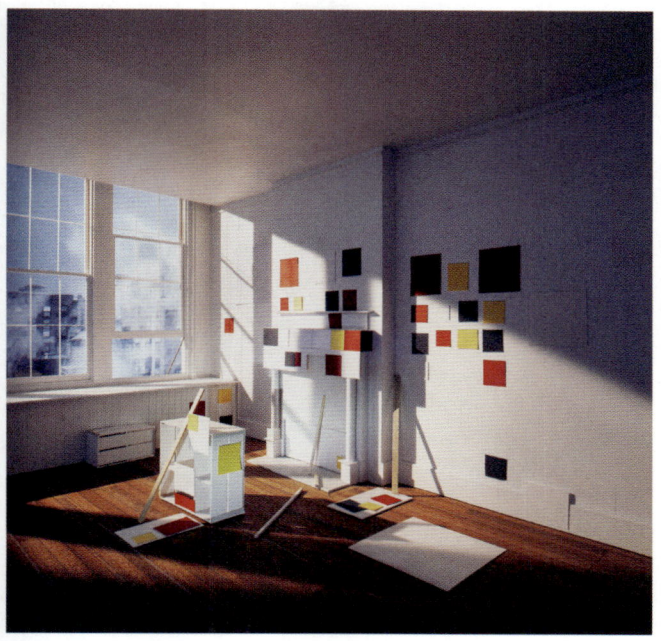

Emilio Pemjean
*El país de los Lotófagos
2. Dormitorio y estudio
de Mondrian. 15 East
59th Street. New York
City. Destruido tras su
muerte (1944)*, 2024
© EMILIO PEMJEAN

Emilio Pemjean
*El país de los Lotófagos
3. Solución cromática
para una estancia en la
casa de Bart de Light
en Katwijk aan Zee. Van
Doesburg. Destruida
(1919)*, 2024
© EMILIO PEMJEAN

La reconstrucción interpretativa (física y mental)
de estas arquitecturas, situadas en torno al
período de entreguerras del siglo XX, pone
énfasis en el proceso de conceptualización, en
su construcción o destrucción. Estos momentos
olvidados y llenos de la emoción producida por
los descubrimientos, las dudas, los ensayos, las
experimentaciones, las utopías y distopías son
el objeto principal del proyecto, un esfuerzo por
recuperar la memoria de los muertos.

*¡Silencio! No se oye nada, nadie había.
Somos testigos de la respiración, del latido que
acompaña a la transformación. ¡Necesitamos de
su existencia, no estamos tan lejos!*

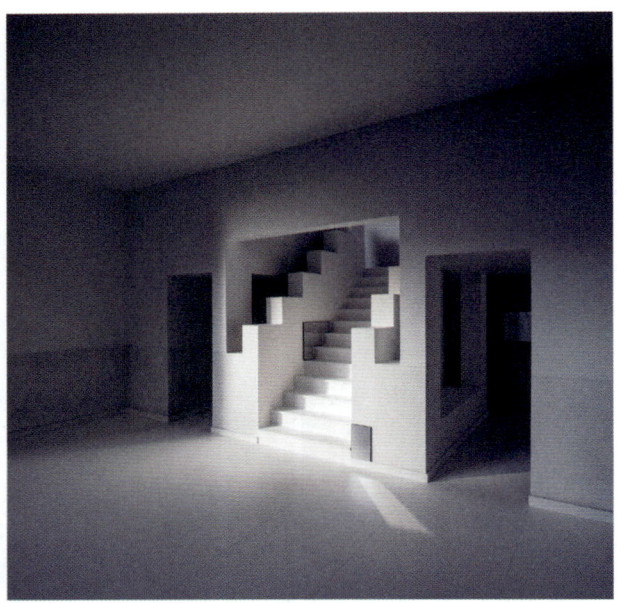

Emilio Pemjean
De Vonk (La chispa). Noordwijkerhout,
Países Bajos. Casa de vacaciones
jóvenes trabajadoras (1918), 2021
© EMILIO PEMJEAN

In the ancient world, maps of the unexplored world contained grey zones, imprecise and undefined areas. These incomplete maps, information gaps, encouraged people to imagine and fill in the undescribed landscapes.

Travelling and exploring, even if it is just with the imagination, inhabiting the unknown and yet deeply desired is a form of dreaming. The resonances of those places, like sketches of what they used to be, reach us through rumours, a map with grey blotches, an old image incomplete and out of context, a painting, a page from a book that surprises us, a blueprint rescued from an archive, a story or a legend.

This exhibition is organised into a series of virtual journeys that reconstruct places and their vanished atmospheres through scale models, photographs and videos. They are phantasms, diffuse interventions, fragile or ephemeral architectures or ones in the process of disappearing that have become almost invisible through the passage of time and abandonment.

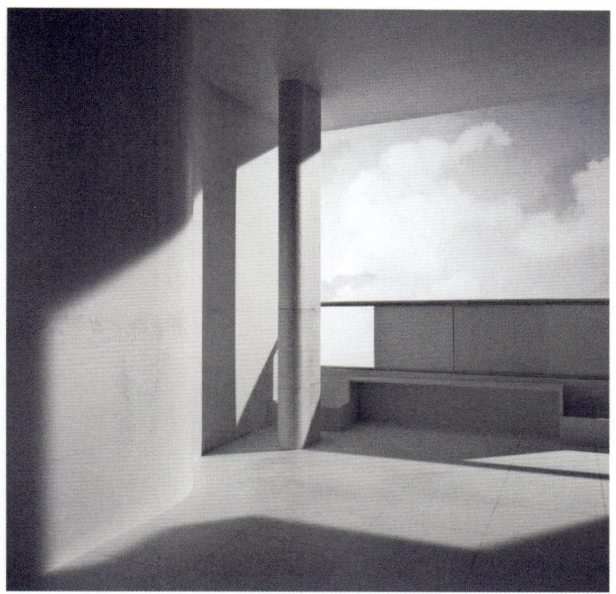

Emilio Pemjean
Bauen II. Vivienda para un nuevo hombre.
(Immeubles –Villa, 1922-29), 2018
© EMILIO PEMJEAN

The interpretive reconstruction (physical and mental) of these architectures from around the time of the interwar period in the twentieth century stresses the process of conceptualisation, its construction or destruction. Those forgotten times filled with emotion that lead to a discovery, doubts, trials, experimentations, utopias and dystopias, are the main purpose of the project, in an effort to bring back the memory of the dead.

Silence! You can't hear anything; nobody is speaking. We are the witnesses of the breathing, of the beating that comes with transformation. We need its existence; we're not too far!

 COAM | Colegio Oficial de Arquitectos de Madrid
Calle Hortaleza, 63
28004 Madrid
coam.org

Organiza
COAM | Colegio Oficial de Arquitectos de Madrid y PHotoESPAÑA

Taller formativo con el autor
Más info en phe.es

José Guerrero
A propósito del paisaje

FUNDACIÓN MAPFRE
06.06 – 24.08.2025

La obra de José Guerrero (Granada, 1979) se presenta como un constante ejercicio de reflexión en torno a la representación y percepción del paisaje y de la arquitectura a través de la imagen fotográfica. Sus imágenes, organizadas en series sobre lugares con gran carga iconográfica e histórica (La Mancha, Carrara, Sierra Nevada, el Támesis...), convierten el paisaje en una entidad viva, dinámica, sobre la que la memoria cultural del espectador y el significativo uso que el fotógrafo hace de la luz, el color y la atmósfera acaban construyendo una lectura poética —y repleta de significados y connotaciones— del espacio.

El trabajo de José Guerrero explora el paisaje como una entidad activa, revestida de una identidad propia sobre la que se entrelazan la historia, la cultura y el imaginario colectivo.

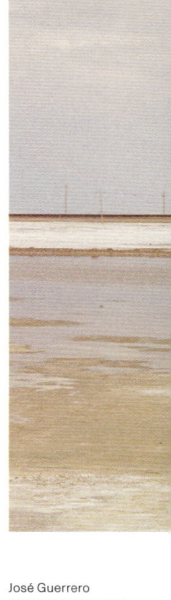

José Guerrero
Interestatal 80, casa cerca de Wendover (Utah), de la serie *After the Rainbow*, 2011
© JOSÉ GUERRERO, VEGAP, MADRID, 2025

José Guerrero
BRG-071, 2022
© JOSÉ GUERRERO, VEGAP, MADRID, 2025

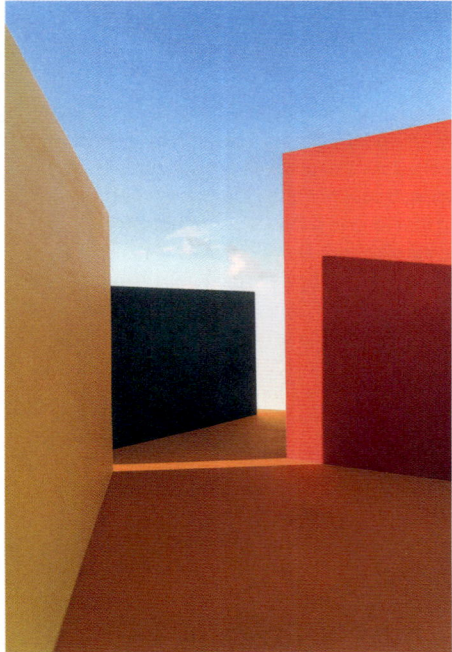

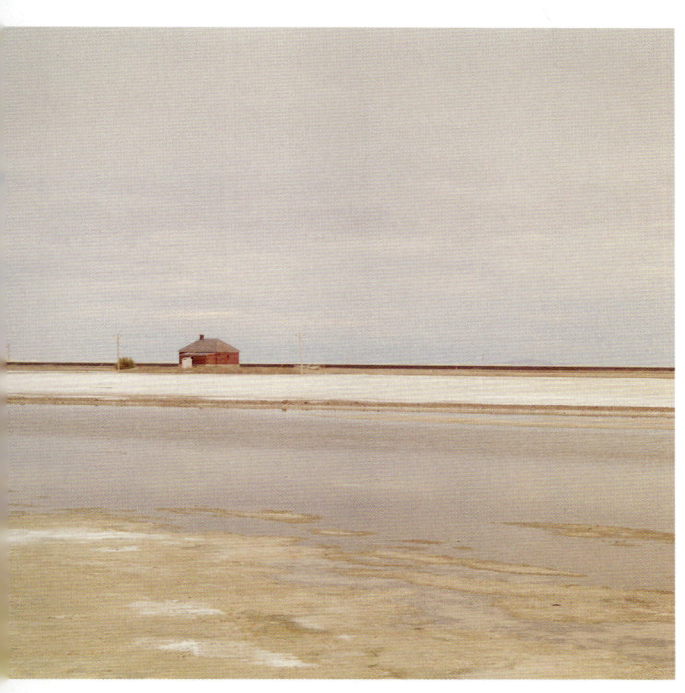

Para José Guerrero, como para muchos artistas de su generación, fotografiar un territorio, un paisaje o un lugar significa no solamente representarlo, sino evocar las relaciones de proximidad, las alteraciones, las solidaridades y las tensiones inscritas en ellos, desterrando así la noción de paisaje como algo no artificial y exterior a nosotros.

Esta exposición presenta los más de 20 años de su trayectoria hasta la fecha a partir del amplio conjunto de su obra que forma parte de las Colecciones Fundación MAPFRE y de préstamos de diferentes instituciones cedidos de forma desinteresada. El recorrido está organizado en un itinerario narrativo marcado por varios hilos conductores, entre series y temas, que se pliegan y despliegan sin cesar: desde la representación hasta la experimentación, desde la luz hasta las tinieblas, desde la transparencia hasta la opacidad, desde el documento hasta la abstracción.

The work of José Guerrero (Granada, 1979) is a constant exercise in reflection on the representation and perception of the landscape and architecture through the photographic image. His images, organised into series about places with a heavy iconographic and historical charge (La Mancha, Carrara, Sierra Nevada, the Thames, etc.), turn the landscape into a living, dynamic entity over which the spectator's cultural memory and the significant way the photographer uses light, colour and atmosphere end up creating a poetic interpretation of the space, brimming with meanings and connotations.

José Guerrero's work explores the landscape as an active entity with an identity of its own in which history, culture and the collective imaginary are intertwined. For José Guerrero, just like for many artists of his generation, photographing a territory, a landscape or a place means not just representing it but also evoking the relations of proximity, the alterations, the solidarities and the tensions carved onto them, thus banishing the notion of landscape as something not artificial and outside us.

This exhibition presents an extensive set of his works from his over twenty-year career that are part of the Foundation MAPFRE Collection, along with works lent by other institutions. The way through the show follows a narrative itinerary marked by several common threads, including series and themes which are endlessly employed and deployed: from representation to experimentation, from light to gloom, from transparency to opacity, from document to abstraction.

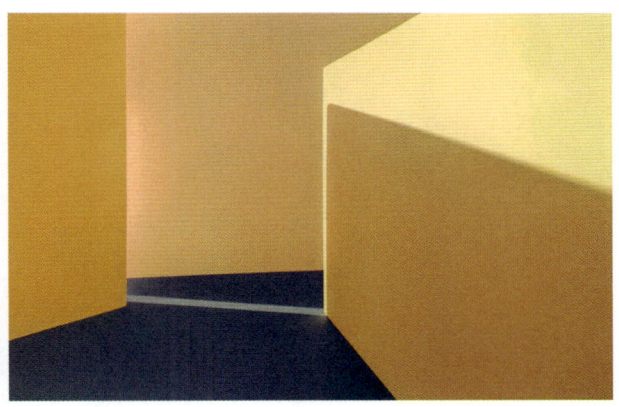

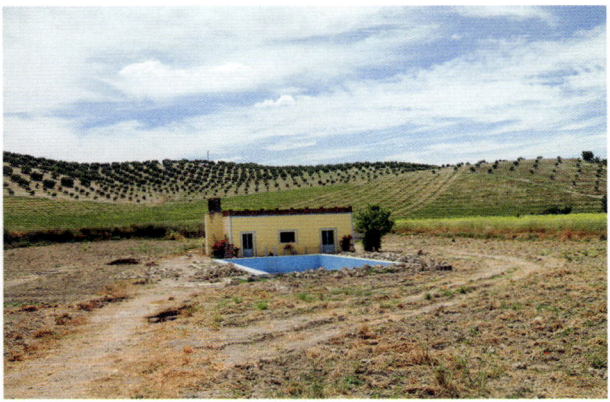

José Guerrero
BRG-331, 2024
© JOSÉ GUERRERO, VEGAP, MADRID, 2025

José Guerrero
Caseta y piscina, de la serie *Andalucía*,
Jaén, 2007
© JOSÉ GUERRERO, VEGAP, MADRID, 2025

07 **Fundación MAPFRE**
Paseo de Recoletos, 23
28004 Madrid
fundacionmapfre.org

Comisaria
Marta Gili

Organiza
Fundación MAPFRE

Felipe Romero Beltrán
Bravo

FUNDACIÓN MAPFRE
05.06 – 24.08.2025

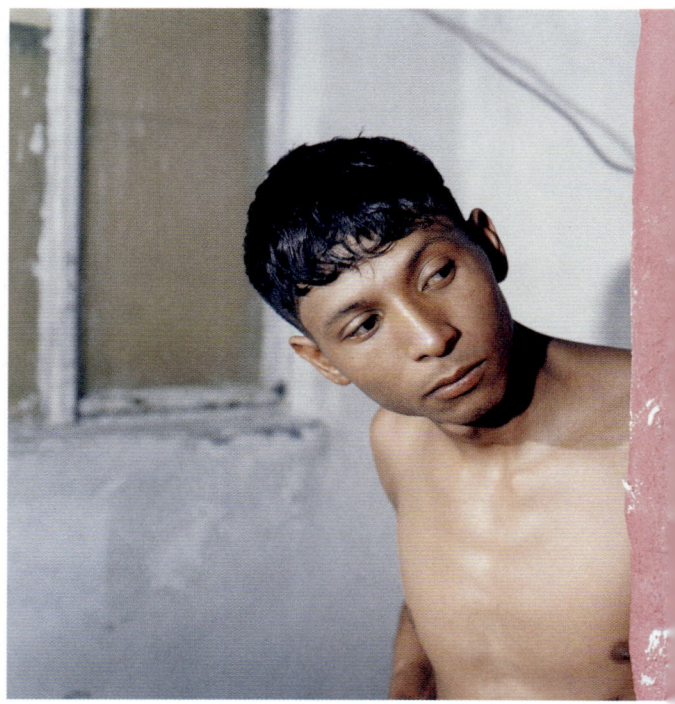

Bravo, del colombiano Felipe Romero Beltrán (Bogotá, 1992), es el proyecto ganador de la segunda edición del KBr Photo Award, puesto en marcha por Fundación MAPFRE en 2021. Como otros trabajos suyos, *Bravo* ofrece una reflexión en torno a un escenario de tensión y conflicto: un tramo del río Bravo que forma parte de los más de mil kilómetros de frontera entre México y Estados Unidos que coinciden con su curso. A través de imágenes de personas, paisajes y arquitecturas, *Bravo* construye un ensayo visual, sobrio y poético, en torno a la idea de la espera y la identidad fronteriza.

Tras estudiar un grado de Artes Visuales en Buenos Aires, Romero viajó a Jerusalén con una beca, donde desarrolló proyectos fotográficos en la zona del Medio Oriente. En 2016 se trasladó a Madrid para seguir con su formación en fotografía.

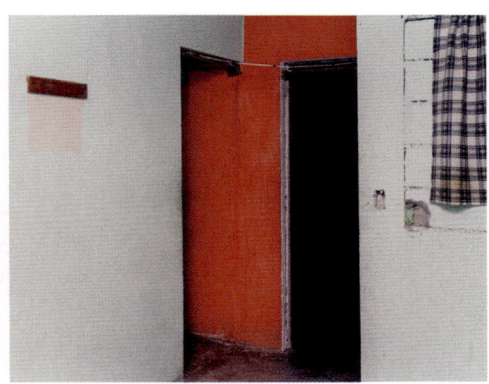

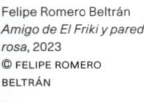

En el proyecto *Bravo* las imágenes sitúan al espectador en ese tramo del río de la zona mexicana. Hasta allí llegan personas de Colombia, Honduras, el Salvador o Guatemala para los que la travesía supone la última etapa de un largo y penoso viaje. En esa situación el río lo condiciona todo y acaba conformando la identidad y los modos de vida de esas gentes.

Bravo se concibe como un ensayo en cincuenta y dos fotografías que se acerca a esta realidad mediante una serie de imágenes de arquitecturas, personas y paisajes: cierres, cuerpos y brechas. Interiores casi desnudos, muros y superficies en las que destacan las texturas, los colores y retratos de individuos con los que el artista se ha ido encontrando en sus viajes a la zona. En definitiva: un conmovedor ensayo visual, sobrio y poético, en torno a la idea de la espera y la identidad fronteriza.

Felipe Romero Beltrán
Amigo de El Friki y pared rosa, 2023
© FELIPE ROMERO BELTRÁN

Felipe Romero Beltrán
Pared y dos puertas. Casa de Rebeca, 2023
© FELIPE ROMERO BELTRÁN

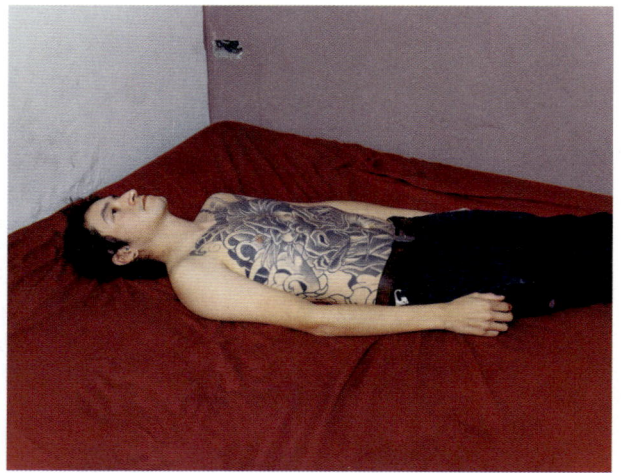

Bravo, by the Colombian photographer Felipe Romero Beltrán (Bogotá, 1992), is the winning project in the second edition of the KBr Photo Award, which the MAPFRE Foundation launched in 2021. Like other works of his, *Bravo* is a reflection on a site of tension and conflict: a stretch of the Río Bravo lying along the almost one thousand kilometre long border between Mexico and the United States, both of which flank it. Through images of people, landscapes and architectures, *Bravo* assembles a sober, poetic visual essay around the idea of waiting and border identity.

After earning a bachelor's in Visual Arts in Buenos Aires, Romero travelled to Jerusalem on a scholarship, where he developed photographic projects in the Middle East. In 2016, he moved to Madrid to further his photography training.

In the project *Bravo*, the images situate the spectator on the Mexican side of this stretch of the river. People from Colombia, Honduras, El Salvador and Guatemala arrive there, and crossing the river is the last stage in a long, grueling journey. In this situation, the river conditions everything and ends up shaping these people's identities and ways of life.

Felipe Romero Beltrán
Marco. Habitación de Rafa, 2023
© FELIPE ROMERO BELTRÁN

Felipe Romero Beltrán
Equipo de sonido, 2023
© FELIPE ROMERO BELTRÁN

Felipe Romero Beltrán
San Juan Bautista. Visita de Nina, 2023
© FELIPE ROMERO BELTRÁN

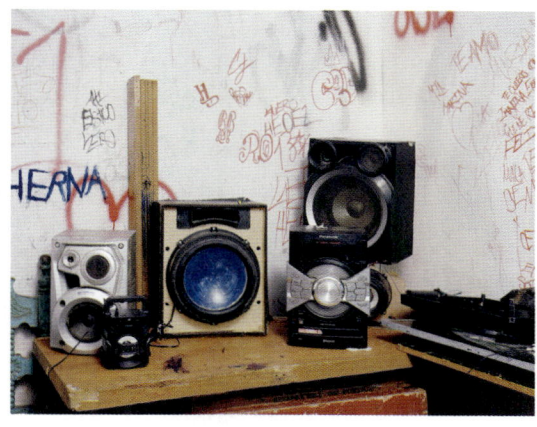

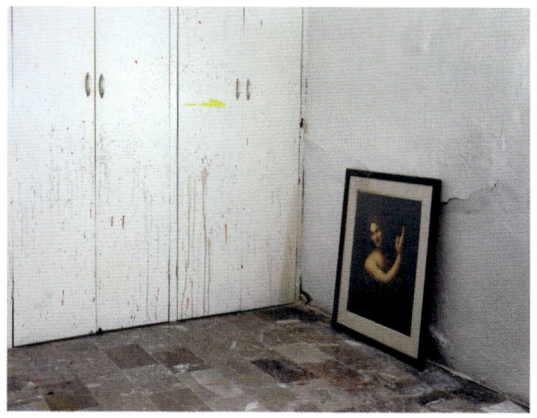

Bravo is designed as a photographic essay in fifty-two images that sheds light on this reality through a series of pictures of architectures, people and landscapes: fences, bodies and gaps. The textures, colours and portraits of individuals the artist met in the areas where he worked stand out against the almost bare interiors, walls and surfaces. In short, *Bravo* is a moving, sober, poetic visual essay around the idea of waiting and border identity.

07 **Fundación MAPFRE**
Paseo de Recoletos, 23
28004 Madrid
fundacionmapfre.org

Comisaria
Victoria del Val

Organiza
Fundación MAPFRE

Nicholas Nixon
Las Hermanas Brown 1975-2022

FUNDACIÓN MAPFRE
05.06 – 24.08.2025

Nicholas Nixon (Detroit, 1947) es uno de los autores que más ha explorado el retrato y la fotografía social desde los años setenta. El humanismo y el interés por representar su propia relación con el mundo se refleja en varias de sus series, en particular en una de las más conocidas: la dedicada a *Las hermanas Brown*, que fue la primera que se incorporó al fondo de fotografía de Fundación MAPFRE.

La serie sigue año tras año a la esposa del fotógrafo, Bebe Brown, y a sus tres hermanas, desde 1975 hasta 2022, cuando Nixon la dio por concluida. Asistimos a su evolución desde su pletórica juventud hasta la madurez tardía de las últimas imágenes. La perfección técnica, la precisión y claridad de sus imágenes hacen de *Las hermanas Brown* uno de los más conmovedores testimonios del arte contemporáneo sobre el paso del tiempo.

Nicholas Nixon (Detroit, 1947) is one of the most prominent artists to have explored portraiture and social photography since the 1970s. His humanism and deep interest in portraying his relationship with the world are reflected in several of his photographic series, particularly in one of his most renowned works: *The Brown Sisters*, the first series to be included in the Fundación MAPFRE photography collection.

This series follows the photographer's wife, Bebe Brown, and her three sisters, year after year from 1975 until 2022, when Nixon concluded the project. Through these images, we witness their transformation from youthful vitality to the late stages of maturity. The technical precision, clarity, and compositional perfection of the photographs make *The Brown Sisters* one of the most poignant meditations on the passage of time in contemporary art.

Nicholas Nixon
The Brown Sisters
[Las Hermanas Brown],
1975
© NICHOLAS NIXON

Nicholas Nixon
The Brown Sisters
[Las Hermanas Brown],
2011
© NICHOLAS NIXON

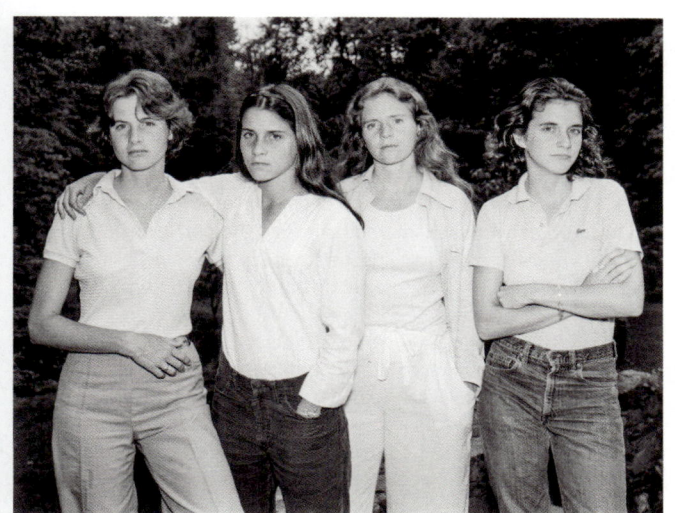

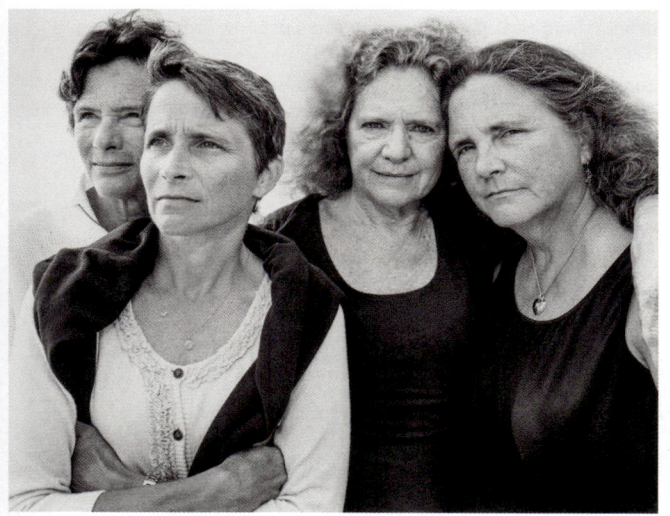

07 **Fundación MAPFRE**
Paseo de Recoletos, 23
28004 Madrid
fundacionmapfre.org

Organiza
Fundación MAPFRE

Ayana V. Jackson
Nosce Te Ipsum: Membrum Fantasma

MUSEO NACIONAL DE ANTROPOLOGÍA
30.04 – 31.08.2025

Ayana V. Jackson (East Orange, New Jersey, EEUU, 1977), cuya trayectoria cuenta con más de dos décadas, llamó la atención de la comunidad artística internacional en 2016 con la serie *Archival Impulse*, cuyo título, inspirado en las teorías del crítico Hal Foster, apelaba a la necesidad de confrontar el archivo para crear nuevos sistemas de conocimiento.

Las sucesivas series de la artista, que actualmente trabaja entre Estados Unidos, Sudáfrica y México, abordan las colecciones históricas como dispositivos que nos permiten evaluar tanto el impacto de la mirada colonial como el rol de la fotografía en la perpetuación de jerarquías, estratos y desequilibrios sociales. A través de una exploración que revisita los mitos de la diáspora africana, Jackson se apropia de las imágenes coloniales para recrearlas como un medio de emancipación del cuerpo negro. Sus poderosos retratos, liberados del estatismo y los estereotipos del referente histórico, abren un espacio para repensar la fotografía y convertirla en un instrumento de resistencia crítica frente a las construcciones de raza, género y clase que todavía nos lastran.

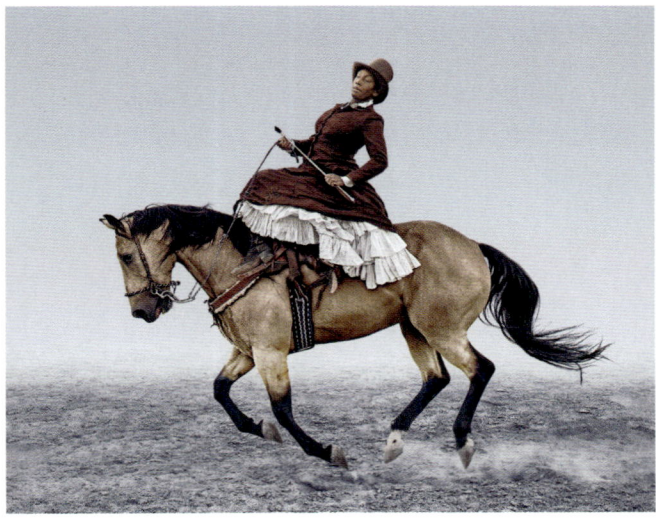

Ayana V. Jackson
To the black and Female in the Spanish South West, in the style of Selika Lazevski, 2023
© AYANA V. JACKSON, COURTESY OF THE ARTIST
AND MARIANE IBRAHIM

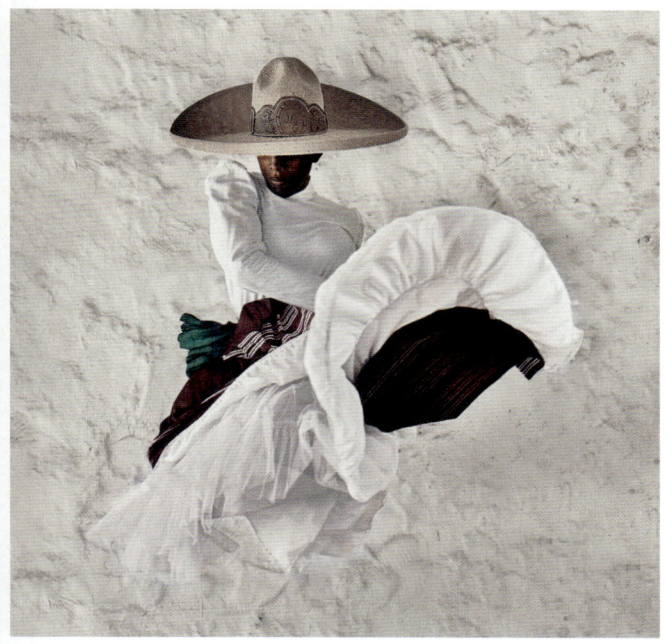

Ayana V. Jackson
Adelita: I would follow her by ground and sea, 2023
© AYANA V. JACKSON, COURTESY OF THE ARTIST AND
MARIANE IBRAHIM

Nosce Te Ipsum, conócete a ti mismo, es la inscripción latina que da la bienvenida a este museo, erigido hace 150 años como templo del antropocentrismo ilustrado. Jackson interioriza la máxima y propone una réplica en tiempo presente. Su propuesta, fruto del rastreo de presencias afro y afromestizas en las colecciones antropológicas y etnográficas estatales, incluye varias obras inéditas creadas con el fin de entablar un diálogo, horizontal y directo, con una institución en pleno proceso de descolonización, adquiriendo en este contexto una dimensión solemne. Tras la primera gran exposición que le dedicó el Smithsonian National Museum of African Art en 2023, esta es su primera muestra individual en Europa.

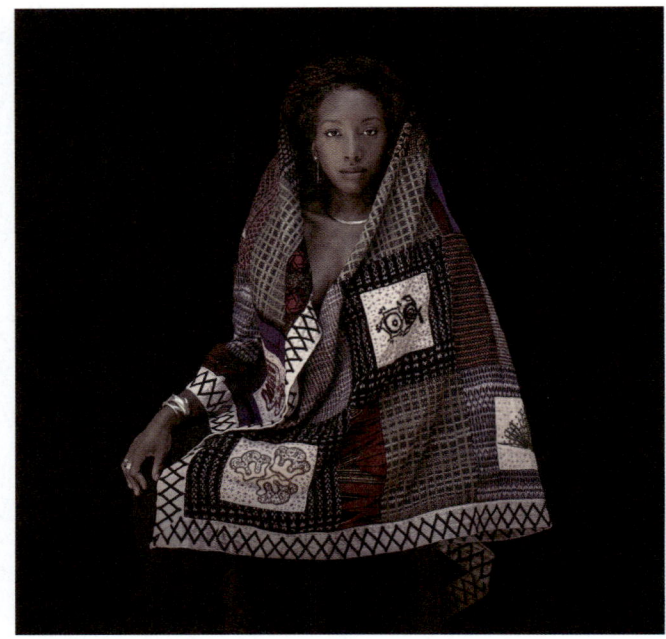

Ayana V. Jackson (East Orange, New Jersey, USA, 1977), whose career spans more than two decades, drew the international art community's attention back in 2016 with the series *Archival Impulse*, whose title, inspired by Hal Foster's critical theories, appealed to the need to confront archives to create new knowledge systems.

The successive series by this artist, who currently works between the United States, South Africa and Mexico, examine historical collections as devices that enable us to assess both the impact of the colonial gaze and the role of photography in perpetuating social hierarchies, strata and imbalances. Through an exploration that revisits the myths of the African Diaspora, Jackson appropriates colonial images to re-create them as a way of emancipating the Black body. Her powerful portraits, freed of the statism and stereotypes of the historical referent, open a space to rethink photography and turn it into an instrument of critical resistance against the race, gender and class constructions that still encumber us.

Nosce Te Ipsum, 'know thyself', is the Latin inscription that welcomes visitors to this museum, which was built 150 years ago as a temple of Enlightenment-era anthropocentrism. Jackson internalises the maxim and suggests a replica in the present time. Her proposal, based on tracing the Afro and Afro-mestizo presences in the state anthropology and ethnography collections, includes several unpublished works created with the goal of initiating a horizontal, direct dialogue with an institution in the throes of decolonisation, taking on a formal dimension within this context. In the wake of the first major exhibition of her works at the Smithsonian National Museum of African Art in 2023, this is her first solo show in Europe.

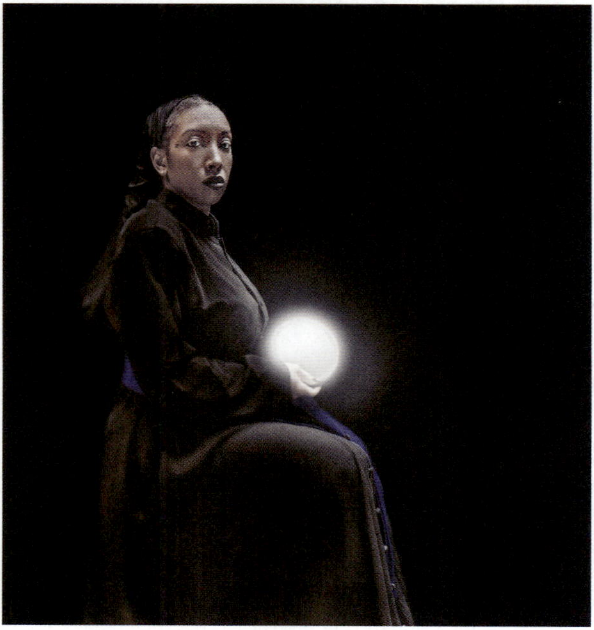

 Museo Nacional de Antropología
Alfonso XII, 68
28014 Madrid
cultura.gob.es/mnantropologia

Comisaria
Marisol Rodríguez

Organiza
Museo Nacional de Antropología
y PHotoESPAÑA

Colabora
Museo de América, Museo del Traje
y Alturas Foundation

Lourdes Grobet
Laboratorio de Teatro Campesino
e Indígena. Medio Siglo de Historia

FUNDACIÓN CASA DE MÉXICO EN ESPAÑA
05.06 – 31.08.2025

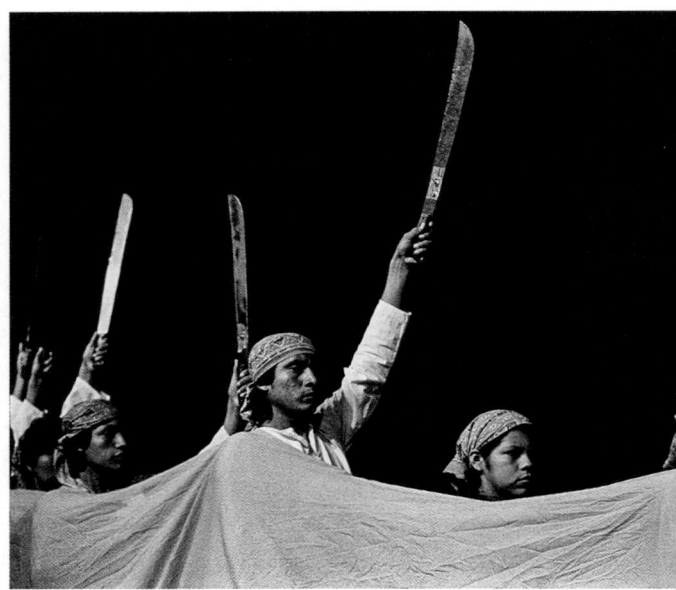

Lourdes Grobet
Romeo y Julieta, sin fechar
© LOURDES GROBET

La mirada de Lourdes Grobet (Ciudad de México, 1940-2022) rinde homenaje a casi medio siglo del Laboratorio de Teatro Campesino e Indígena (LTCI), un proyecto escénico autogestionado y colectivo dirigido por la dramaturga Alicia Martínez Medrano. De los 25.000 negativos en los que la fotógrafa registró las actividades del LTCI en diversos sitios de la República Mexicana, Fundación Casa de México en España exhibe una muestra y se suma al reconocimiento de este proyecto que ha dejado una potente impronta.

El LTCI articuló un teatro de raíz popular en México, enfocado en la creación colectiva, y un programa de enseñanza-aprendizaje del arte de hacer teatro, utilizando las prácticas escénicas como herramienta de expresión cultural, identidad y resistencia. Los escenarios improvisados y los vestuarios elaborados con los materiales y las manos de las propias comunidades fomentaron el reconocimiento de la riqueza

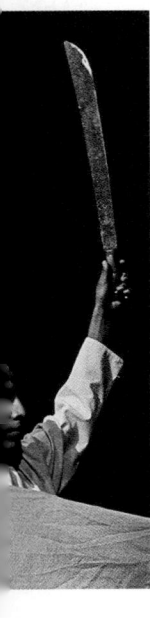
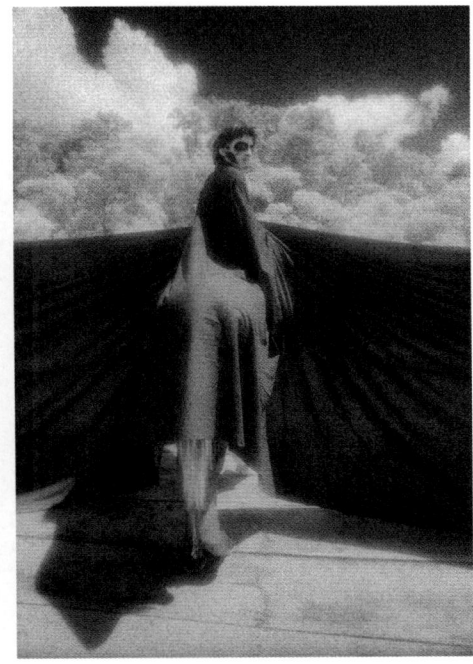

Lourdes Grobet
Bodas de sangre, sin fechar
© LOURDES GROBET

de sus creencias, sus valores y sus lenguas. Al mismo tiempo, se estimuló el acercamiento entre poblados cercanos y la creación de un repertorio que incluía obras locales y obras clásicas, que llegaron a participar en festivales internacionales.

En palabras de la crítica e investigadora teatral Luz Emilia Aguilar Zinzer: "Su mayor trascendencia ha sido el proyecto de desarrollo comunitario, una forma de organización alrededor del arte para fortalecer la identidad de los participantes, recuperar tradiciones, legitimar la memoria colectiva y las lenguas locales, detonar saberes y transmitirlos al paso de las generaciones y restituir derechos fundamentales: una *Revolución sin sangre*".

Este laboratorio ha sido clave en la construcción de un teatro auténtico que representa la voz de los pueblos originarios y campesinos y, a la vez, ofrece un espacio de expresión y dignificación. El registro fotográfico es un bello testimonio del proyecto.

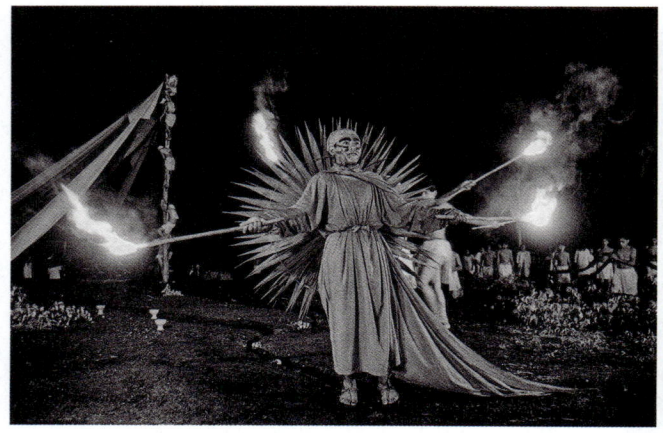

The gaze of Lourdes Grobet (Mexico City, 1940–2022) pays tribute to almost half a century of the Peasant and Indigenous Theatre Laboratory (LTCI), a self-managed, collective performance project directed by the playwright Alicia Martínez Medrano. The Casa de México Foundation in Spain is displaying a sample of the 25,000 negatives in which the photographer recorded the LTCI's activities in different locations around Mexico, thus joining the recognition of a project that has left an important legacy.

The LTCI offers folk-rooted theatre in Mexico focused on collective creation, along with a teaching-learning project in the art of theatre using performance practices as a tool of cultural expression, identity and resistance. The improvised scenes and costumes (made with the communities' own materials and by their own hands) foster recognition of the richness of their beliefs, values and languages. At the same time, they stimulate relations among nearby peoples and the creation of a repertoire that included local and classical works, which even participated in international festivals.

In the words of the theatre critic and researcher Luz Emilia Aguilar Zinzer, 'Their most important accomplishment has been the community development project, a form of organisation around art to strengthen the participants' identity, revive traditions, legitimise collective memory and local

Lourdes Grobet
Arux, sin fechar
© LOURDES GROBET

Lourdes Grobet
Mariposa, sin fechar
© LOURDES GROBET

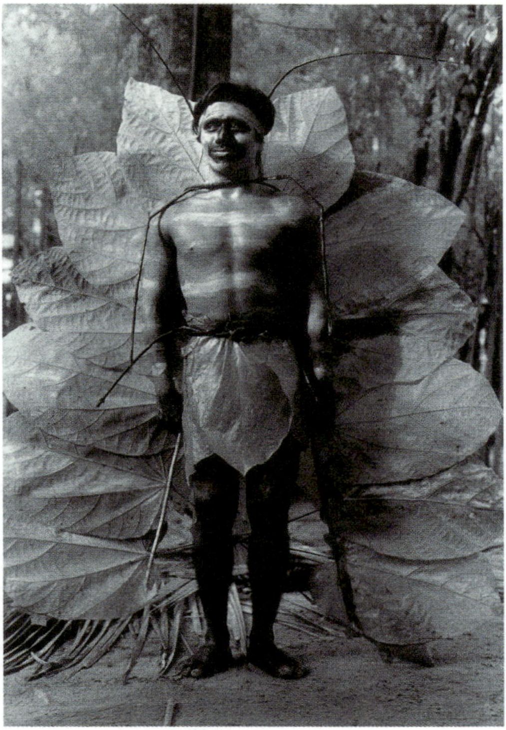

languages, activate knowledge and convey it to the upcoming generations and restore fundamental rights: a *bloodless revolution*'.

This laboratory has been crucial in the construction of an authentic theatre that represents the voice of the original peoples and peasants while also offering a venue of expression and dignification. The photographic record is a beautiful evidence of the project.

 Fundación Casa de México en España
Alberto Aguilera, 20
28015 Madrid
casademexico.es

Comisarias
Ximena Pérez Grobet
y Beatriz Mackenzie

Organiza
Fundación Casa de México
en España

Graciela Iturbide
Cuando habla la luz

FUNDACIÓN CASA DE MÉXICO EN ESPAÑA
19.06 – 14.09.2025

La mirada de Graciela Iturbide (México, 1942) transforma lo cotidiano en imágenes de inquietante belleza, creando una tensión que oscila entre una dualidad siempre presente: de lo real a lo onírico y de la vida a la muerte.

Esta exposición incluye algunas de sus imágenes más representativas. En ellas, la fotógrafa realiza una doble operación: se mira a sí misma y mira el exterior. Se retrata con serpientes que emergen de la boca o con pájaros muertos en los ojos, creando imágenes atravesadas por una enorme sensación de dolor. En un sueño un hombre le dijo: "En mi tierra sembraré pájaros". Y así son sus paisajes con aves, inquietantes y extraños.

En la exhibición se incluyen fotografías de la serie *El baño de Frida*, con las que documentó la reapertura de un baño de la Casa Azul, en Coyoacán, donde se resguardaban objetos y documentos de Frida Kahlo.

Las instantáneas de Iturbide evaden los estereotipos y muestran a las comunidades originarias de México desde un punto de vista inusitado. Ese es el caso de *Mujer ángel*, una de las imágenes con las que Iturbide documentó a los seris en el desierto de Sonora; o de *Magnolia*, retrato de la serie

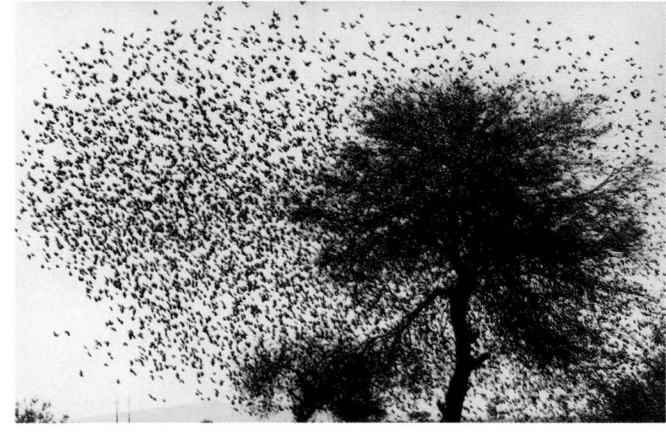

Graciela Iturbide
Árbol de pájaros, carretera México-Guanajuato, 90's
© GRACIELA ITURBIDE

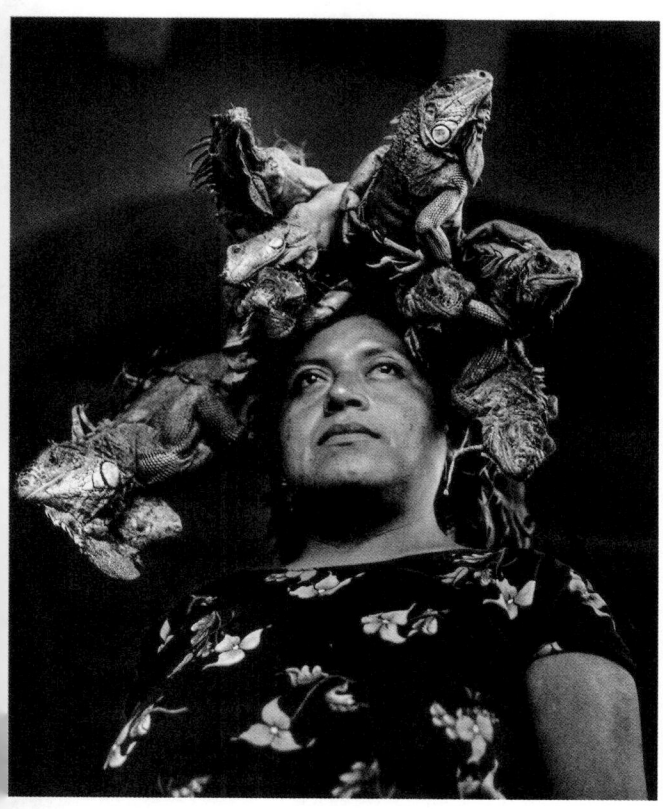

Graciela Iturbide
Nuestra señora de las iguanas, 1979
© GRACIELA ITURBIDE

Juchitán de las mujeres, donde se explora el rol esencial de las mujeres en el municipio de Juchitán, Oaxaca, y de los *muxes*, un colectivo del sexo masculino que asume roles femeninos y constituye una identidad de género propia de la cultura zapoteca.

Graciela Iturbide revela los temas que han marcado su universo visual sin dejar a nadie indiferente.

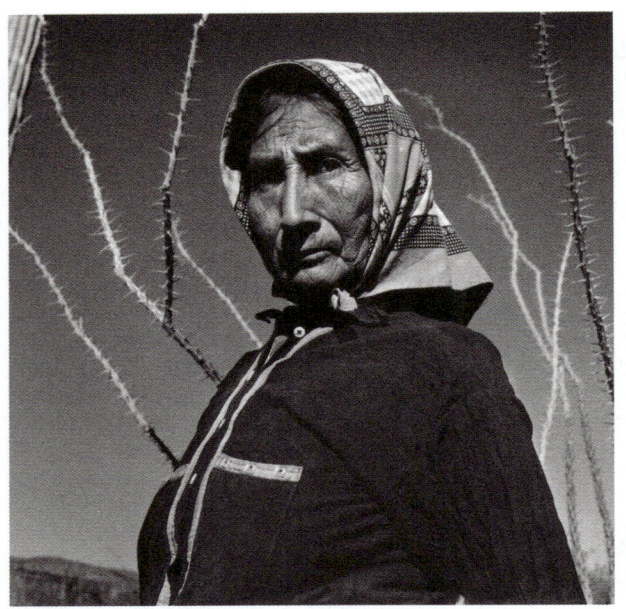

Graciela Iturbide's (Mexico, 1942) eye transforms the everyday
into images of disturbing beauty, creating a tension that
fluctuates between an omnipresent duality: from the real to the
dreamlike, and from life to death.

This exhibition includes some of her most representative
images, in which the photographer performs a twofold
operation: she looks at herself and she looks outside. She
portrays herself with snakes coming out of her mouth or with
dead birds in her eyes, creating images imbued with a deep
sense of pain. A man in a dream told her: 'In my land, I will
scatter birds like seeds'. And so, her landscapes, filled with
birds, are like dreams; they are disturbing and odd.

The exhibition includes photographs from the series *El baño de
Frida* [Frida's Bathroom], documenting the reopening of Casa Azul
in Coyoacán, where Frida Kahlo's objects and documents are kept.

Iturbide's snapshots avoid stereotypes and show Mexico's
original communities in a new light. Two examples are *Mujer
ángel* [Angel Woman], one of the images in which Iturbide

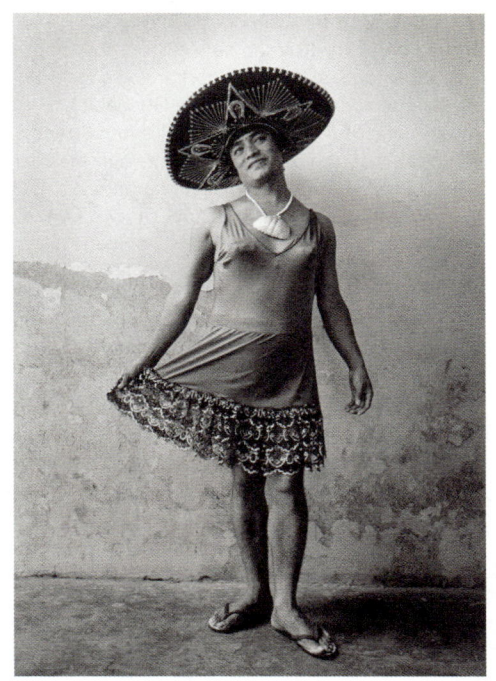

Graciela Iturbide
Desierto de Sonora, 1979
© GRACIELA ITURBIDE

Graciela Iturbide
Magnolia, Juchitán,
México, 1986
© GRACIELA ITURBIDE

documents the Seri people in the Sonora desert, and *Magnolia*,
a portrait from the series *Juchitán de las mujeres* [Juchitán
of the Women], where she explores the essential role played
by women in the town of Juchitán, Oaxaca, and the *muxes*,
a group of men who take on women's roles and are their own
gender identity in the Zapotec culture.

Graciela Iturbide unveils the scenes that have defined her visual
universe, captivating everyone who encounters it.

 **Fundación Casa de México
en España**
Alberto Aguilera, 20
28015 Madrid
casademexico.es

Comisario
Juan Coronel Rivera

Organiza
Fundación Casa de México
en España

Alinka Echeverría
El camino al Tepeyac

FUNDACIÓN CASA DE MÉXICO EN ESPAÑA
11.06 – 14.09.2025

Hace unos años, la artista visual y antropóloga mexicano-británica Alinka Echeverría (Ciudad de México, 1981) emprendió un viaje para documentar a los peregrinos que llevan a cuestas representaciones de la Virgen de Guadalupe. En palabras de la artista: "Es asombroso que alrededor de seis millones de personas recorran el camino durante diez días para llegar a la Basílica de Guadalupe, rendir homenaje a la Virgen en el aniversario de sus apariciones y, después, duerman en la gran plaza para cantarle 'Feliz cumpleaños' a las cinco de la mañana... El evento es una mezcla fascinante de serenidad y caos. Para el individuo, la peregrinación es una experiencia de sacrificio y recompensa, de gratitud y perdón, de promesa y esperanza. Para la comunidad, representa un regreso al origen: renovación y renacimiento".

Esta instalación presenta sesenta imágenes de devotos guadalupanos, articulando así una visión caleidoscópica de la imagen sagrada y explorando la relación histórica, política, filosófica, psicológica y antropológica entre una presencia invisible y su expresión material.

Movida por su interés en los sistemas de creencias y rituales, Alinka adopta un enfoque personal: fotografiar a los peregrinos de espaldas a la cámara, resaltando la conexión entre la figura y su objeto más preciado.

A few years ago, the Mexican-British visual artist and anthropologist Alinka Echeverría (Mexico City, 1981) set out on a journey to document pilgrims carrying representations of the Virgin of Guadalupe. In the artists words, "It's astonishing that around six million people make the journey for over ten days to reach the Basilica of Guadalupe and pay tribute to the Virgin on the anniversary of her apparitions, and then sleep in the great plaza to sing 'Happy Birthday' to her... The event is a fascinating mix of serenity and chaos. For the individual, the pilgrimage is an experience of sacrifice and reward, of gratitude and forgiveness, of promise and hope. For the community, it represents a return to the origin: renewal and rebirth.

This installation presents sixty images of Guadalupe devotees, articulating a kaleidoscopic vision of the sacred image and exploring the historical, political, philosophical, psychological and anthropological relationship between an invisible presence and its material expression.

88 MADRID. SECCIÓN OFICIAL

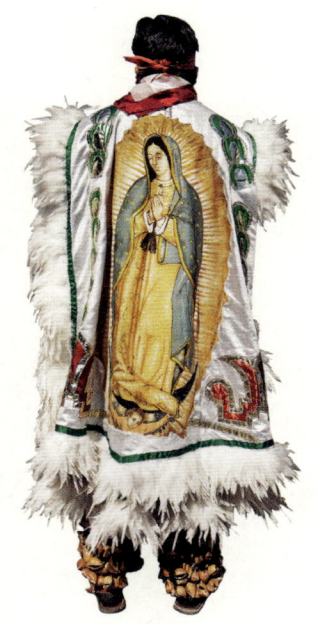

Alinka Echeverría
De la serie *The Road to Tepayac*,
2010
© ALINKA ECHEVERRÍA

Driven by her interest in belief systems and rituals, Alinka
adopts a personal approach: photographing pilgrims with
their backs to the camera, highlighting the connection
between the figure and their most precious object.

 **Fundación Casa de México
en España**
Alberto Aguilera, 20
28015 Madrid
casademexico.es

Organiza
Fundación Casa de México en
España

Proyecto Del Valle al Prado
Poder esencial. Mujer, ruralidad
y autorrepresentación

MUSEO NACIONAL DEL PRADO
12.06 -14.09.2025

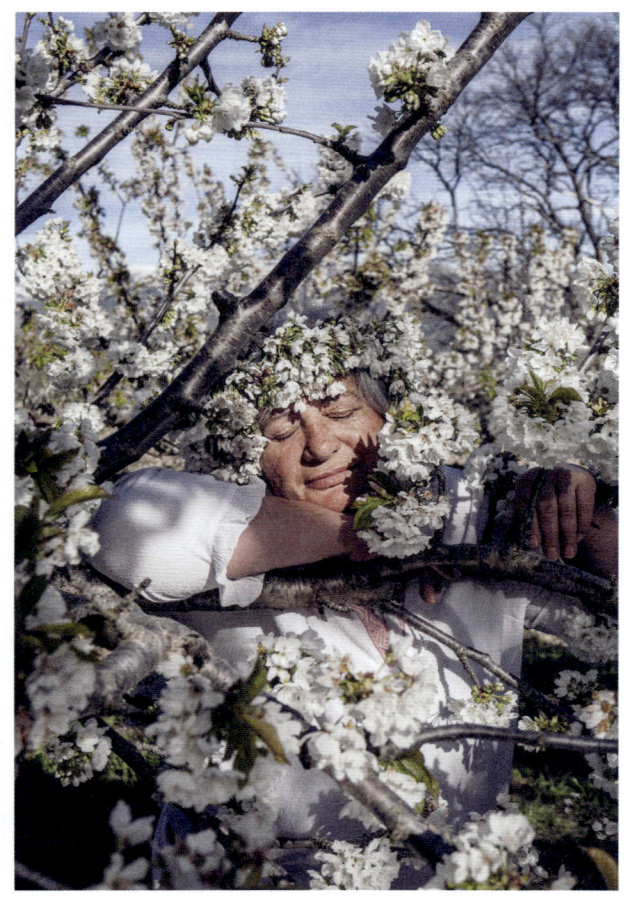

Sofía de Juan
Alegoría de la Música, 2024
© SOFÍA DE JUAN / PRADOEDUCACIÓN

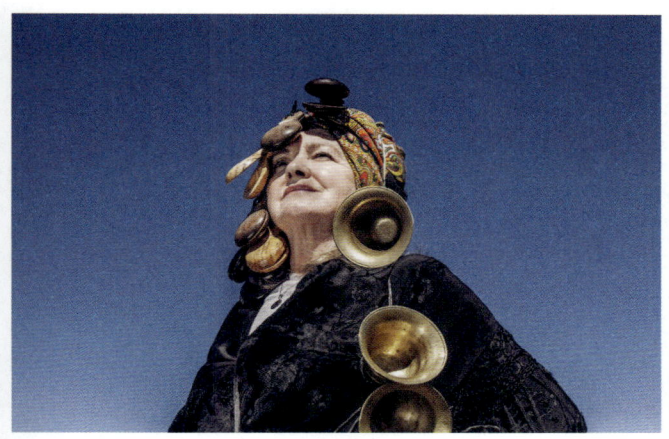

Sofía de Juan
Alegoría de la Agricultura, 2024
© SOFÍA DE JUAN / PRADOEDUCACIÓN

Poder esencial es una exposición fruto de un proceso de creación fotográfica que ha sido desarrollado de manera conjunta por el equipo de PradoEducación, la artista Pilar Soto y un grupo de mujeres de la Mancomunidad de Municipios Valle del Jerte. Esta colaboración está enmarcada en *Del Valle al Prado*, un proyecto puesto en marcha en 2019 que aborda la representación de la mujer y la vida rural en las obras de las colecciones del Museo. Su objetivo es abrir una conversación en torno a las realidades de la mujer rural y las relaciones con su contexto desde una óptica ecofeminista.

La experiencia de *Poder Esencial* nace de la convergencia entre el estudio de los autorretratos de las creadoras del siglo XIX presentes en las colecciones del Museo Nacional del Prado y las representaciones de las deidades, alegorías y entidades femeninas que, a lo largo de la historia, y la mitología se han vinculado con la naturaleza y con los cuatro elementos.

El objetivo de esta práctica es analizar y problematizar la relación de la mujer rural con su entorno, entendido como constructor de identidad. Para ello, se plantea un análisis en torno a la representación y la autorrepresentación, trabajando el retrato en el sentido clásico y vinculando a las protagonistas con su entorno, con la tradición y con el folklore. Posicionando a las mujeres del valle como arquitectas de ese ecosistema, visibilizamos sus vínculos personales con el territorio, con lo ancestral y con todo lo que en él habita. Las cincuenta mujeres del Valle se han representado a sí mismas como alegorías de aquellos elementos que sostienen sus vidas en el territorio, configurando una cartografía de las cuestiones esenciales para esta comunidad.

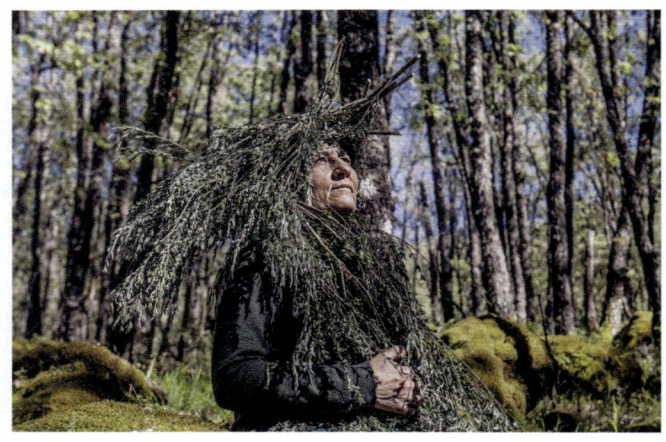

Sofía de Juan
Alegoría de la Naturaleza, 2024
© SOFÍA DE JUAN / PRADOEDUCACIÓN

Poder esencial [Essential Power] is the outcome of a photographic creation process that was conducted jointly by PradoEducación team, the artist Pilar Soto and a group of women from the Valle del Jerte Association of Municipalities. The exhibition is framed within the project *Del Valle al Prado* [From the Valley to the Prado], which was launched in 2019 to examine the representation of women and rural life in the works within the Museum's collection from an eco-feministic standpoint.

The images sprang up from the confluence between the study of the self-portraits of nineteenth-century women creators found in the collections of the Museo Nacional del Prado and the depictions of goddesses, allegories and female entities which have been associated with nature and the four elements throughout history and mythology.

The goal of this practice is to analyse and question rural women's relationship with their environment, viewed as something that constructs identity. It is a creative process around representation and self-representation which works on portraits in the classic sense, connecting the sitters with their environment, tradition and folklore. By positioning women from the valley as architects of that ecosystem we shed light on their personal ties to the territory, the ancestral and everything living there. The fifty women of the Valley have portrayed themselves as allegories of the elements that sustain their lives in the territory, creating a cartography of the essential concerns for this community.

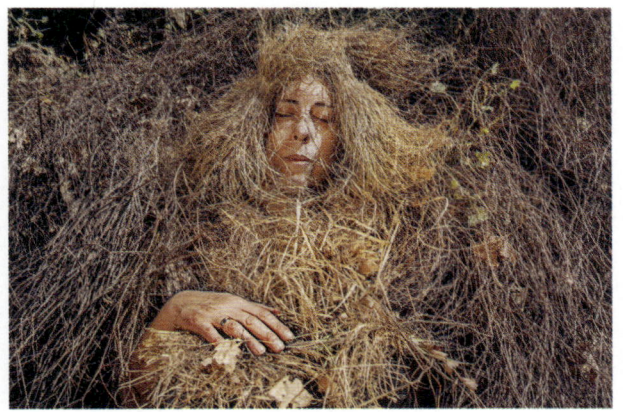

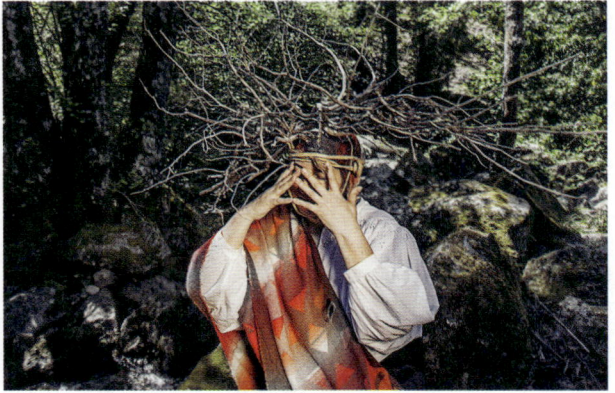

Sofía de Juan
Alegoría de la Vida, 2024
© SOFÍA DE JUAN / PRADOEDUCACIÓN

Sofía de Juan
Alegoría del Folklore, 2024
© SOFÍA DE JUAN / PRADOEDUCACIÓN

 **Museo Nacional
del Prado**
Pº del Prado, s/n
28014 Madrid
museodelprado.es

Comisarias
Amparo Moroño / Mancomunidad
de Municipios Valle del Jerte
y Sofía de Juan / PradoEducación

Organiza
PradoEducación

Isabel Coixet
COLLAGES. Aprendizaje en la desobediencia

MUSEO NACIONAL THYSSEN-BORNEMISZA
10.06 – 14.09.2025

Quizás sea cierto que las historias mejor contadas son las que se construyen a retazos, a fragmentos; las que esperan y exigen del espectador el esfuerzo para recomponer el significado último y llenar los huecos que la narración va dejando a su paso. De eso sabe mucho el cine y por eso volvemos a él: no basta con ver. Debe haber un margen para las conclusiones.

Isabel Coixet (Barcelona, 1960) lleva años trabajando en unos *collages* —de papeles y fotos— que tienen algo de planos preparatorios, aquellas casi maquetas que, se cuenta, ciertos directores de Hollywood no dejaban jamás al azar, dibujando cada plano para cada sesión. Hay sin duda un *continuum* entre lo que Coixet exige de nosotros en sus películas y el lugar narrativo donde nos colocan sus *collages*.

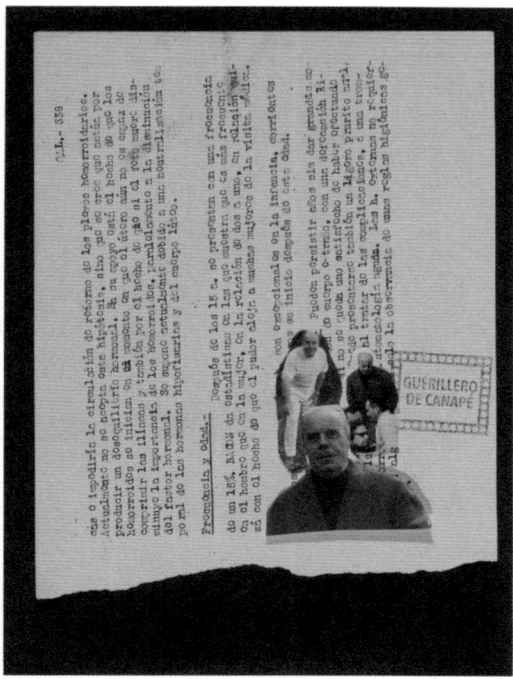

Isabel Coixet
Guérrillero de canapé, 2014
© ISABEL COIXET

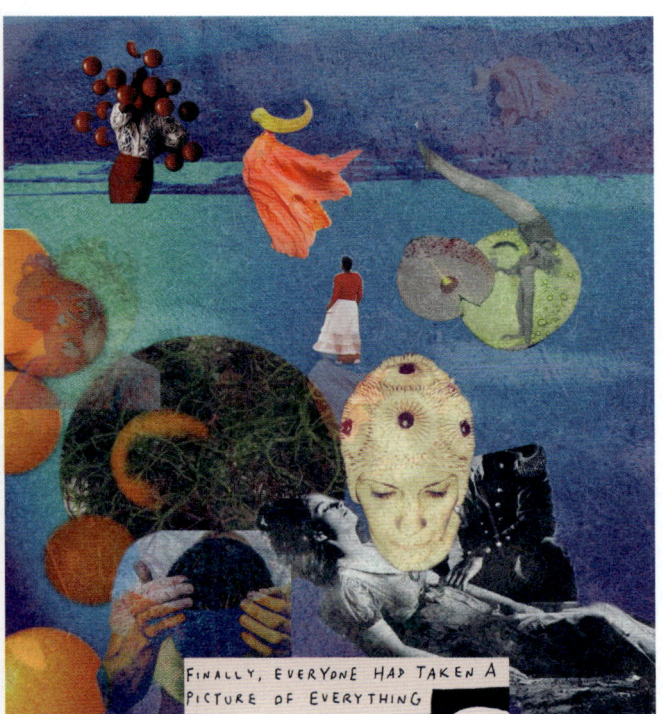

Isabel Coixet
Finally, everyone had taken a picture of everything, 2023
© ISABEL COIXET

De hecho, ese uso de los desplazamientos y las derivas como fuente inagotable para trastocar lo impuesto de forma sutil, esos temas en apariencia banales que esconden una enorme carga de profundidad —la manera de "contar" de Coixet en su cine—, cierta táctica para perseguir la desobediencia, allí donde se encuentre, vuelve a plantear los pliegues de la doble vida de la realidad, dejar la zona conocida y explorar territorios donde hay que aprender a contar desde el principio. En ese punto, en ese extraño desplazamiento de las historias y los objetos del mundo, los *collages* de Isabel Coixet conectan con la gran tradición vanguardista del género —de Hannah Höch a Kurt Schwitters— y que vinculan a Coixet —y a su público— con cierta fascinante precariedad, ese trabajar desde lo poco que, de alguna manera, Coixet persigue también en su cine.

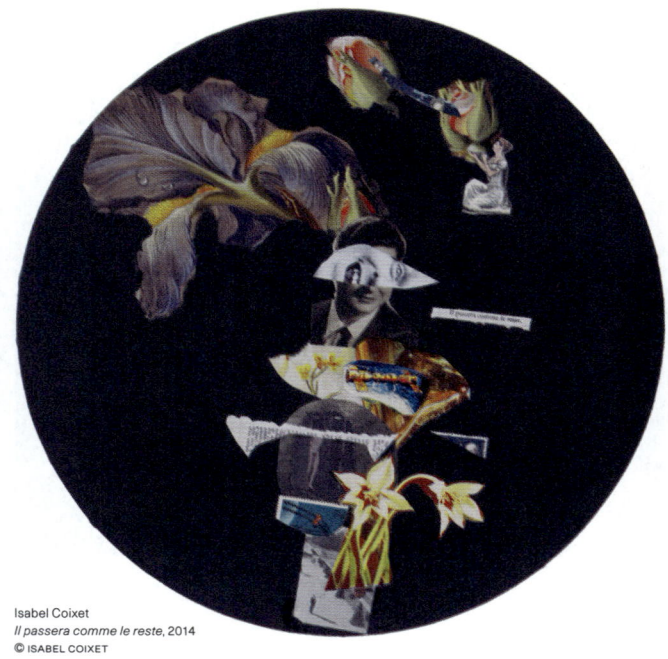

Isabel Coixet
Il passera comme le reste, 2014
© ISABEL COIXET

It may be true that the best-told stories are those made of snatches, of fragments; those that wait and force the spectator to make the effort to recompose their ultimate meaning, to fill the gaps trailing in the wake of the story. The cinema knows a lot about this, and that's why we go back to it: it's not enough just to watch. There has to be room for conclusions.

Isabel Coixet (Barcelona, 1960) has been working for years on collages—made of paper and photos—that somewhat resemble preparatory shots, almost scale models that certain Hollywood directors supposedly never left to chance, instead drawing every shot for every session. There is unquestionably a continuum between what Coixet asks of us in her films and the narrative place her collages take us to.

In fact, that use of displacements and drifts as an inexhaustible source to subtly upset what is imposed, those apparently banal themes that conceal an incredible depth charge—the way Coixet 'tells stories' in her films—, a certain tactic for seeking disobedience wherever it is found, reconsidering the folds of the double life of reality, leaving your own comfort zone and exploring territories where you have to learn to count all over again. At that point, at the strange displacement of stories and objects from the world, Isabel Coixet's collages connect to the great avant-garde tradition of the genre—as in Hannah Höch and Kurt Schwitte— which associates Coixet—and her audience—with a kind of fascinating precariousness, that idea of working with so little that Coixet somehow seeks in her films as well.

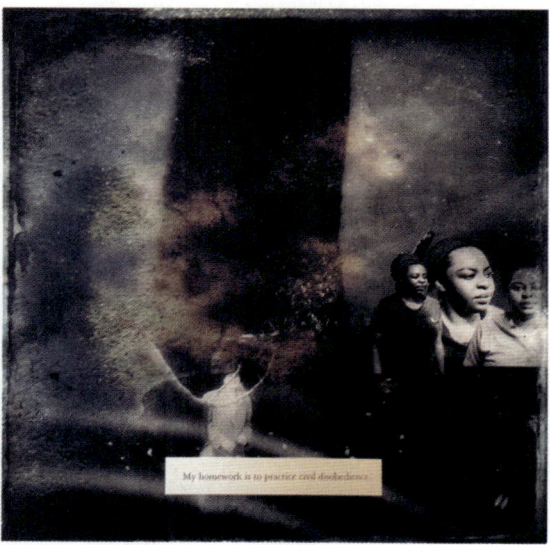

Isabel Coixet
My homework is to practice civil disobedience, 2024
© ISABEL COIXET

**Museo Nacional
Thyssen-Bornemisza**
Sala 30
Pº del Prado, 8
28014 Madrid
museothyssen.org

Comisaria
Estrella de Diego

Organiza
Museo Nacional
Thyssen-Bornemisza

Dora Maar
Fotografía y dibujos

MUSEO LÁZARO GALDIANO
06.06 – 14.09

Dora Maar (nacida Henriette Théodora Markovitch, París, 1907-1997) fue una reconocida artista del movimiento surrealista cuyas relaciones profesionales y amistosas con André Breton y otros intelectuales y artistas de la época son bien conocidas.

Dora Markovitch comenzó a tomar fotografías a finales de los años 20. Abrió un estudio en París en 1931, donde retrató el círculo cultural parisino, además de realizar encargos de moda y publicidad, y cuando su carrera profesional cobró impulso, decidió firmar como "Dora Maar".

El movimiento Nueva Visión en fotografía puso énfasis en composiciones con puntos de vista inusuales, además de buscar la belleza en la vida mundana y en los objetos cotidianos, una nueva forma de mirar que desterró al pictorialismo, y de la que las imágenes de Dora Maar son un claro ejemplo.

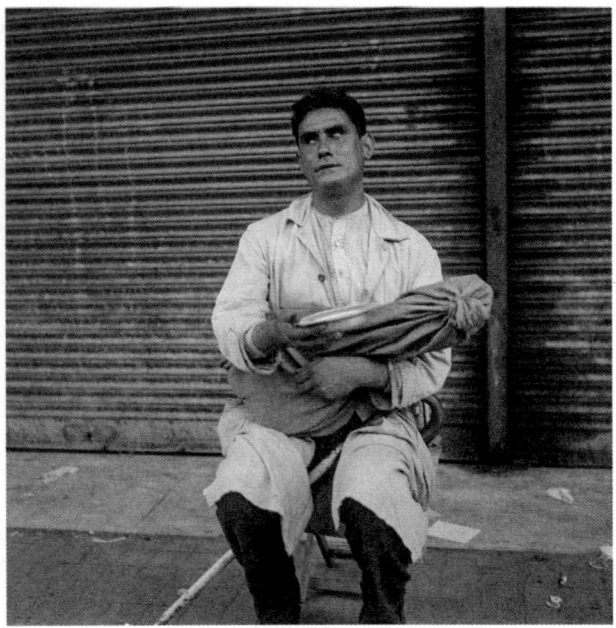

Dora Maar
Músico en una calle de Barcelona, 1933
© DORA MAAR, VEGAP, MADRID, 2025 /
MUSEO NACIONAL CENTRO DE ARTE REINA SOFÍA

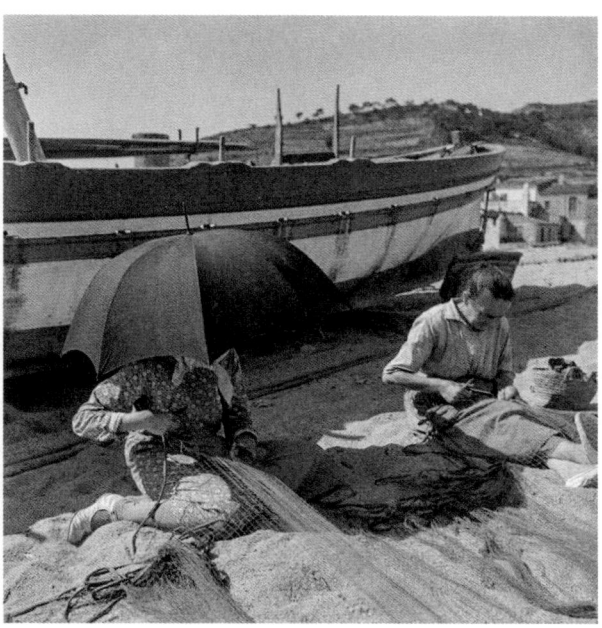

Dora Maar
*Remendadores a la sombra de una barca
en la Platja Gran de Tossa del Mar*, 1933
© DORA MAAR, VEGAP, MADRID, 2025 /
ARXIU NACIONAL DE CATALUNYA

El auge del fascismo en Europa en aquellos años provocó que los artistas cuestionaran abiertamente con su obra la creciente hostilidad social y política. En 1933, Maar viajó a Barcelona, donde fotografió arquitectura y personas en situaciones sociales precarias, mostrando el lado surrealista de la vida en España tres años antes de la Guerra Civil.

La visión de lo cotidiano de Dora Maar queda reflejada asimismo en una selección de bellos dibujos, figurativos y abstractos, realizados sobre papel suelto o en cuadernos de contabilidad que aparecen en esta muestra. Además, el relato visual que Maar realizó del proceso de Picasso durante la creación del *Guernica*, resulta fundamental para comprender mejor la magnitud de esa obra.

Más allá de sus fotografías surrealistas, admiradas y conocidas por el público, esta exposición se centra principalmente en la fotografía de calle y en dibujos relativamente desconocidos de un período breve pero prolífico de la extensa carrera de Dora Maar, una artista por méritos propios cuya extensa obra —fotografías textos, *collages* y pinturas— destaca por sí misma.

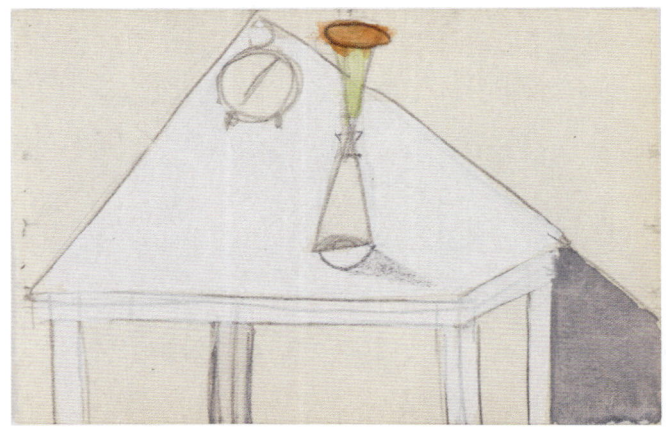

Dora Maar
Jarrón y despertador sobre la mesa, c. 1955
© DORA MAAR, VEGAP, MADRID, 2025 /
CORTESÍA GALERIE BOQUET

Dora Maar (born Henriette Théodora Markovitch, Paris, 1907–1997) was a renowned artist within the surrealist movement. She shared professional relations and a friendship with André Breton and other intellectuals and artists of the period.

Dora Markovitch began taking photographs in the late 1920s. She opened a studio in Paris in 1931, where she took portraits of Paris's cultural milieu, in addition to fashion and advertising commissions. When her professional career started to take off, she decided to sign her works as 'Dora Maar'.

The New Vision movement in photography emphasised compositions with unusual vantage points, in addition to the quest for beauty in everyday life and objects. Maar's images are a clear example of this way of looking that displaced pictorialism.

The rise of fascism in Europe during those years led artists to use their works to openly question the social and political hostility. In 1933, Maar travelled to Barcelona, where she photographed architecture and people in precarious situations, showing the surrealistic side of life in Spain three years before the Civil War.

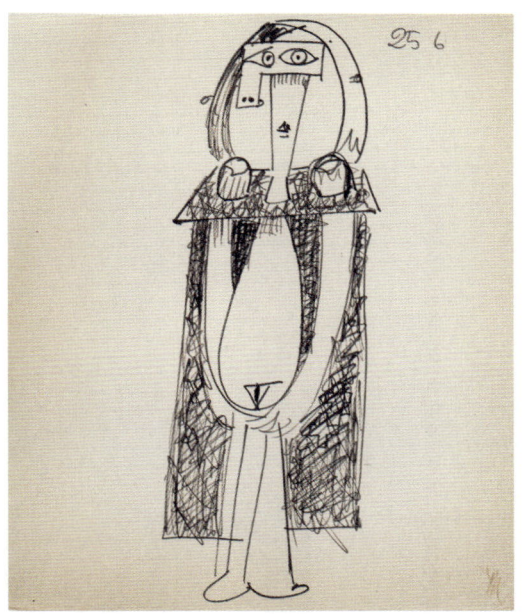

Dora Maar
Mujer con capa, 1939
© DORA MAAR, VEGAP, MADRID, 2025 /
CORTESÍA GALERIE BOQUET

A selection of beautiful drawings, both figurative and abstract, made on loose sheets of paper or accounting books, also attest to Maar's vision of everyday life. She also documented the process of Picasso painting *Guernica*, an important visual story that helps us to better understand the magnitude of this work.

The public knows and admires her surrealistic photographs. However, this exhibition primarily focuses on her street photography and shows relatively unknown drawings from a brief yet prolific period in her long career. Dora Maar was an artist in her own right who photographed, drew, wrote, made collages and painted.

 Museo Lázaro Galdiano
Serrano, 122
28006 Madrid
Lunes cerrado
museolazarogaldiano.es

Comisaria
María Millán

Organiza
Fundación Loewe

Colabora
Museo Lázaro Galdiano

Generación 25

FUNDACIÓN ORTEGA-MARAÑÓN
17.06 – 31.07. 2025

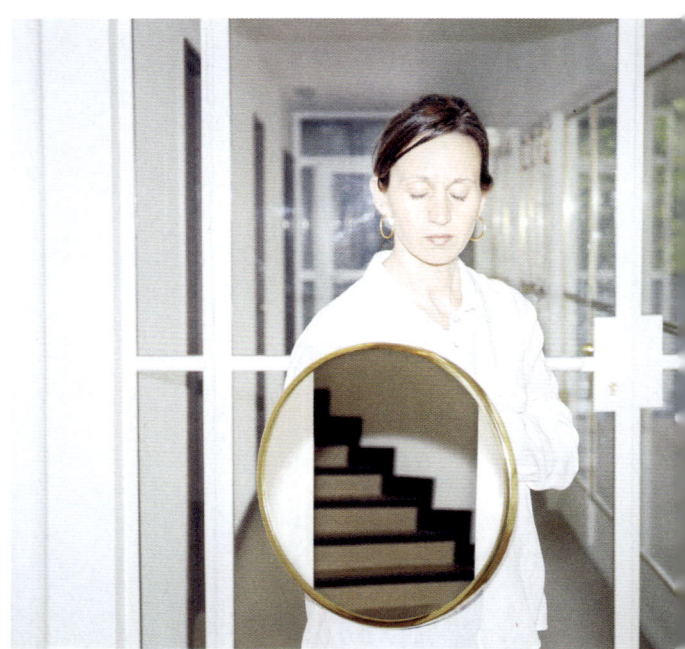

La sede de la Fundación Ortega Marañón es la antigua
Residencia de Señoritas, activa entre 1915 y 1936,
una institución clave en el proceso de emancipación
femenina impulsado por la II República. Las
mujeres vinculadas con la Residencia conforman la
denominada "Generación del 25" (también conocida
como "Las Sinsombrero"), un grupo heterogéneo
de pioneras en la pedagogía, el arte, las ciencias,
la literatura, la política, la filosofía o el deporte.

Se trata de una generación de la que la sociedad
en su conjunto (y las mujeres en concreto)
es deudora, por lo que desde PHotoESPAÑA
consideramos que la mejor manera de rendirle tributo
es conectando su legado y su espíritu de vanguardia
con la creación actual. Esto se suma al empeño del
Festival por reivindicar y visibilizar el trabajo de las
fotógrafas y creadoras visuales españolas, una tarea
prioritaria para PHE.

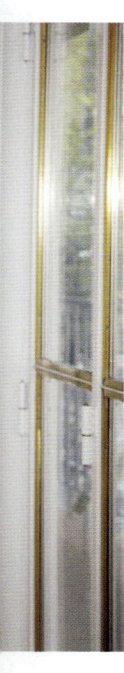

Elisa Miralles
Dorotea Barnés, 2025
© ELISA MIRALLES

Así, esta exposición colectiva está integrada por diez fotógrafas actuales de distintas edades, bagajes y sensibilidades, que dialogan con diez figuras relevantes de dicha generación para crear piezas de nueva producción. "Las Sinsombrero" homenajeadas son la periodista Josefina Carabias, la política Margarita Nelken, la filósofa María Zambrano, la química Dorotea Barnés, la poeta Concha Méndez, la arquitecta Matilde Ucelay, la pintora Maruja Mallo, la lexicógrafa María Moliner, la escenógrafa Victorina Durán y la aviadora María Bernaldo de Quirós. Y las artistas visuales que les rinden tributo son Rocío Bueno, Elisa Miralles, María Platero, Laura C. Vela, María Bobo, Lurdes R. Basolí, Sofía Moro, Montaña Gama, Ana Paes y Alba Serra Ferrer. La muestra se completa con un reportaje de 5 imágenes de espacios simbólicos de la Residencia, realizado por Ana Amado.

The Fundación Ortega Marañón headquarters was formerly the Young Ladies' Residence, which operated between 1915 and 1936, a key institution in the process of women's emancipation propelled by the Second Republic. Women associated with the Residence made up what was called the 'Generation of 25' (also known as the *Las Sinsombrero* or 'The Hatless'), a heterogeneous group of pioneers in education, art, science, literature, politics, philosophy and sport.

It is a generation to which society as a whole is indebted, especially women, so we at PHotoESPAÑA believe that the best way to pay them tribute is by connecting their legacy and avant-garde spirit with creation today. This is coupled with the Festival's drive to showcase and bring visibility to Spanish women photographers and creators, one of PHE's priorities.

Thus, this collective exhibition is made up of ten women photographers all working today but of different ages, backgrounds and sensibilities, who engage in dialogue with ten prominent figures from that generation to create new pieces. 'The Hatless' to whom we are paying tribute are the journalist Josefina Carabias, the politician Margarita Nelken, the philosopher María Zambrano, the chemist Dorotea Barnés, the poet Concha Méndez, the architect Matilde Ucelay, the painter Maruja Mallo, the lexicographer María Moliner, the set designer Victorina Durán and the aviator María Bernaldo de Quirós. And the visual artists paying tribute to them are Rocío Bueno, Elisa Miralles, María Platero, Laura C. Vela, María Bobo, Lurdes R. Basolí, Sofía Moro, Montaña Gama, Ana Paes and Alba Serra Ferrer. The show also has a five-picture report by Ana Amado on symbolic spaces in the Residence Amado.

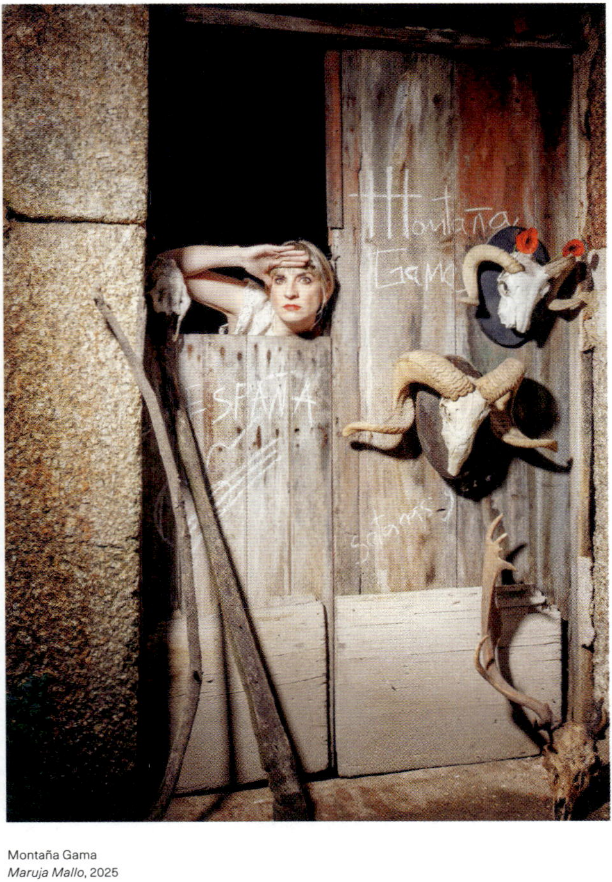

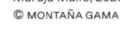

Montaña Gama
Maruja Mallo, 2025
© MONTAÑA GAMA

12 **Fundación Ortega Marañón**
Fortuny, 53
28010 Madrid
ortegaygasset.edu

Autoras
Lurdes R. Basolí, Marina Bobo,
Rocío Bueno, Montaña Gama, Elisa
Miralles, Sofía Moro, Ana Paes,
María Platero, Alba Serra Ferrer,
Laura C. Vela y Ana Amado

Asesora documental
Lucía Laín

Organiza
Fundación Ortega-Marañón
y PHotoESPAÑA

Espe Pons
Flucht. Las huidas de Walter Benjamin

CENTRE CULTURAL – LLIBRERIA BLANQUERNA
22.05 – 26.07.2025

El pasado exige justicia, decía el filósofo Walter
Benjamin en su reflexión sobre cómo el progreso
arrasa con el pasado. Benjamin resistió todo
lo que pudo, tanto física como mentalmente al
horror nazi hasta su huida de París para intentar
llegar a Nueva York. Sin embargo, en Portbou,
ese no lugar, su alma se quebró. Convencido de
que las autoridades franquistas le entregarían
a la Gestapo, acabó con su vida en ese punto
fronterizo, de ausencia, de exilio.

Flucht, escapada, fuga.

Flucht es un ensayo fotográfico de Espe Pons
(Barcelona, 1973) que resigue los lugares que
acompañaron al filósofo alemán Walter Benjamin
durante sus últimos días huyendo del fascismo.
En este trabajo, Pons traza la memoria de un
paisaje construido con las ideas de frontera, huida
y libertad.

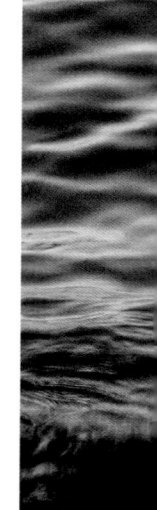

TODAS LAS FOTOS
Espe Pons
De la serie *Flucht*, 2024
© ESPE PONS, VEGAP,
MADRID, 2025

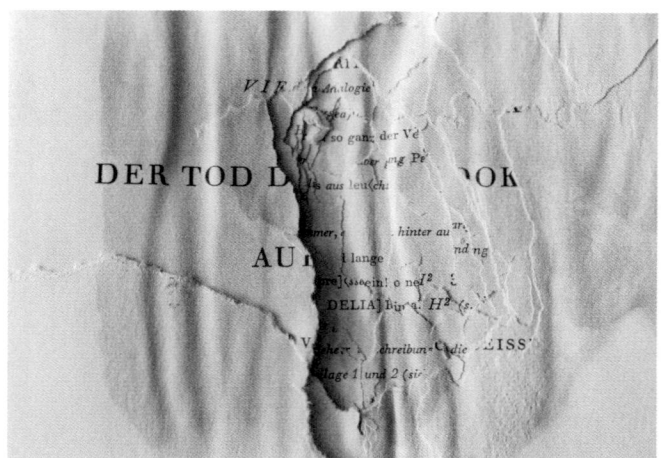

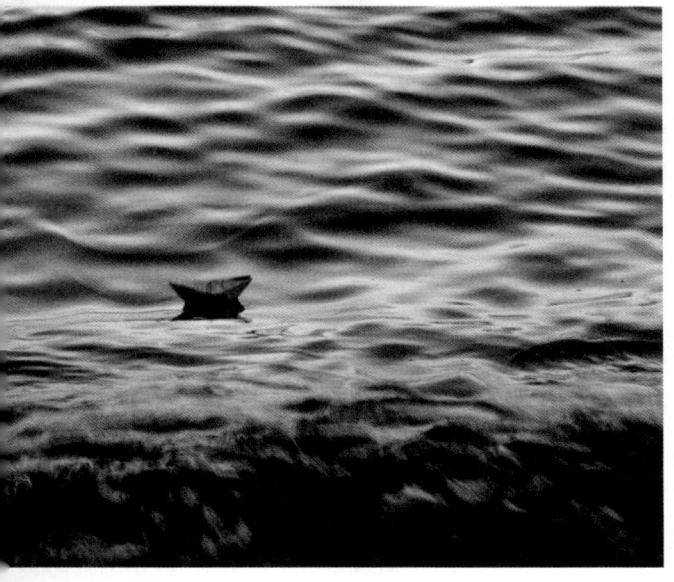

"¿De qué nos hablan estas fotografías?",
se pregunta Pilar Parcerisas en el extraordinario
fotolibro del cual surge esta exposición.
"De sombras y rastros en caminos con memoria
que han vivido intensamente el paso del hombre
labrando senderos poco explorados, entre viñedos
y rebaños, entre cimas que miran al cielo y el
horizonte del azul del mar".

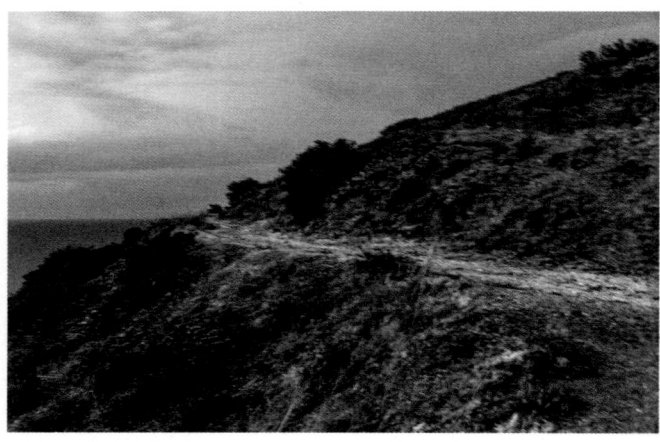

The past demands justice, the philosopher
Walter Benjamin said in his reflection on how
progress erases the past. Benjamin summoned
all his physical and mental powers to resist
the Nazi horror. He escaped from Paris and was
trying to reach New York, but his soul finally gave
up in Portbou, that non-place. Convinced that
the Franco authorities would turn him in to the
Gestapo, he ended his life in this border town
of absence and exile.

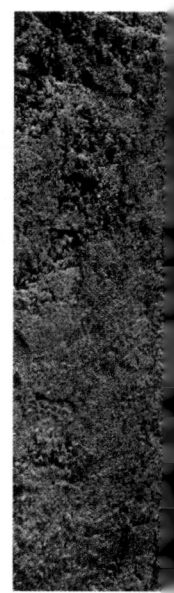

Flucht, escape, flight.

Flucht is a photographic essay by Espe Pons
(Barcelona, 1973) which traces the places where
the German philosopher Walter Benjamin spent
his last days fleeing from fascism. In this work,
Pons traces the memory of a landscape built
with the ideas of frontier, flight and freedom.

'What does these photographs say?', Pilar
Parcerisas asks in the extraordinary photography
book that was the origin of this exhibition.
'They talk about shadows and traces on paths
with memory that have intensely experienced
the passage of man carving little-explored
paths amidst vineyards and flocks, amidst
peaks reaching to the sky and the blue horizon
of the sea'.

TODAS LAS FOTOS
Espe Pons
De la serie *Flucht*, 2024
© ESPE PONS, VEGAP,
MADRID, 2025

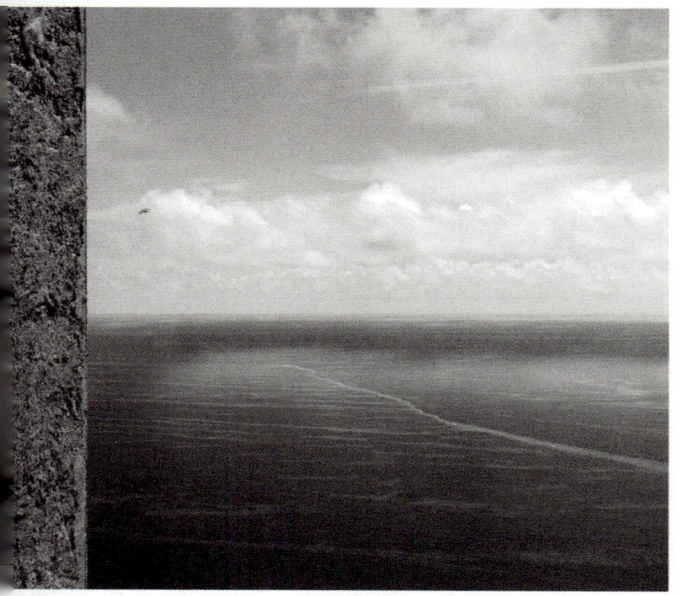

13 **Centre Cultural – Llibreria**
    Blanquerna
    Alcalá, 44
    28014 Madrid
    delegaciomadrid.gencat.cat/ca/inici

Organiza
Delegació del Govern de
la Generalitat a Madrid
y Centre Cultural – Llibreria
Blanquerna

MADRID. SECCIÓN OFICIAL **109**

Joel Meyerowitz
Europa 1966-1967

FERNÁN GÓMEZ. CENTRO CULTURAL DE LA VILLA
15.05 – 13.07.2025

En 1966, a la edad de veintiocho años y poco después de dejar su trabajo en una agencia de publicidad para dedicarse a la fotografía, Joel Meyerowitz (Nueva York, 1938) se embarcó en un viaje por carretera que le llevaría a atravesar Europa durante todo un año. Recorrió más de 30.000 kilómetros a través de diez países e hizo unas 25.000 fotografías. Durante este periodo, se instaló en Málaga por espacio de seis meses y entabló amistad con los Escalona, una de las familias flamencas tradicionales de la ciudad.

Esta experiencia única, que dio como resultado un extraordinario registro fotográfico de España en plena dictadura franquista, fue de enorme influencia para Meyerowitz y ejerció un impacto duradero en su característico estilo fotográfico. En la actualidad, el autor norteamericano es reconocido como uno de los fotógrafos más destacados de su generación, alguien que redefinió la forma de captar y comunicar la realidad con una cámara. Tras regresar a Nueva York, realizó su primera exposición individual en el MoMA en 1968, en la que incluyó cuarenta fotografías tomadas desde la ventanilla de su coche durante su trayecto por Europa.

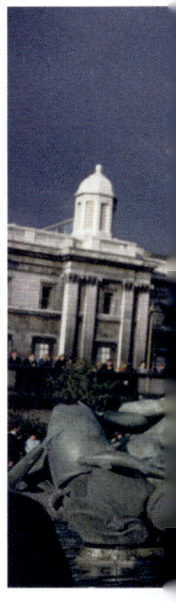

Joel Meyerowitz
París, Francia, 1967
© JOEL MEYEROWITZ,
COURTESY HOWARD
GREENBERG GALLERY

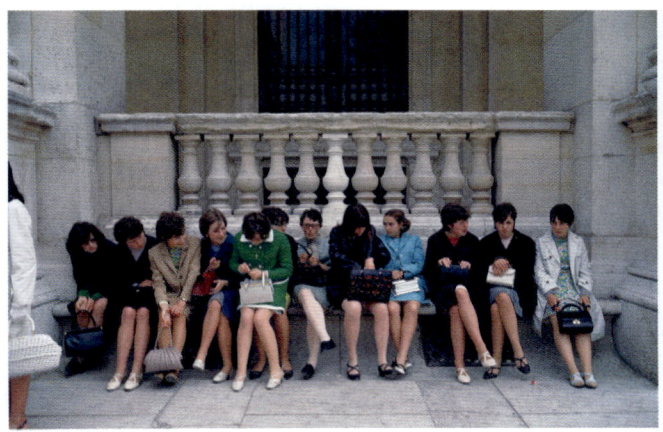

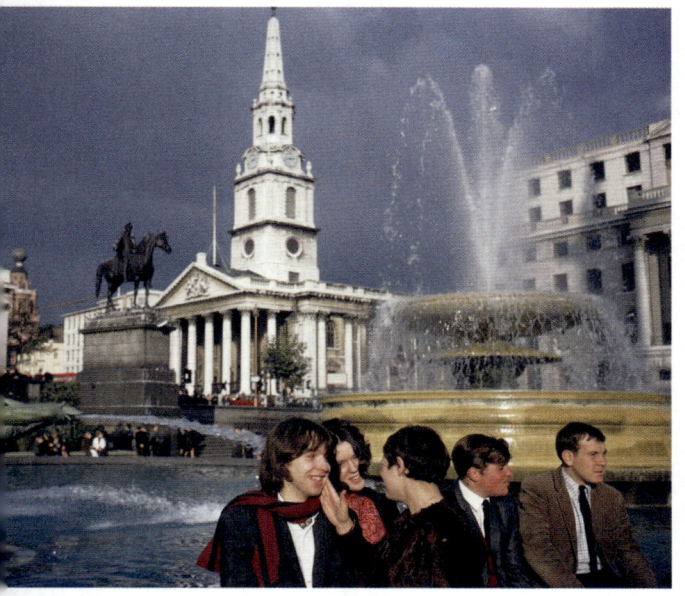

Joel Meyerowitz
Londres, Inglaterra, 1967
© JOEL MEYEROWITZ, COURTESY
HOWARD GREENBERG GALLERY

La presente exposición reúne copias de época
de gran formato, en color y en blanco y negro, en
una amplia muestra de los viajes de Meyerowitz
por Inglaterra, Gales, Irlanda, Escocia, Francia,
Alemania, Turquía, Grecia e Italia, con especial
énfasis en la importancia de su prolongada
estancia en España. Siguiendo su evolución
artística durante el tiempo que pasó en Europa,
la exposición muestra retratos de personajes
locales, momentos únicos captados en escenas
cotidianas en la calle y paisajes urbanos y
naturales. También incluye una selección de copias
originales de su primera exposición individual
en el MoMA.

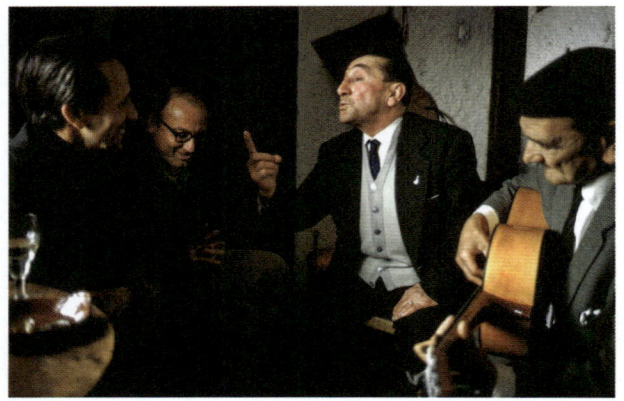

In 1966, at the age of 28 and shortly after leaving his job in an advertising agency to devote himself to photography, Joel Meyerowitz (New York, 1938) embarked on the road trip that would lead him across Europe for an entire year. He travelled more than 30,000 kilometres through ten countries and took around 25,000 photographs. During this period, he moved to Málaga for six months and befriended the Escalonas, one of the city's traditional Flamenco families.

This unique experience, which resulted in an extraordinary photographic record of Spain in the midst of the Franco dictatorship, was hugely influential for Meyerowitz and had a lasting impact on his photographic style. Today, the US artist is recognised as one of the most prominent photographers of his generation, someone who redefined the way to capture and communicate reality with a camera. After going back to New York, he held his first solo exhibition at the MoMA in 1968, which included forty photographs taken from his car window on his journey around Europe.

This exhibition brings together large period prints in both colour and black and white and offers a broad sample of Meyerowitz's travels through England, Wales, Ireland, Scotland, France, Germany, Turkey, Greece and Italy, focusing on the importance of his extended stay in Spain. Following his artistic evolution during the time he spent in Europe, the exhibition shows portraits of local folk, unique moments captured in everyday street scenes and urban and natural landscapes. It also includes a selection of original copies from his first solo exhibition at MoMA.

Joel Meyerowitz
Málaga, España, 1967
© JOEL MEYEROWITZ,
COURTESY HOWARD
GREENBERG GALLERY

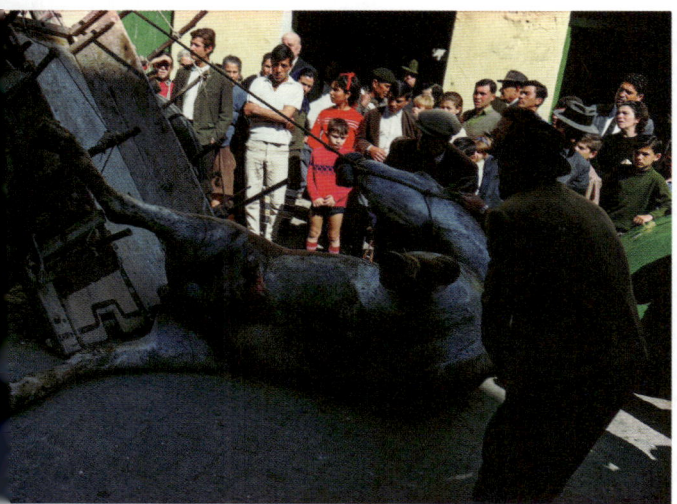

 Fernán Gómez. Centro Cultural de la Villa
Plaza de Colón, 4
28001 Madrid
Lunes cerrado
teatrofernangomez.com

Comisario
Miguel López-Remiro Forcada

Organiza
Ayuntamiento de Madrid, Fernán Gómez. Centro Cultural de la Villa y PHotoESPAÑA

Colabora
Museo Picasso Málaga

Duane Michals
El fotógrafo de lo invisible

FUNDACIÓN CANAL
28.05 – 24.08.2025

Experimental, poético, introspectivo. Duane Michals (McKeesport, Estados Unidos, 1932) se posiciona como uno de los autores más innovadores e influyentes de la fotografía contemporánea gracias a su peculiar enfoque, más allá de la realidad. Su trabajo, profundamente espiritual, se centra en capturar lo que no se puede ver: la esencia emocional y filosófica de lo que somos y para ello, explora aspectos fundamentales de la experiencia humana, como la identidad, el tiempo y lo intangible.

Su obra no siempre se limita a una sola imagen, sino que a menudo juega con secuencias que cuentan historias completas, invitando también al espectador a interpretar y sumergirse en espacios visuales cargados de sensaciones.

Un rasgo característico de su estilo es el uso del texto dentro de algunas de sus composiciones fotográficas. Las palabras no solo acompañan las imágenes, sino que de Michals se integran en ellas de manera poética y reflexiva, añadiendo capas de significado.

Esta exposición, a través de cerca de 150 piezas, muchas de ellas integradas en secuencias, recorre su trayectoria artística, desde sus primeras imágenes hasta algunas de sus últimas instantáneas creadas en 2025. La selección incluye una gran variedad de trabajos, muchos de ellos agrupados en sus célebres series fotográficas, frecuentemente acompañadas de textos manuscritos, una firma distintiva de su estilo. También se encuentran sus conocidos retratos de otros artistas como Joseph Cornell, Andy Warhol o Marcel Duchamp, figuras clave con una huella importante en su carrera, y autorretratos del propio artista con finalidad autobiográfica.

La muestra, en consecuencia, no solo permite explorar la evolución del estilo de Michals, sino también comprender el impacto de su enfoque narrativo en la fotografía contemporánea. Su capacidad para capturar lo intangible, lo emocional y lo surrealista hace de él un auténtico narrador visual, con una obra que sigue desafiando los límites de la fotografía tradicional.

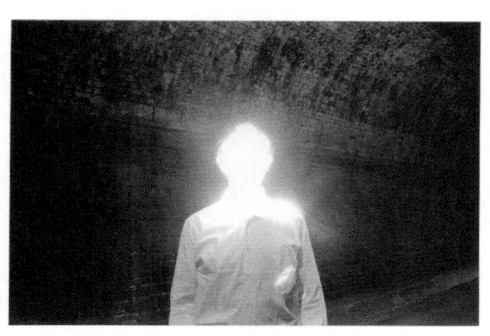

Duane Michals
El hombre iluminado, 1968
© DUANE MICHALS INC. /
CORTESÍA DE ADMIRA MILANO

Experimental, poetic, introspective. Duane Michals (McKeesport, USA, 1932) is one of the most innovative and influential authors in contemporary photography, thanks to his unique approach that goes beyond just immortalising reality. His profoundly spiritual work focuses on capturing what cannot be seen: the emotional and philosophic essence of what we are. To do so, he explores fundamental aspects of human experience like identity, time and the intangible.

His work is not always limited to a single image but instead plays with sequences that tell complete stories while also inviting spectators to interpret and immerse themselves in these visual spaces laden with sensations.

One hallmark of his style is the use of text within some of his photographic compositions. Instead of limiting the texts to just accompanying the images, Michals's words are integrated into them in a poetic, reflective way, adding layers of meaning.

Through almost 150 pieces, many of them part of sequences, this exhibition surveys his artistic career from his earliest images to some of his latest shots created in 2025. The selection of works varies widely, with many of them grouped into his celebrated photographic series, often accompanied by his handwritten texts, a hallmark of his style. The exhibition also includes portraits of artists like Joseph Cornell, Andy Warhol and Marcel Duchamp, key figures who left a major mark on Michals's career, and autobiographical self-portraits of the artist himself.

Thus, the show enables spectators to not only explore the evolution of Michals's style but also understand the impact of his narrative approach on contemporary photography. His ability to capture the intangible, the emotional and the surrealistic makes him a true visual narrator whose work continues to push the boundaries of traditional photography.

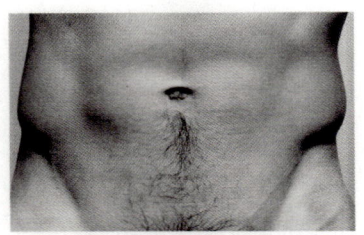

Duane Michals
La parte más hermosa del cuerpo
de un hombre, 1986
© DUANE MICHALS INC. /
CORTESÍA DE ADMIRA MILANO

 Fundación Canal
Mateo Inurria, 2
28036 Madrid
fundacioncanal.com

Comisaria
Enrica Viganó (Admira Milano)

Organiza
Fundación Canal

Nacho Criado
Blanco

CÍRCULO DE BELLAS ARTES
04.06 – 27.09.2025

Nacho Criado (Mengíbar, Jaén, 1943 - Madrid, 2010) es uno de los artistas más significativos e influyentes en la escena contemporánea española. Distinguido con el premio Nacional de Artes Plásticas (2009), desarrolló una obra en sintonía con las practicas experimentales producidas en el clima adverso de los años finales de la dictadura franquista, cuya manifestación más significativa fue la celebración de los Encuentros de Pamplona en 1972. Generalmente asociado al arte conceptual, en su trayectoria reververan ecos vinculados al conceptualismo, *minimal*, *land art*, povera o procesual. La obra de Nacho Criado escapa así a etiquetas o clasificaciones y se sitúa en el proceso que discurre entre la idea y su puesta en escena.

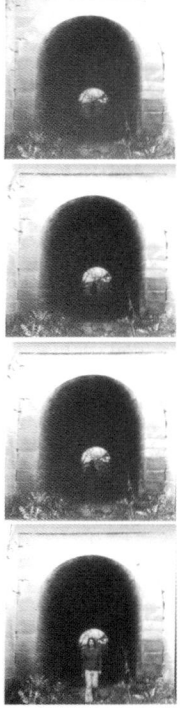
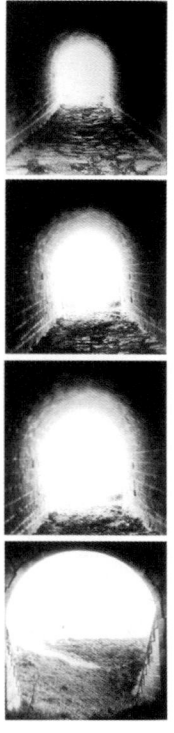

Nacho Criado
Recorrido subterráneo.
Mengíbar (Jaén), 1973
© NACHO CRIADO, VEGAP,
MADRID, 2025

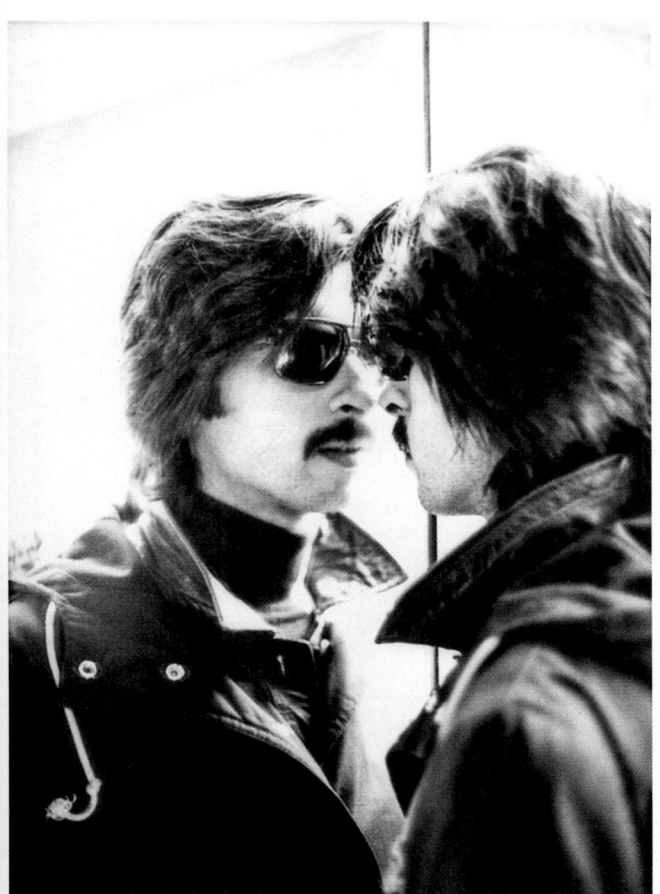

Nacho Criado
Distancia mínima, 1974
© NACHO CRIADO, VEGAP, MADRID, 2025

A principios de los años 70, Criado se sirvió intensamente de la fotografía como un campo de experimentación permanente, integrándola también en la poética de sus instalaciones. Los trabajos fotográficos le permiten entonces, con una relativa economía de medios, traducir la idea a imagen, al tiempo que actúan como memoria arqueológica.

La exposición *Blanco* articula una conjunción de acontecimientos que trascienden el propio concepto de la fotografía. Es el resultado de múltiples trabajos comprendidos en la primera mitad de los años 70 que discurren en torno a el lenguaje y la acción desde la fotografía y donde el objeto representado se hace presente en el tiempo y en el espacio.

Nacho Criado (Mengíbar, Jaén, 1943–Madrid, 2010) is one of the most important, influential artists on the contemporary Spanish scene. Winner of the National Fine Arts Award in 2009, his work is aligned with the experimental practices produced in the adverse climate of the late years of the Franco dictatorship, whose most significant expression was the 1972 Pamplona Encounters. Usually associated with conceptual art, his career has veered between strains associated with conceptualism, minimalism, land art, Arte Povera and processual art. Nacho Criado's work thus goes beyond any label or classification and is situated in the process that runs between the idea and its fruition.

In the early 1970s, Criado drew heavily from photography as a field of ongoing experimentation, while it was also part of the poetics of his installations. At that time, thanks to a relative economy of means, photographic works enabled him translate the idea into image while also serving as archaeological memory.

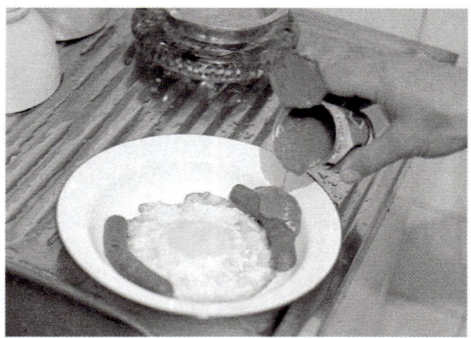

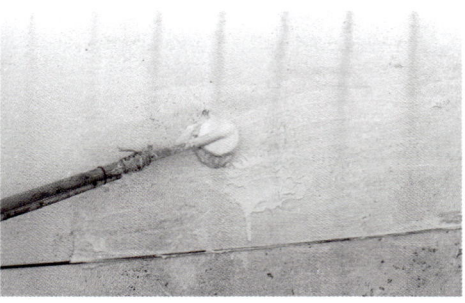

Nacho Criado
Idea de inmortalidad,
1976
© NACHO CRIADO,
VEGAP, MADRID, 2025

Nacho Criado
Encalado de una pared
(detalle). Mengíbar
(Jaén), 1973
© NACHO CRIADO,
VEGAP, MADRID, 2025

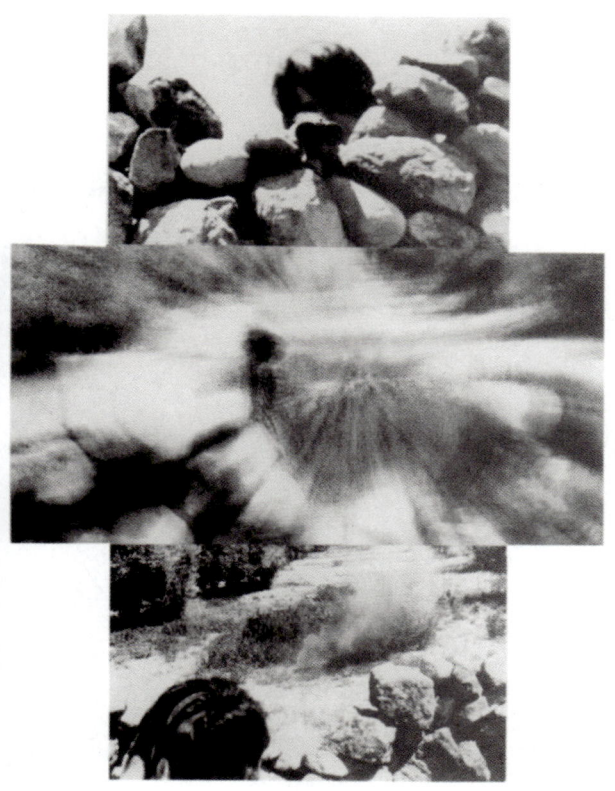

Nacho Criado
Situaciones de peligro permanente.
Mengíbar (Jaén), 1974
© NACHO CRIADO, VEGAP, MADRID, 2025

The exhibition *Blanco* [White] articulates a conjunction of
events that transcend the very concept of photography.
The outcome is multiple works from the first half of the 1970s
that revolve around language and action from photography,
where the object depicted becomes present in time and space.

01 **Círculo de Bellas Artes**
Sala Minerva
Alcalá, 42
28014 Madrid
Lunes cerrado
circulodebellasartes.com

Comisario
César Borja

Organiza
Círculo de Bellas Artes
y PHotoESPAÑA

Marisa Flórez
Un tiempo para mirar (1970-2020)

COMUNIDAD DE MADRID. SALA CANAL DE ISABEL II
14.05 – 20.07.2025

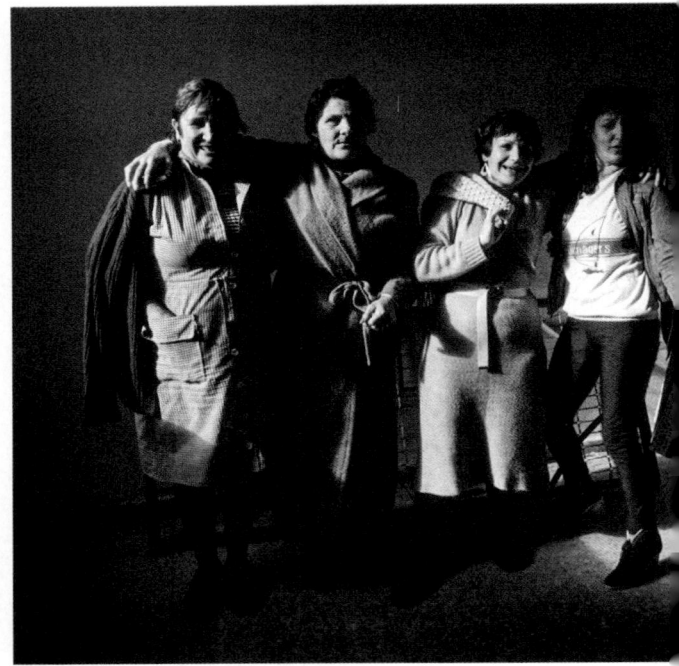

Cinco décadas de oficio y una trayectoria profesional reconocida con varios galardones —el Premio Nacional de Periodismo Gráfico (1981), el Premio Piedad Isla (2015) o el Premio de Cultura de la Comunidad de Madrid (2024)— respaldan el trabajo de la fotorreportera Marisa Flórez (León, 1948) iniciado en 1971 en el diario *Informaciones* y desarrollado en *El País* entre 1976-2012 como fotorreportera, redactora jefa y editora gráfica, y donde supo combinar, la creación artística y el sentido documental de la fotografía con un perfecto equilibrio de elegancia y sencillez.

El principal objetivo de esta exposición es descubrir al público una obra fotográfica repleta de momentos sorprendentes y acontecimientos decisivos de nuestra historia reciente a los que dedicar *un tiempo para mirar*: protagonistas populares reconocibles de la sociedad, del espectáculo, del arte y de la cultura; la inauguración de la primera legislatura democrática;

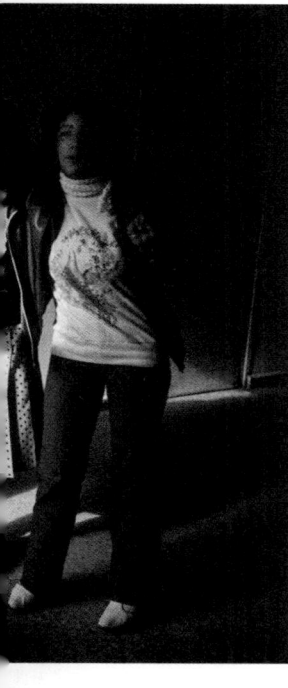

Marisa Flórez
Mujeres en la cárcel de Yeserías,
Madrid, 1981
© MARISA FLÓREZ

el devenir de los acontecimientos sociales, como la vida en las cárceles, los atentados, las primeras manifestaciones; o el momento en el que arte se hace política con la llegada del *Guernica*, el último exiliado.

Las 185 imágenes que conforman esta muestra, algunas inéditas y seleccionadas del archivo personal de la artista, descubren un estilo fotográfico arrollador, así como una manera de ver y de crear decididamente contemporánea que se suma a una férrea voluntad por investigar otra forma de contar lo mirado y lo vivido. La exposición reúne un itinerario fotográfico que funciona a modo de constelaciones donde ir descubriendo, por un lado, la riqueza expresiva y formal de Marisa Flórez y, por otro, su variedad temática: política, activismo, crónica social, arte y cultura. Un magnífico conjunto fotográfico con un alto valor patrimonial y documental representativo de una época reivindicativa de deseos y emociones tanto propias como colectivas.

Her five decades in the profession and her career, which has earned her several awards, such as the National Graphic Journalism Award (1981), the Piedad Isla Award (2015) and the Culture Award of the Community of Madrid (2024) endorse the work of the photojournalist Marisa Flórez (León, 1948). Her career started in 1971 at the newspaper *Informaciones* and continued at *El País* between 1976–2012, where she worked as a photojournalist, editor-in-chief and graphic editor and managed to combine artistic creation and documentary meaning of photography with a perfect balance of elegance and simplicity.

The main goal of this exhibition is to show the public a photographic oeuvre brimming with surprising moments and decisive events in Spain's recent history, which are worth *time for looking*: famous figures who are recognisable from society, show business, art and culture; the inauguration of the first democratic legislature; the course of social events, like life in prison, attacks and the first demonstrations; and the time when art turned political with the return of *Guernica*, the last exile.

The 185 images in this show chosen from the artist's personal archive, some of them never before seen in public, reveal a powerful photographic style, as well as a clearly contemporary way of seeing and creating, which are coupled with a steadfast determination to inquire into another way of recounting what we see and experience. The exhibition brings together a photographic journey that works as a series of constellations where visitors can discover both Marisa Flórez's expressive and formal richness and the wide range of themes she covers: politics, activism, social reporting, art and culture. A wonderful set of photographs that are invaluable as both heritage and documents which represents an era when desires and emotions, both one's one and collective, were asserted.

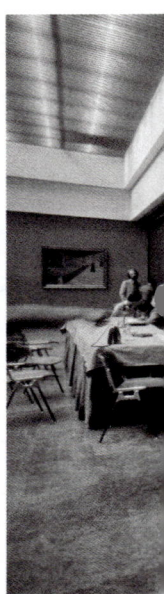

Marisa Flórez
Esperando la confirmación de la entrada de España en el Mercado Común, 1986
© MARISA FLÓREZ

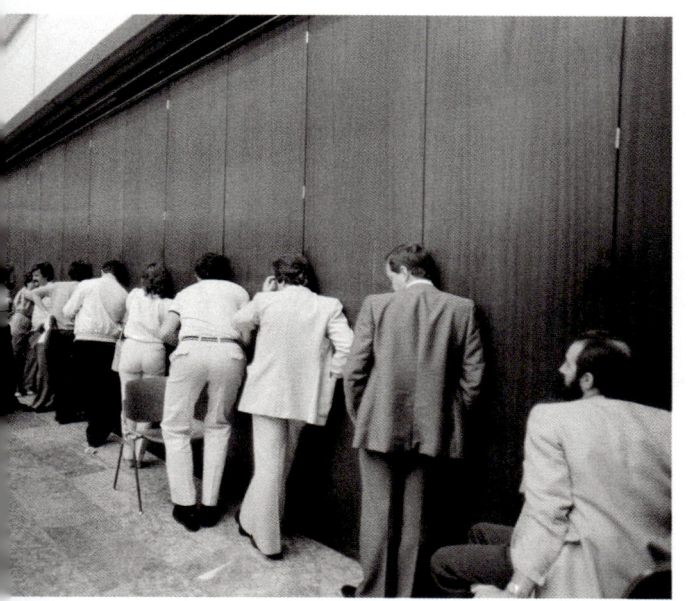

16 **Sala Canal de Isabel II**
Santa Engracia, 125
28003 Madrid
Lunes cerrado
comunidad.madrid/centros/sala-
canal-isabel-ii

Comisaria
Mónica Carabias Álvaro

Organiza
Comunidad de Madrid. Consejería
de Cultura, Turismo y Deporte

Rui Ochoa 74-99
Rui Ochoa

ATENEO DE MADRID
18.06 – 16.07.2025

En el marco de celebración del 50 aniversario de la Revolución de los Claveles, la exposición *Rui Ochoa. 74-99* retrata los primeros 25 años de democracia en Portugal a través de las imágenes más icónicas de aquel periodo, mostrando a los protagonistas más destacados de la política, la sociedad y la cultura, y también a la propia ciudadanía portuguesa.

La muestra recupera el vasto recorrido profesional de Rui Ochoa como fotoperiodista, con una retrospectiva de su obra que abarca un amplio abanico de temas. Así, cubre la historia entre 1974 y 1999 y a quienes fueron partícipes de ella: los políticos, artistas plásticos, músicos, empresarios y escritores más representativos del Portugal de aquella época. Una exposición en la que se muestran además las luchas por la libertad, los conflictos laborales y las conquistas sociales en favor de un país mejor.

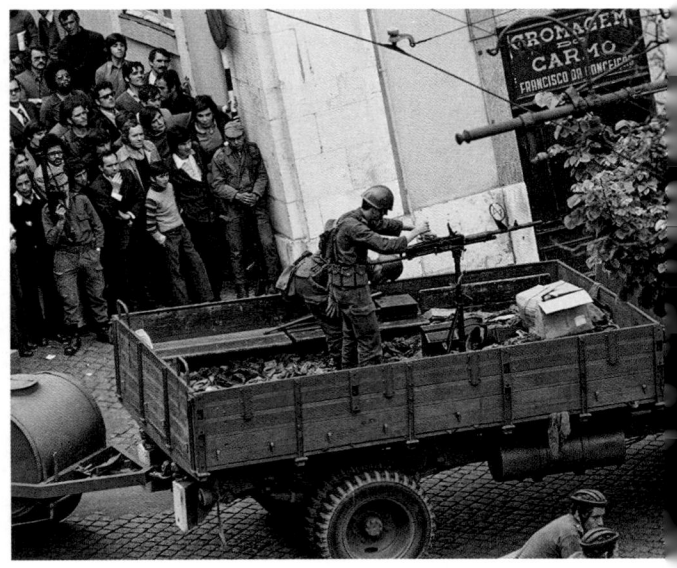

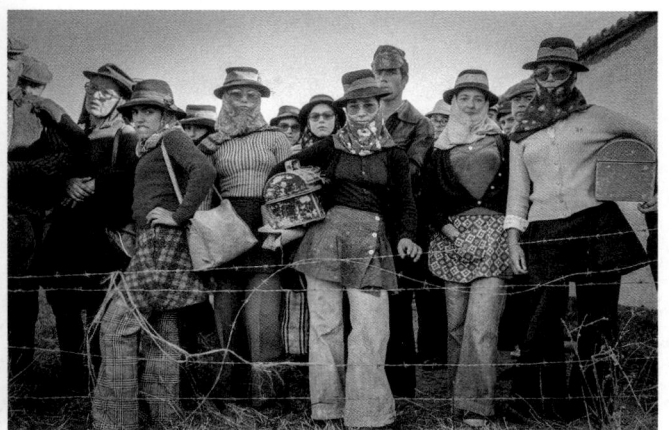

Rui Ochoa
Reforma Agrária, 1975
© RUI OCHOA

Rui Ochoa
*Largo do Carmo no 25
de abril de 1974*
© RUI OCHOA

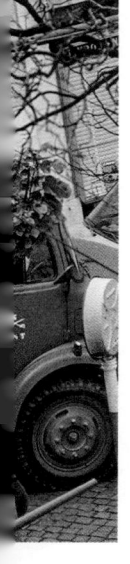

A través de una cuidada selección de imágenes, la exposición también evidencia el paralelismo entre los períodos de 50 años de democracia en Portugal y en España, ya que ambos países atravesaron recorridos históricos similares, desde el final de las dictaduras hasta la promulgación de las nuevas constituciones y las primeras elecciones libres.

Nacido en Oporto en 1948, Rui Ochoa fue director de fotografía del diario *Expresso* entre 1989 y 2008. También trabajó como reportero jefe y editor del periódico. Además de la Revolución de los Claveles en Portugal, cubrió cientos de acontecimientos internacionales, como la caída del Muro de Berlín, la Revolución de Bucarest y la primera Guerra del Golfo. Ha publicado más de una docena de libros y protagonizado varias exposiciones en diversas partes del mundo.

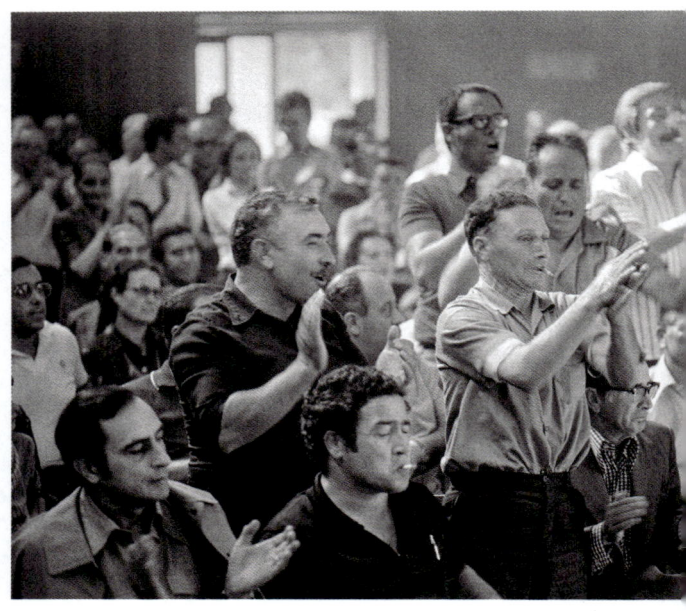

As part of the celebrations of the fiftieth anniversary of the Carnation Revolution, the exhibition *Rui Ochoa. 74–99* portrays the first twenty-five years of democracy in Portugal via the most iconic images that captured that period, showing not only its most prominent political, social and cultural leaders but also everyday Portuguese citizens.

The show surveys Rui Ochoa's vast career as a photojournalist with a retrospective of his work that encompasses a wide range of themes. It reviews the history between 1974 and 1999 and the most representative people from that time who participated in it: politicians, artists, musicians, businesspeople and writers. The exhibition also identifies struggles for freedom, labour conflicts and social progress in favour of a better country.

Through a painstaking selection of images, the exhibition also sheds light on the parallels between the fifty years of democracy in Portugal and Spain, given that both countries had similar historical journeys from the end of their dictatorships to the enactment of new constitutions and the first free elections.

Rui Ochoa
Manifestaçao popular de apoio ao governo de Vasco Gonçalves, 16 de noviembre de 1975
© RUI OCHOA

Rui Ochoa
Plenário da CAP. Rio Maior, *1976*
© RUI OCHOA

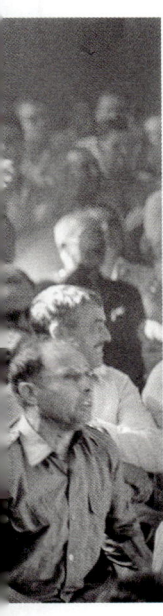

Born in Oporto in 1948, Rui Ochoa was the photographic director of the newspaper *Expresso* between 1989 and 2008. He also worked as the newspaper's chief reporter and editor. In addition to Portugal's Carnation Revolution, he also covered hundreds of international events, like the fall of the Berlin Wall, the Romanian Revolution and the first Gulf War. He has published more than twelve books and has featured in exhibitions in different parts of the world.

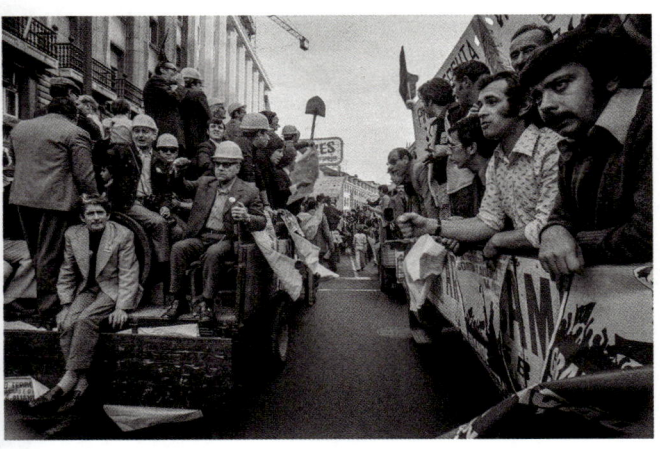

 Ateneo de Madrid
Sala Carmen Laffón
C. del Prado, 21
28014 Madrid
ateneodemadrid.com

Comisaria
Elisa Ochoa

Organiza
Embajada de Portugal en Madrid
y PHotoESPAÑA

Exposición realizada en el marco
del Programa Cultural Conjunto
"Portugal-España: 50 años de
Cultura y Democracia".

Sofía Crespo
Perpetual Present

MAN - MUSEO ARQUEOLÓGICO NACIONAL
12.06 – 14.09.2025

A medida que aumenta la distancia que nos separa de los pobladores de las cuevas de Altamira, otorgamos mayor relevancia a las herramientas que utilizaron para grabar, pintar y desarrollar el conjunto artístico que puebla sus paredes. Este proyecto expositivo parte de dos cuestiones: ¿cómo podríamos reinterpretar estas pinturas —realizadas en un pasado remoto por varias generaciones de seres humanos— mediante las tecnologías disponibles en la actualidad? Por otro lado, habida cuenta de la relación entre el arte rupestre y su contexto ecosistémico, ¿cómo podemos representar nuestra propia relación con los ecosistemas actuales? Se trata de una cuestión apremiante, ya que varias de las especies representadas por nuestros antepasados ya se han extinguido.

La obra *Perpetual Present* recrea las creaciones de nuestros ancestros con un proceso que va desde la generación de imágenes mediante un modelo de aprendizaje automático —entrenado a partir de millones de imágenes del mundo natural—, hasta la impresión 3D y la pintura robótica sobre arcilla. La obra plantea que, aunque las pinturas de Altamira se crearon en el pasado, no podemos evitar verlas a través de los ojos del momento en que vivimos. Al superponer nuestro ojo digital, emerge una nueva plasticidad de la superficie aparentemente inerte de las cuevas. Su presentación ahora en el MAN, que alberga la reproducción de parte de la Sala de Polícromos de la cueva de Altamira en su Jardín Histórico, permite establecer nuevos diálogos.

De este modo, la evocación del pasado nos permite discurrir sobre nuestro presente y convertir la tecnología en legado, teniendo en cuenta que los sistemas y el hardware que crean la obra podrían no durar más que un puñado de años, pero que sus impresiones físicas podrían sobrevivir a cualquier espectador contemporáneo.

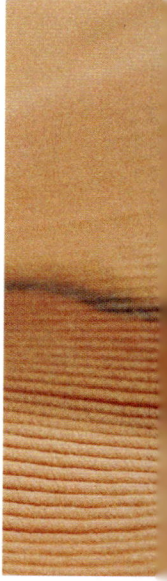

Imágenes de la instalación *Perpetual Present*, 2024

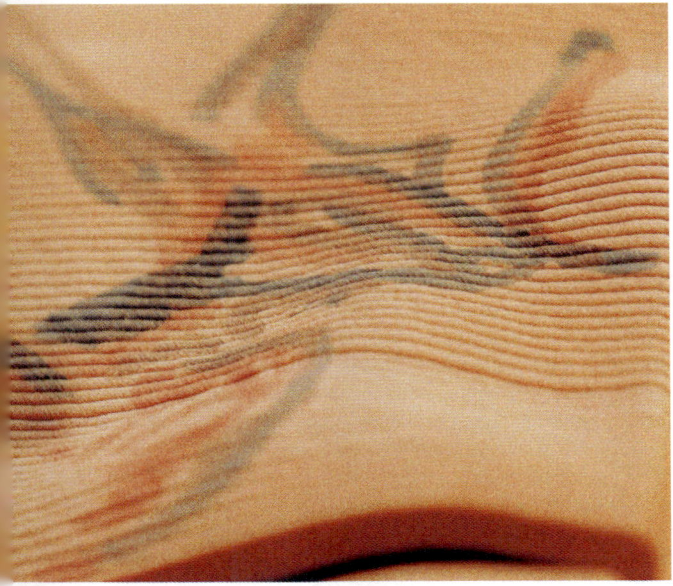

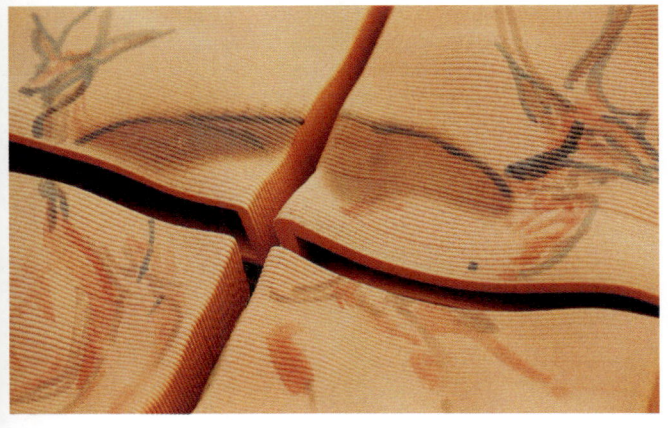

As the distance separating us from the Altamira cave settlers increases, we attach increasing importance to the tools they used to carve, paint and develop the works of art that populate its walls. This exhibition project starts with two questions: How could we reinterpret these paintings—made by several generations of human beings in the remote past—using the technologies available today? And bearing in mind the relationship between rock art and its ecosystemic context, how could we represent our own relationship with current ecosystems? This is a pressing issue, given that several of the species depicted by our ancestors are already extinct.

The work *Perpetual Present* recreates our ancestors' creations through a process that ranges from the generation of images through an automatic learning model, trained by millions of images from the natural world, to 3D printing and robotic painting on clay. The work suggests that even though the Altamira paintings were created in the past, we cannot avoid seeing them through the eyes of the time in which we live. By superimposing our digital eye on them, a new artistry emerges from the apparently inert cave surfaces. Its presentation at the MAN, which features a reproduction of part of the Polychrome Hall from the Altamira cave in its Historic Garden, invites new layers of dialogue.

Thus, the evocation of the past enables us to consider our present and turn technology into heritage, bearing in mind that the systems and hardware that create the work may not last more than a handful of years, but their physical impressions may survive any contemporary spectator.

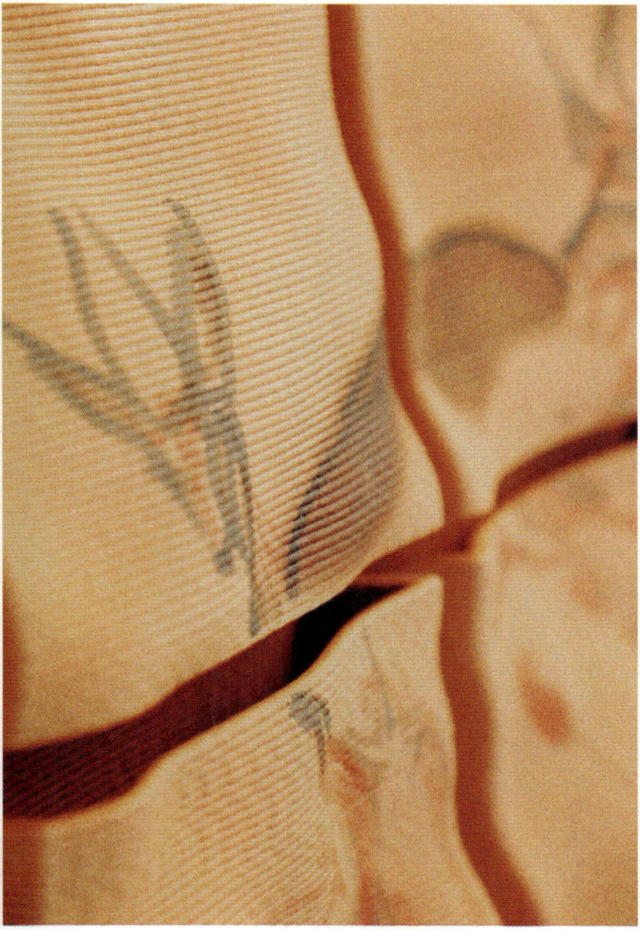

 MAN - Museo Arqueológico Nacional
Vestíbulo
Serrano, 13
28001 Madrid
man.es

Organiza
Museo Arqueológico Nacional,
Museo Nacional y Centro de
Investigación de Altamira y
PHotoESPAÑA

Colabora
Onkaos, Entangled Others
y Map-Aria lab

Miss Beige
Hay que saber estar

MUSEO CERRALBO
11.06 – 07.09.2025

Miss Beige es una identidad contracanónica, comprometida con nuestra cotidianidad y radicalmente alejada de los nuevos cánones que se imponen en las redes sociales en plena era *selfie*. Se trata de un proyecto multiforme nacido en respuesta a la carencia de heroínas femeninas no sexualizadas ni cosificadas en el imaginario colectivo y que parte del propio uso monocromo del beige, un color aséptico con el que critica la obsesión por el retoque, el filtro y los mecanismos de autoengaño que nos ofrecen nuestros dispositivos y aplicaciones de imágenes.

En esta exposición, el Museo Cerralbo, que celebra sus 100 años de *saber estar*, acoge la década de existencia de Miss Beige y su particular *modus operandi*: un nuevo lenguaje, a partir de formas preexistentes, que da lugar a una forma completamente alternativa de observar lo que nos rodea. En un momento en el que nos hemos olvidado de detenernos y mirar, Miss Beige rescata destellos de nuestra cotidianidad. En su obra nos vemos atrapados en un intercambio silencioso entre artista y espectador en el que se inmiscuye la sorpresa, pues nos convertimos en mirones mirados. La suya es una mirada que no puedes ignorar y que te cuestiona quién eres.

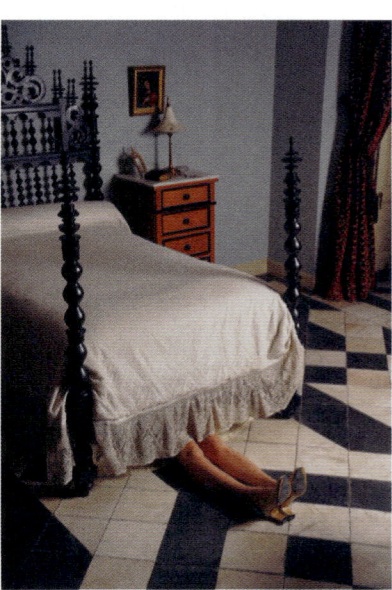

TODAS LAS FOTOS
Miss Beige
De la serie *Hay que saber estar*, 2025
© MISS BEIGE

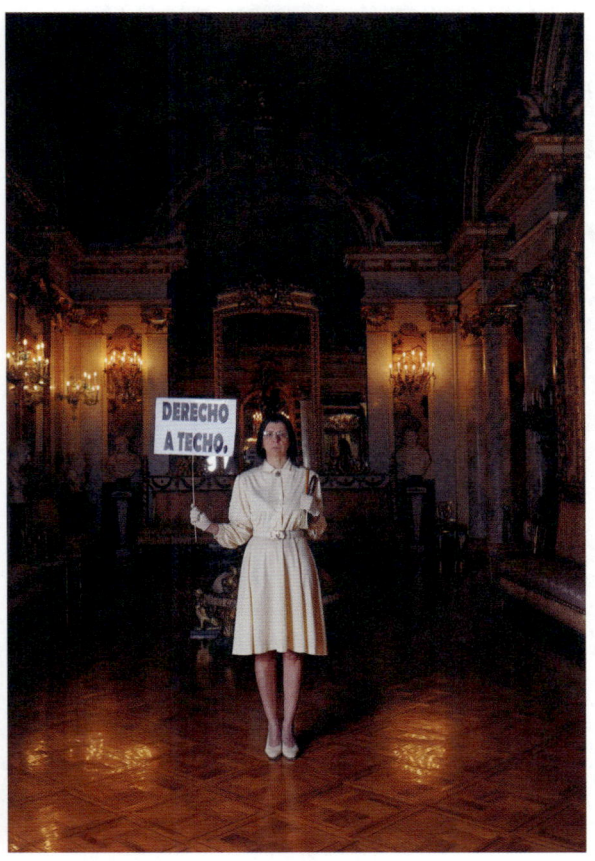

De hecho, en *Hay que saber estar,* la artista reivindica
la fantasía y el humor como herramientas políticas para
apropiarse de los lugares y debatir de este modo el poder de
la mirada. Probar a pensarnos distinto. El humor suele reflejar
las percepciones culturales más profundas, ofreciéndonos
un poderoso instrumento para entender las formas de pensar
y sentir que la cultura ha modelado. Recordando al espectador
que la esperanza y el miedo, la alegría y la desesperación,
la belleza y lo grotesco nunca están tan lejos el uno del otro.
Después de todo, la diversión está en el pensamiento.

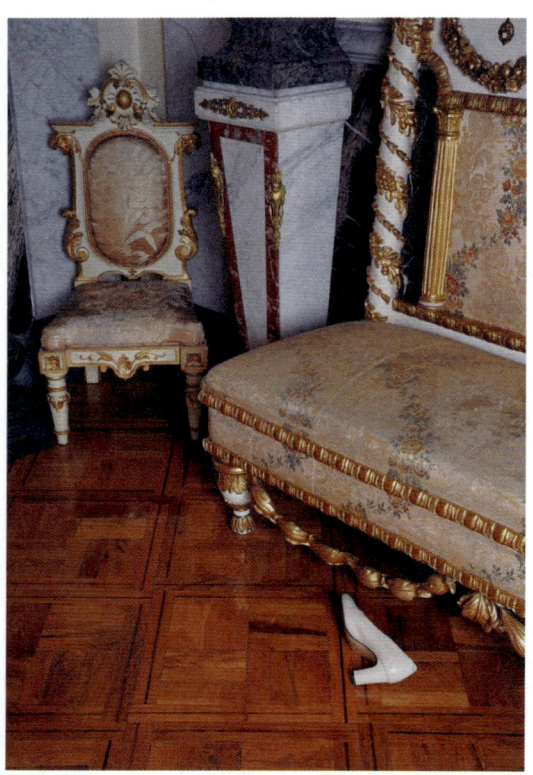

Miss Beige is a counter-canonical identity committed to our everyday lives and radically far from the new canons being imposed on the social media in the midst of the selfie age. A multiform project that sprang up in response to the lack of non-sexualised or objectified women heroes in the collective imagination and which is based on the monochromatic use of beige, a sterile colour it uses to criticise the obsession with the retouches, filters and the mechanisms of self-deception afforded by our devices and image apps.

This exhibition at the Museo Cerralbo, which is celebrating 100 years of *knowing how to be*, spans Miss Beige's one decade of existence and her particular *modus operandi*: a new language based on preexisting forms as a totally alternative way of looking at what is around us. At a time when we have forgotten how to stop and look, Miss Beige revives glimmers of our everyday lives. In her works, we are trapped in a silent exchange between artist and spectator in which surprise encroaches when the spectator becomes the one being watched.

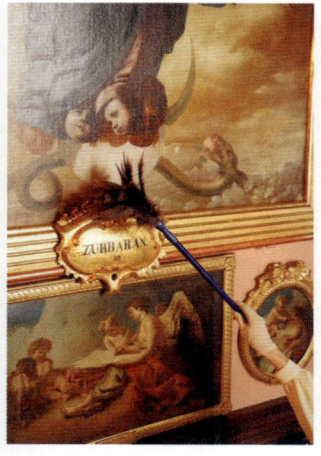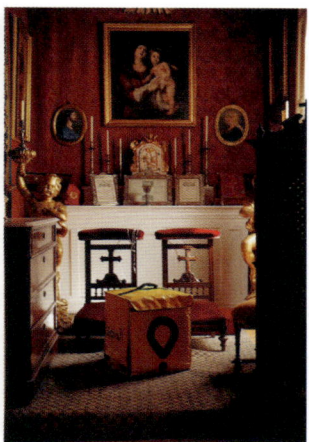

In fact, in *You Have to Know How to Be*, the artist showcases fantasy and humour as political tools to appropriate the place and thus debate the power of the gaze. Trying to think about ourselves differently. Humour tends to reflect the deepest cultural perceptions and offer us a powerful instrument for understanding the ways of thinking and feeling that the culture has shaped, reminding spectators that hope and fear, joy and despair, beauty and grotesqueness are never too distant from each other. *After all*, the fun is in thinking.

 Museo Cerralbo
Sala Ferraz
Ventura Rodríguez, 17
28008 Madrid
Lunes cerrado
museocerralbo.es

Organiza
Ministerio de Cultura, Museo Cerralbo y PHotoESPAÑA

Colabora
Samsung

Mercedes Hausmann y Jorge Salgado
Adelaida

MUSEO NACIONAL DEL ROMANTICISMO
06.06 – 14.09.2025

Adelaida es una inmersión en las huellas de la memoria, una exploración visual que remueve el tiempo para restituir la historia de una mujer que, desde los márgenes de su época, desafió los códigos de su clase y su género. En los umbrales de la modernidad, entre finales del siglo XIX y principios del XX, Adelaida Martínez-Corera encarnó una disidencia silenciosa pero contundente: viuda, madre de tres hijos y responsable de otros tres, asumió la gestión de un edificio en el barrio de Lavapiés, trascendiendo las limitaciones impuestas y afirmándose como sujeto activo en una sociedad que relegaba a las mujeres a la esfera privada.

Esta reconstrucción se despliega en un diálogo constante entre lo archivado y lo imaginado. El archivo fotográfico Hausmann, compuesto por retratos en formato *carte de visite* y de gabinete, despliega un atlas visual del mundo burgués decimonónico, evidenciando tanto su encorsetamiento como sus grietas. Estas imágenes, lejos de ser meros vestigios, interrogan la iconografía histórica de la feminidad y sus ausencias, evocando lo que el tiempo ha querido silenciar. A su vez, la generación de imágenes mediante inteligencia artificial interviene en esa cartografía de lo no dicho, proponiendo escenas jamás capturadas, momentos

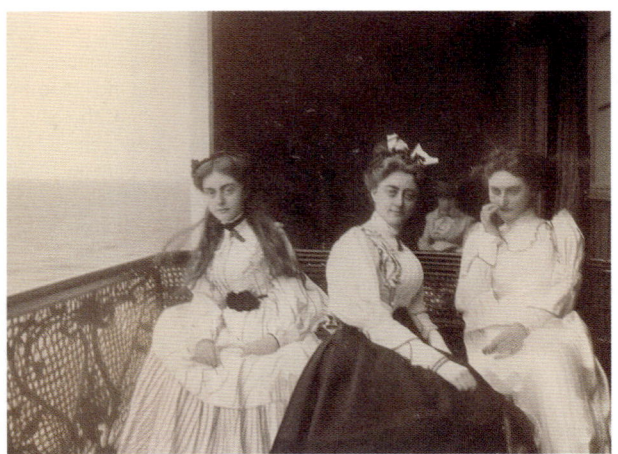

Mercedes Hausmann y Jorge Salgado
De la serie *Adelaida*, 2025
Imagen creada con inteligencias artificiales generativas
© MERCEDES HAUSMANN Y JORGE SALGADO

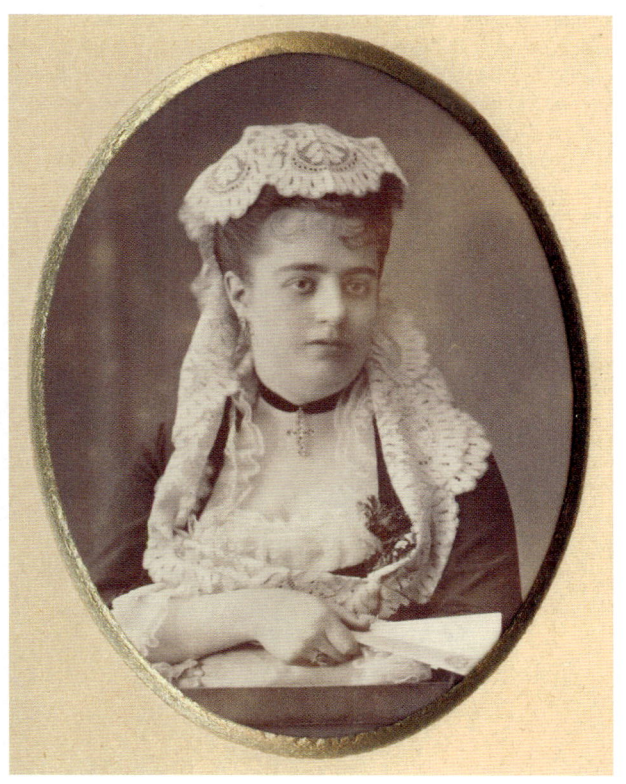

Fernando Debas
Adelaida con mantilla, c. 1875
© COLECCIÓN HAUSMANN

sustraídos a la mirada documental que ahora emergen en un ejercicio de restitución visual. Inspiradas en documentos históricos y en la estética pictórica de la época, estas imágenes expanden los límites de la representación y reformulan el estatuto de la memoria en la era digital.

Esta propuesta se emplaza en el Museo Nacional del Romanticismo, dando contexto al mundo en el que nació Adelaida, testigo de una sociedad camino de la modernidad.

Adelaida is an immersion in the traces of memory, a visual exploration that stirs up time to restore the story of a woman who challenged the codes of her class and gender from the margins of her era. On the threshold of modernity, between the late nineteenth and the early twentieth centuries, Adelaida Martínez-Corera embodied a silent yet unwavering dissidence: she was a widow with three chidren, and responsible of another three, who took over the management of a building in the Lavapiés neighbourhood, transcending the imposed limitations and affirming herself as an active subject in a society that kept women sequestered in the private sphere.

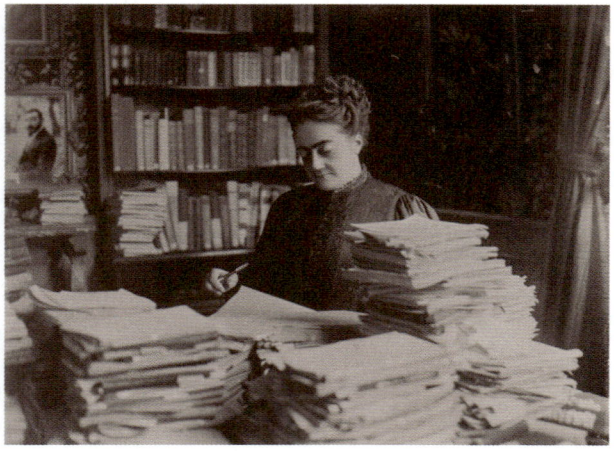

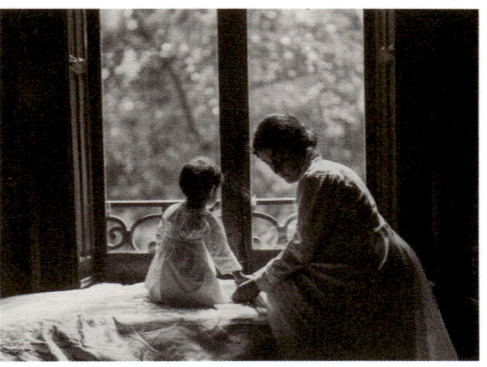

TODAS LAS IMÁGENES
Mercedes Hausmann
y Jorge Salgado
De la serie *Adelaida*, 2025
Imágenes creadas con
inteligencias artificiales
generativas
© MERCEDES HAUSMANN
Y JORGE SALGADO

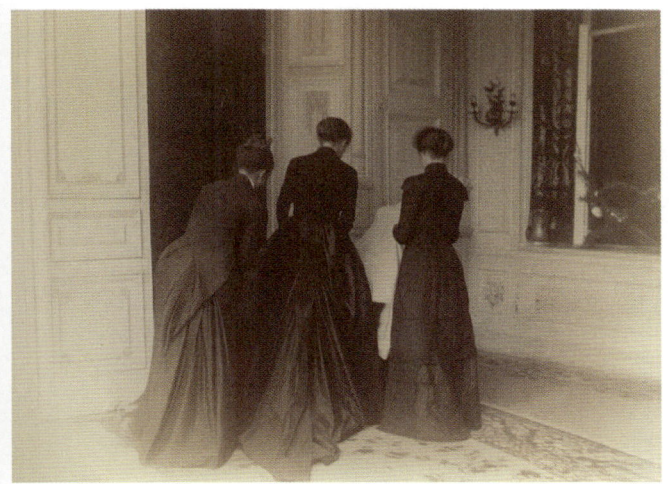

This reconstruction unfolds in a constant dialogue between the archived and the imagined. The Hausmann photographic archive, made up of *carte de visite* and cabinet portraits, offers a visual atlas of the nineteenth-century bourgeois world, revealing both how it was straitjacketed and the chinks in that armour. These images are anything but mere vestiges and instead question the historical iconography of femininity and its absences, evoking what time has sought to silence. In turn, images generated via artificial intelligence play a role in this cartography of the unsaid by proposing scenes that were never captured, moments taken from the documentary gaze that now emerge in an exercise of visual restitution. Inspired by historical documents and the pictorial aesthetic of the period, these images expand the boundaries of representation and reformulate the status of memory in the digital age.

These remnants engage in dialogue with the collection of the Museo Nacional del Romanticismo, revealing a temporal and geographic confluence that enhances the project's resonance.

 Museo Nacional del Romanticismo
San Mateo, 13
28004 Madrid
Lunes cerrado
museoromanticismo.es

Organiza
Ministerio de Cultura, Museo
Nacional del Romanticismo y
PHotoESPAÑA

Julia Margaret Cameron
El sueño de una noche de verano

TEATRO REAL
11.06.2025 – 11.06.2026

En el marco de la temporada operística dedicada a Shakespeare, esta exposición rinde homenaje a la fotógrafa británica Julia Margaret Cameron (India, 1815 – Sri Lanka, 1879), una de las grandes pioneras del retrato fotográfico, que supo transformar la imagen en una forma de interpretación poética y teatral. Su obra, creada en pleno siglo XIX, cobra nueva vida en esta muestra que invita a redescubrir los personajes y los símbolos del universo shakesperiano a través de la luz y la emoción.

Las imágenes seleccionadas —reproducciones de sus obras más icónicas a partir de archivos originales— recrean las figuras de Hamlet, Ofelia, Desdémona o Próspero desde una sensibilidad que desafía el tiempo. Aunque muchas de estas piezas no ilustran directamente escenas de las obras de Shakespeare, sí establecen un diálogo profundo con su imaginario, capturando su esencia simbólica y emocional. Además, exploran los grandes temas de su teatro, como la belleza, la tragedia, el amor, la verdad y la ilusión.

As part of the opera season dedicated to Shakespeare, this exhibition pays tribute to British photographer Julia Margaret Cameron (India, 1815 – Sri Lanka, 1879), one of the great pioneers of portrait photography, who transformed the image into a form of poetic and theatrical interpretation. Created in the heart of the 19th century, Cameron's work comes to life once again in this exhibition, which invites visitors to rediscover the characters and symbols of the Shakespearean universe through light and emotion.

The selected images—reproductions of her most iconic works based on original archives—reimagine figures such as Hamlet, Ophelia, Desdemona, and Prospero through a sensibility that transcends time. While many of these pieces do not directly illustrate scenes from Shakespeare's plays, they engage in a profound dialogue with his world, capturing its symbolic and emotional essence. They also explore the major themes of his theatre: beauty, tragedy, love, truth, and illusion.

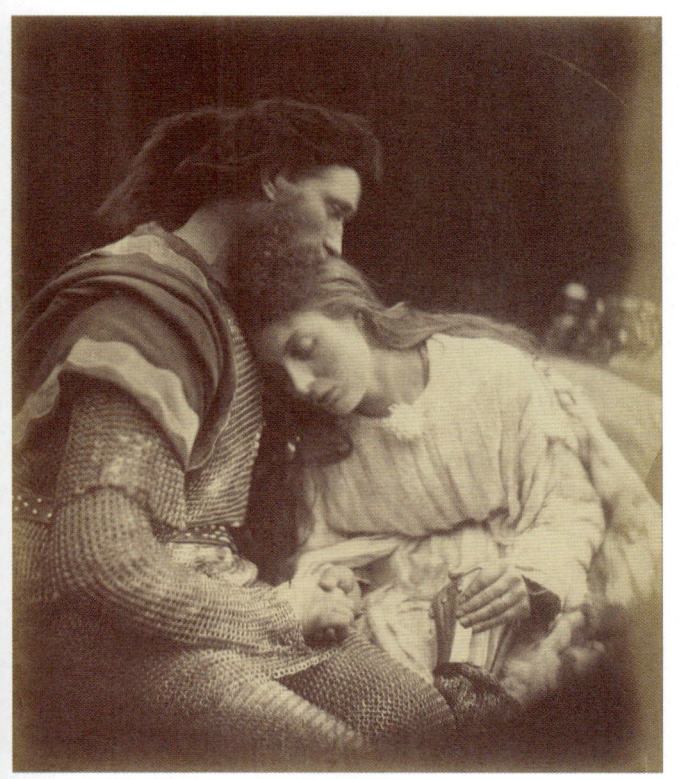

Julia Margaret Cameron
The Parting of Sir Lancelot and Queen Guinevere, 1874
© VICTORIA AND ALBERT MUSEUM, LONDON

21 **Teatro Real**
Plaza de Isabel II, s/n
28013 Madrid
Exposición sujeta a acceso a los
espectáculos del Teatro Real
teatroreal.es

Organiza
Teatro Real y PHotoESPAÑA

Tanya Traboulsi, Tamara Kalo y Taysir Batniji
What lies in between

CASA ÁRABE
06.06 – 12.10.2025

En una región marcada por los conflictos históricos y la inestabilidad, tres artistas —con trayectorias y enfoques distintos, pero unidos por un pasado común— nos guían con una mirada poética, directa y sin adornos, hacia la realidad de un pequeño trozo del mundo árabe en su proceso de resiliencia, desplazamiento forzoso y transformación, arrojando luz sobre las cicatrices de la historia y los retos del presente.

Esta exposición, ganadora de la convocatoria *NUR 2025* organizada por Casa Árabe y PHotoESPAÑA, pretende así mostrar la realidad más allá de los titulares, sin ofrecer respuestas definitivas, sino aproximaciones más cercanas que trabajan con los recuerdos, la identidad, los desplazamientos y la transformación.

Traisyr Batniji, utilizando un objeto cotidiano tan simple como un juego de llaves, evoca las experiencias de las personas desplazadas. Estas llaves son testigos mudos de hogares perdidos y vidas interrumpidas. Confrontan al espectador con duras historias personales, sin filtrar, pero abordadas con profundo respeto y sensibilidad.

En Beirut, uno de los edificios más altos de la ciudad, antes centro de detención, es ahora el hogar de cientos de aves. Su demolición es demasiado costosa, lo que ha dejado un amargo recuerdo en la ciudad, a pesar de ser tomado por

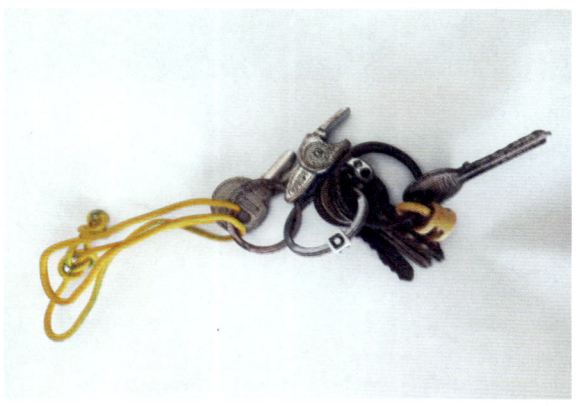

Taysir Batniji
Just in Case #2, 2024
© TAYSIR BATNIJI

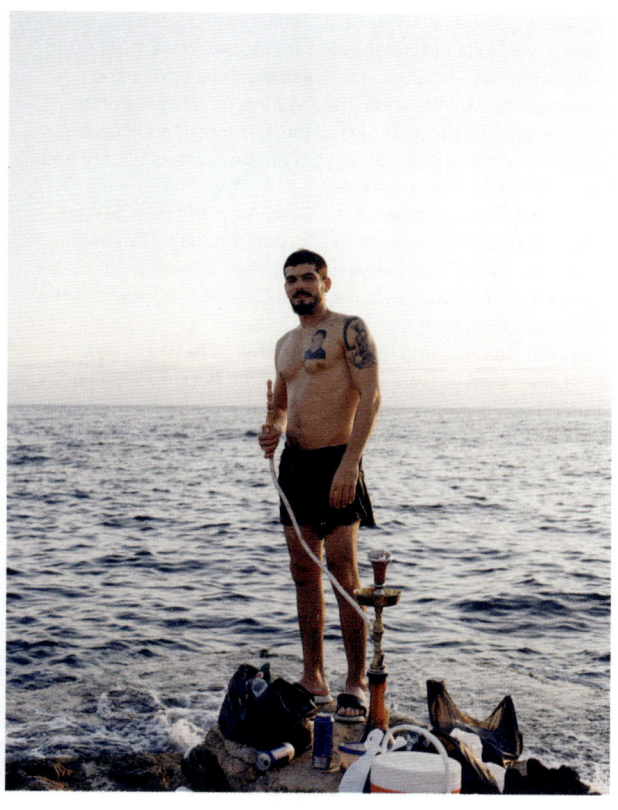

Tanya Traboulsi
Beirut Recurring Dream, 2024
© TANYA TRABOULSI

la naturaleza. Tamara Kalo, con notable conciencia de la memoria de la tierra, ofrece un homenaje al olivo, símbolo ancestral de continuidad y convivencia a través de generaciones.

Por su parte, Tamara Traboulsi nos sumerge en una profunda visión humanista de Beirut antes del último estallido del conflicto, a través de sus recuerdos en un encuentro íntimo con la vibrante ciudad, tras años viviendo en Europa. Traboulsi nos invita a contemplar, con una mirada transparente, directa y sensible y con cierta nostalgia, un Beirut tranquilo y sereno y a sus resilientes habitantes.

In a region shaped by historical conflicts and instability, three artists—with distinct trajectories and approaches, but bound by a shared past—guide us through a poetic, direct, and unembellished glimpse into the reality of small piece of the Arab world in its process of resilience, forced displacement, and transformation, shedding light on the scars of history and the challenges of the present.

This exhibition, winner of the Casa Árabe-PHotoESPAÑA *NUR 2025* Open Call, seeks to show up the reality beyond headlines. It aims to provide, not definitive answers, but closer approaches that work with memories, identity, displacements and transformation.

Traisyr Batniji, using an everyday object as simple as a set of keys, evokes the experiences of the people displaced. These keys are silent witnesses of lost homes and interrupted lives. They confront the viewer with tough personal stories, unfiltered but approached with profound respect and sensitivity.

In Beirut, one of the city's tallest buildings, before a detention center in the recent past, is now the home of hundreds of birds. Its demolition being too costly, it has left a bitter memory in the city, despite being taken by nature. Tamara Kalo, with remarkable awareness of the land's memory, offers a tribute to the olive tree, ancestral symbol of continuity and coexistence across generations.

Meanwhile, Tanya Traboulsi immerses us in a deep humanistic vision of Beirut before the last outbreak of conflict. She does so through her memories, in an intimate encounter with the vibrant city after years of living in Europe. Traboulsi invites us, with a transparent, direct, and sensitive gaze, to a view of a quiet and serene Beirut and its resilient inhabitants, with traces of nostalgia.

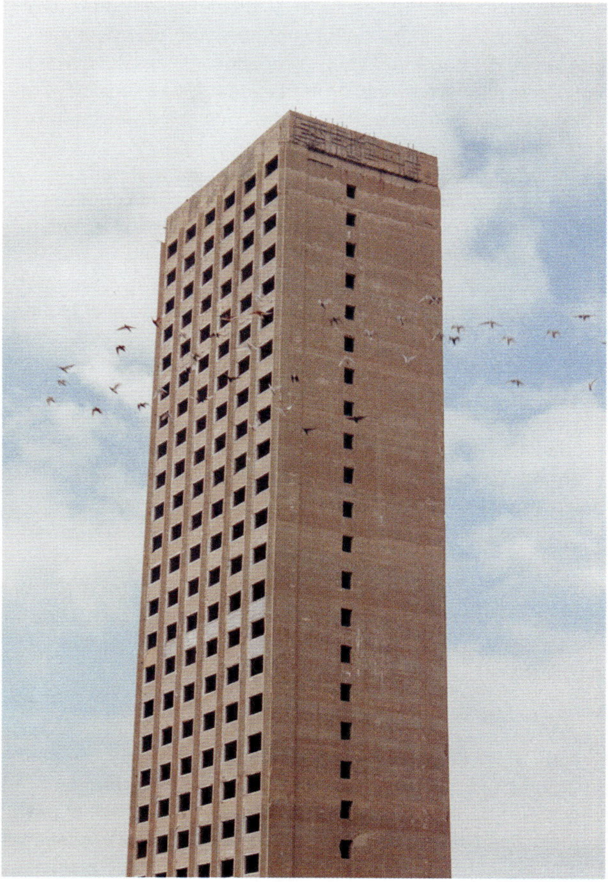

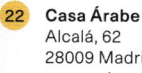

Tamara Kalo
Bitter flight, 2024
© TAMARA KALO

22 **Casa Árabe**
Alcalá, 62
28009 Madrid
casaarabe.es

Comisaria
Ana Belén G. Mula

Organiza
Casa Árabe y PHotoESPAÑA

Los mejores libros de fotografía del año

FERNÁN GÓMEZ. CENTRO CULTURAL DE LA VILLA
04.06 – 13.07.205

Medio centenar de publicaciones se presentan en cada edición al Premio al Mejor Libro de Fotografía del Año, convocatoria con la que PHotoESPAÑA quiere reconocer la excelencia de la industria editorial nacional e internacional. Esta exposición está compuesta por los libros finalistas en cada una de las cuatro categorías que contempla el Premio:

Investigación, apartado que reúne ensayos teóricos sobre fotografía, así como los libros que recuperan archivos significativos o que presentan un nuevo enfoque y relectura de trabajos de grandes maestros de esta disciplina.

Creación, que agrupa aquellas publicaciones cuyos autores presentan una obra personal y en la que prevalece el enfoque conceptual y narrativo.

Bibliofilia, categoría donde los libros destacan por una edición original, ya sea por su especial interés, por la belleza y/o rareza del formato o por los materiales empleados para su producción.

Primera publicación, para reconocer el trabajo de fotógrafos que presentan un libro de su autoría por primera vez.

La muestra evidencia así que los libros de fotografía se han convertido en los últimos años en objeto de coleccionismo para los amantes del medio y en un formato en el que, gracias a las posibilidades conceptuales y creativas que ofrece, cada vez confían más autores para comunicar y enriquecer sus proyectos.

Around fifty publications are submitted for the Best Photography Book of the Year Award each edition, through which PHotoESPAÑA aims to recognise the excellence of the domestic and international publishing industry. This exhibition is comprised of the books that were the finalists in each of the four categories in the award:

Research, which includes theoretical essays on photography, as well as books that revisit significant archives or present a new approach and reinterpretation of the works of the great masters of this discipline.

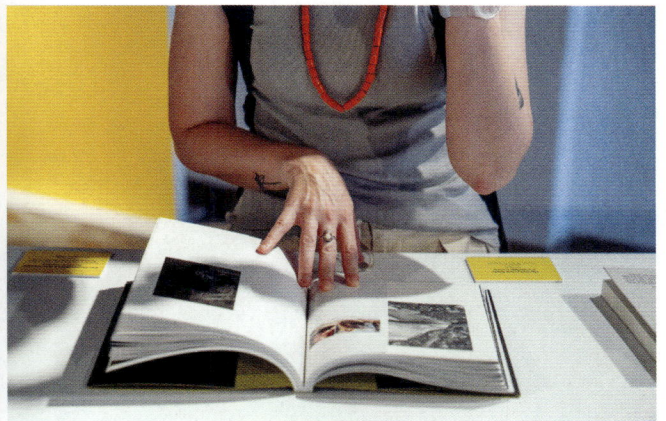

Jorquera
Exposición de *Los mejores libros
de fotografía del año*, 2024
© ARCHIVO PHE

Creation, which encompasses publications whose authors present a personal work, with a predominantly conceptual and narrative approach.

Bibliophile, a category in which the books stand out for being original editions because of their special interest, their beautiful and/or rare format or the materials used to produce them.

First publication, to recognise the work of photographers who are presenting their own book for the first time.

Thus, the exhibition shows that in recent years photography books have become collectors' items for fans of the medium and a format that more and more authors are using to communicate and enrich their projects thanks to the conceptual and creative possibilities they offer.

 **Fernán Gómez. Centro Cultural
de la Villa**
Plaza de Colón, 4
28001 Madrid
Lunes cerrado
teatrofernangomez.com

Organiza
Ayuntamiento de Madrid, Fernán
Gómez. Centro Cultural de la Villa
y PHotoESPAÑA

Desplazamientos. Fotografía e identidad

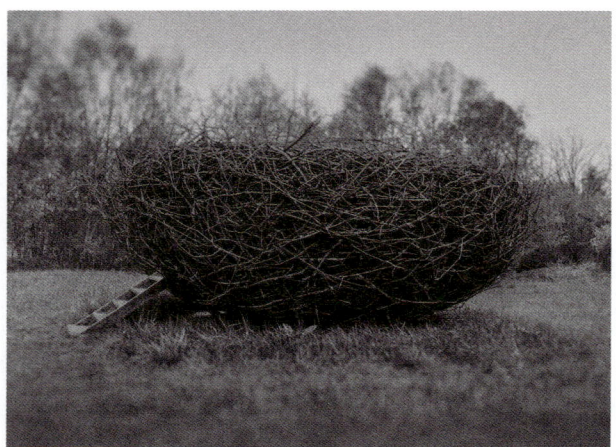

Esta exposición colectiva invita a reflexionar sobre las transiciones que atraviesan las personas durante procesos de dislocaciones emocionales y geográficas. Cada proyecto, desde una perspectiva personal y única, narra "el viaje" de quienes, debido a situaciones de crisis, entre ellas, la migración u otros conflictos, se ven forzados a redefinir su identidad. Los artistas participantes exploran la tensión entre lo que se deja atrás y lo que se encuentra en el proceso de reconstrucción, mostrando la resiliencia, la adaptación y la transformación de los individuos que cruzan estos límites.

La muestra busca así visibilizar no solo los desafíos del desplazamiento, sino también las oportunidades que surgen al crear nuevas formas de ser y estar en el mundo. A través de estas imágenes, se invita al espectador a reflexionar sobre la universalidad de las experiencias humanas de transformación y resistencia.

This collective exhibition encourages spectators to reflect on the transitions people experience during processes of emotional and geographic dislocations. Each project takes a personal, unique perspective to narrate 'the journey' of those who are forced to redefine their identity due to crisis situations, such as migration or conflicts.

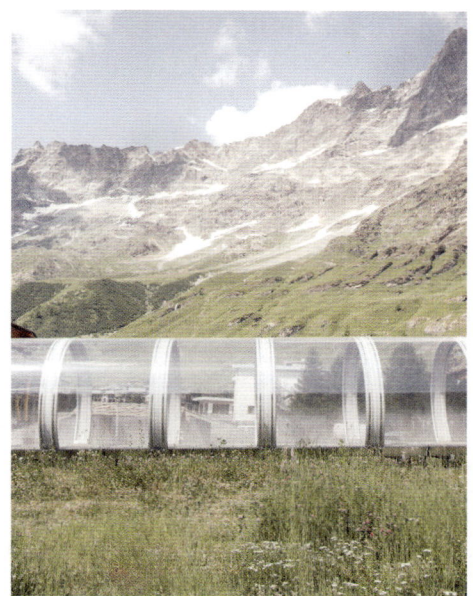

Filippo Poli
Hiato alpino, 2024
© FILIPPO POLI

Maite Cerdán
Mariposa, 2024
© MAITE CERDÁN

The participating artists explore the tension between what is left behind and what is encountered in the reconstruction process, showing the resilience, adaptation and transformation of the individuals who cross these boundaries.

The show thus aims to shed light not only on the challenges of displacement but also on the opportunities that arise when new ways of being in the world are created. Through these images, spectators are invited to reflect on the universality of the human experiences of transformation and resistance.

 Centro de Arte Complutense (c arte c)
Juan de Herrera, 2
28040 Madrid
ucm.es

Organiza
Centro de Arte Complutense
(c arte c) y Máster PHotoESPAÑA

Comisaria
Ana Berruguete

Autores
Abril Ángel, Aitauxia, Alejandra Aguado Bravo, Alejandra Pinto Paredes, Álvaro Cachero, Belal Darder, Berta Viteri, Blanca Soto, Cecilia del Olmo, César Guardia Alemañi, Claudia Prechedes, Claudia Suárez, Diego Laflor, Elsa Suárez, Fernanda Patiño, Filippo Poli, Gabriela Mejía, George Díaz, Irene Pressner, Isabel Sangro, Javiera González, Jens Martin York, José María Legarda Uriarte, José Reinaldo Guédez , Josefina López, Luis Duno Gottberg, Macarena Gross, Macarena Rubio, Macarena Valero Amaro, Maite Cerdán, María Villamayor, Mischa Lluch, P. Vieco, Pablo Murillo, Uri Reis, Verónica Ettedgui y Yari Rassi y los ganadores de la convocatoria *IMAGA. Talento BBAA Complutense-PHotoESPAÑA*

Nélia Dos Santos
Marimbar

CENTRO DE ARTE COMPLUTENSE (C ARTE C)
04.09 – 28.09.2025

"Mi madre era africana. Soy hija de la descolonización. Mi piel es blanca para las personas negras y mi cultura es negra para las personas blancas. Crecí en un mundo que no me aceptaba en ninguno de ellos".

Marimbar, proyecto ganador de Descubrimientos PHE24, emerge de la reflexión sobre el sentido de pertenencia y su objetivo es debatir el trauma colonial.

En este trabajo, la trayectoria vital de Nélia Dos Santos se entrelaza con la de muchas otras personas, tejiendo una narrativa dinámica y en constante (re)interpretación, creando puentes para revisitar la historia, reconociendo diferentes perspectivas y construyendo otras narrativas más conscientes y actuales. Imágenes del archivo familiar de la autora se unen al presente, para revelar las huellas de un pasado colonial. Acontecimientos históricos, tradiciones culturales y símbolos universales se entrelazan invitándonos en esta exposición a revisitar la historia y sus múltiples prismas.

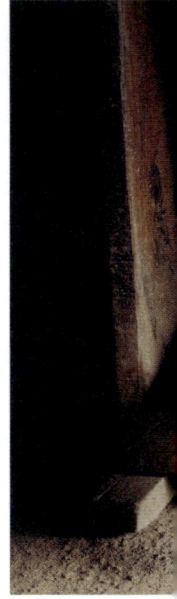

TODAS LAS FOTOS
Nélia Dos Santos
De la serie *Marimbar*,
2024
© NÉLIA DOS SANTOS

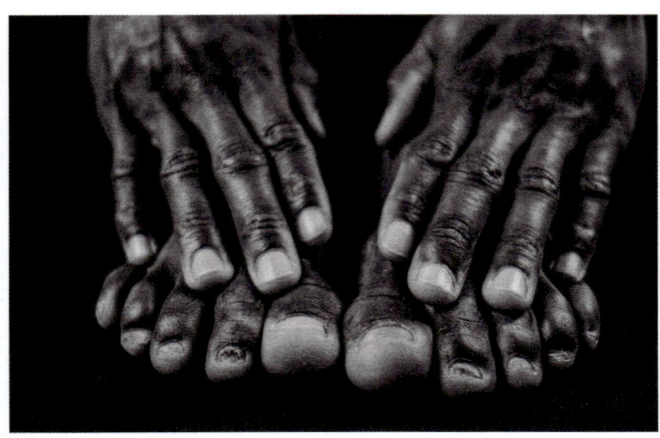

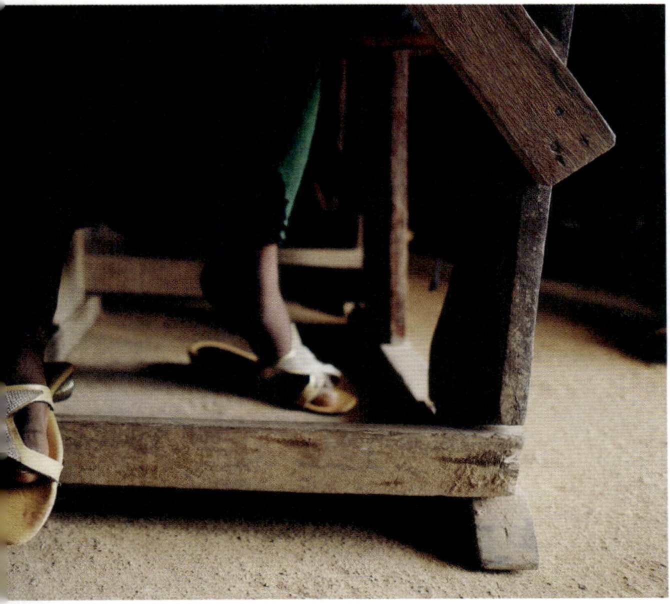

"My mother was African. I'm a daughter of decolonisation. My skin is white for black people and my culture is black for white people. I grew up in a world that did not accept me in either of them."

Marimbar, the winning project of PHE24 Discoveries, emerges from a reflection on the sense of belonging. Its goal is to debate colonial trauma.

In this work, Nélia Dos Santos's life is intertwined with the lives of many others, weaving a dynamic narrative that is constantly being (re)interpreted, creating bridges to revisit history, recognising different perspectives and constructing other more aware and timely narratives. Images from the artist's family archive are joined in the present, revealing the footprints of a colonial past. Historical events, cultural traditions and universal symbols intertwine in this exhibition to invite us to revisit history and its many prisms.

23 **Centro de Arte Complutense (c arte c)**
Juan de Herrera, 2
28040 Madrid
ucm.es

Comisaria
Maíra Villela

Organiza
Centro de Arte Complutense
(c arte c) y PHotoESPAÑA

Talento a bordo
Revelamos el talento al mundo

ESPACIO IBERIA MADRID Y MOBILIARIO URBANO
09-06 – 22.06.2025

Bajo el título *Después de todo*, PHotoESPAÑA 2025 pone el foco en el trabajo de corrientes y artistas visuales que han optado en distintos contextos y períodos históricos por una confrontación crítica de la realidad para, tal vez, permitirse y permitirnos soñar otra. En este contexto, el Festival e Iberia, a través de su programa Talento a bordo, proponen en diferentes soportes urbanos de Madrid esta exposición que revela al mundo el talento fotográfico español.

Por primera vez, la selección del autor protagonista de esta acción exterior parte de la plataforma *PHotoESPAÑA PRO Talento a bordo*, una ambiciosa e innovadora iniciativa que busca ampliar los horizontes profesionales de una treintena de fotógrafos ya consolidados, que tienen además la oportunidad de participar en dos días de intensas sesiones de trabajo y encuentro con expertos nacionales e internacionales.

La exposición se convierte así en un motor de visibilidad, colaboración y futuro: representa el punto de llegada de un recorrido intenso, pero también el punto de partida de trayectorias que ya despuntan con fuerza en la escena fotográfica internacional.

Under the title *After All*, PHotoESPAÑA 2025 shines a spotlight on the work of artistic movements and visual creators who, across different contexts and historical periods, have chosen to critically engage with reality —perhaps as a way of imagining, and allowing us to imagine, a different one. In this spirit, the Festival and Iberia, through their *Talento a bordo* program, present this exhibition across various urban formats in Madrid, showcasing Spanish photographic talent to the world.

For the first time, the featured photographer for this outdoor initiative has been selected through *PHotoESPAÑA PRO Talento a bordo* —an ambitious and innovative platform designed to broaden the professional horizons of thirty established photographers who also have the opportunity to take part in two days of intensive workshops and meetings with both national and international experts.

The exhibition thus becomes a catalyst for visibility, collaboration, and future growth —marking both the culmination of a dynamic journey and the beginning of new paths already gaining momentum on the international photography scene.

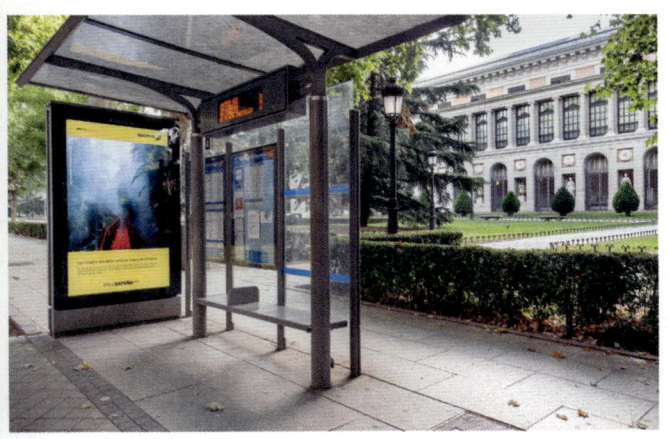

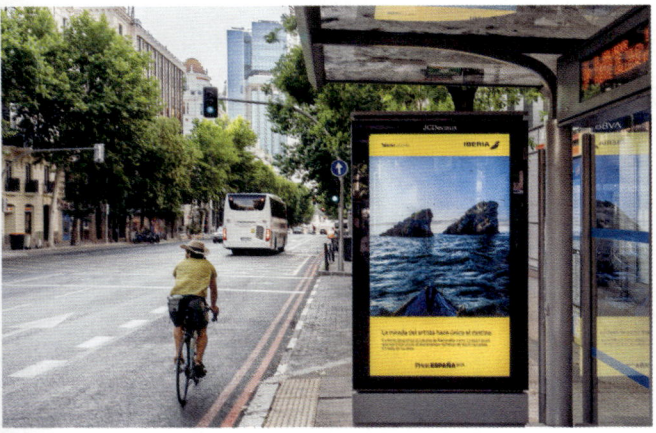

TODAS LAS FOTOS
Jorquera
Acción exterior *Talento a bordo*, 2024
© ARCHIVO PHE

 Espacio Iberia Madrid
Alameda, 15 (Espacio Cultural
Serrería Belga)
28014 Madrid
espacioiberia.com
talentoabordo.com

Mobiliario urbano
Varias localizaciones
Más info en phe.es

Organiza
Iberia y PHotoESPAÑA

Madrid
Sedes invitadas

Sandra Morante
Julley. Un viaje a través de los reinos de Zanskar y Ladakh

B TRAVEL & CATAI
12.06 – 12.09.2025

Las regiones de Zanskar y Ladakh, localizadas en el Himalaya indio, son ejemplos de equilibrio entre costumbres, espiritualidad y naturaleza. De hecho, estos territorios remotos deslumbran por su majestuosidad y por el tapiz cultural tibetano que impregna la vida local. Su sociedad sinérgica vive acorde a las estaciones, cultivando una vida que prioriza el bienestar común y la economía de la felicidad, mientras enfrenta los desafíos del cambio climático y la globalización.

Unidos por largas carreteras, estos valles conducen a vidas ricas y profundas, donde las tradiciones íntimas se reflejan en cada rincón. El proyecto fotográfico *Julley*, que toma el título de una cálida palabra tibetana usada como saludo, gratitud o despedida, encapsula la hospitalidad de los habitantes de estas regiones en las que los visitantes son invitados a actuar con la misma gentileza y consideración.

TODAS LAS FOTOS
Sandra Morante
De la serie *Julley*, sin fecha
© SANDRA MORANTE

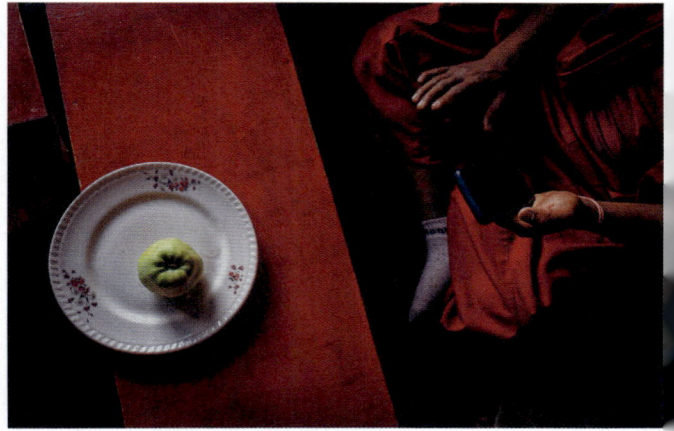

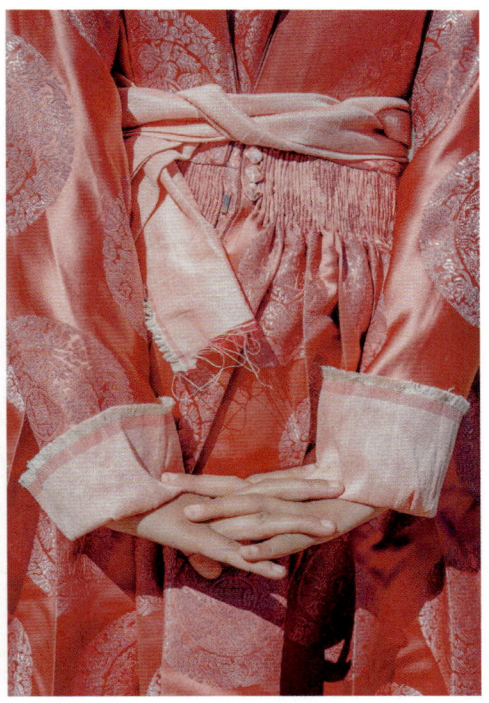

The regions of Zanskar and Ladakh in the Indian Himalayas are examples of a balance between customs, spirituality and nature. In fact, these remote territories dazzle for their majesty and the Tibetan cultural tapestry that permeates local life. Their synergetic society lives in rhythm with the seasons, cultivating a life that prioritises group wellbeing and the economy of happiness as they face the challenges of climate change and globalisation.

Joined by long highways, these valleys lead to rich, profound lives where intimate traditions are reflected everywhere. The photographic project *Julley*, whose title comes from a warm Tibetan word used as for greetings, gratitude or farewells, encapsulates the hospitality of the inhabitants of these regions, where visitors are invited to act with the same courtesy and consideration.

B travel & CATAI
Miguel Ángel, 33
28010 Madrid
premium.btravel.com

Organiza
B travel & CATAI

David Martín Martín
Geometría y paz

CENTRO CULTURAL ANTONIO MACHADO
02.06 – 30.06.2025

Este proyecto vital (por lo introspectivo) y vitalicio (por lo inacabado) se construye con imágenes de espacios que el autor se encuentra de manera inesperada. Lugares que David Martín Martín ha capturado a lo largo de los viajes realizados en los últimos años y que, conceptualmente, le representan e identifican, puesto que reflejan su actitud de vivir con intensidad. Y lo hacen al utilizar una plasticidad formal que cincela elementos visuales aparentemente inconexos, disruptivos e incompatibles, llenos de contrastes, unas veces cromáticos, otras veces texturales y que contraponen la naturaleza frente a la intervención humana.

Toda esta efervescencia visual busca y encuentra el necesario sosiego y equilibrio en las formas geométricas y líneas de fuga que todo lo arropan y que aportan un contrapeso de disciplina, orden y organización, a veces obsesivo, a la imagen de la vida cotidiana del autor.

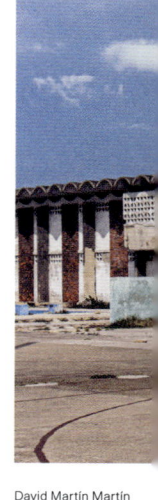

David Martín Martín
Contradeporte.
La Habana (Cuba), 2018
© DAVID MARTÍN MARTÍN

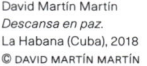

David Martín Martín
Descansa en paz.
La Habana (Cuba), 2018
© DAVID MARTÍN MARTÍN

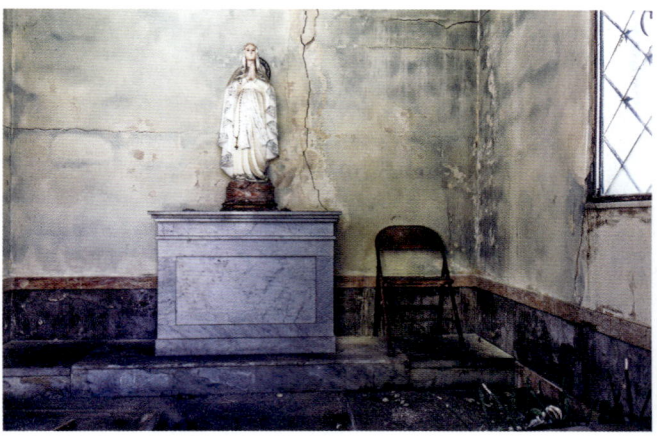

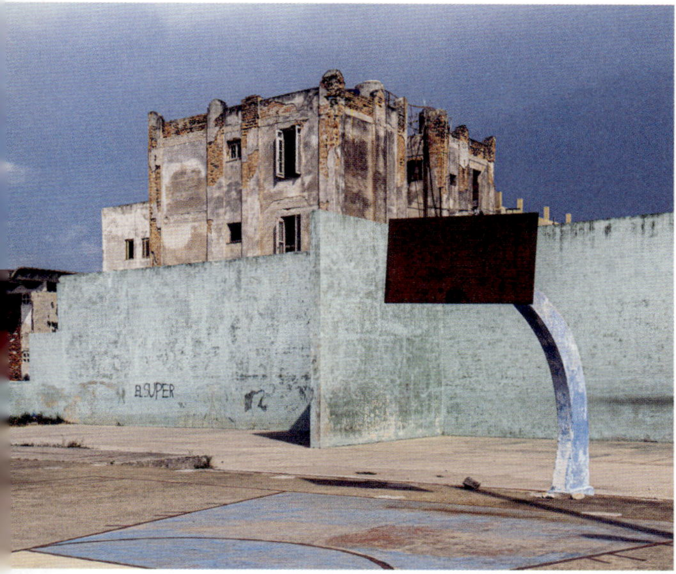

This project, which is both vital (because it is introspective) and life-long (because it is unfinished) is constructed with images of spaces that the author unexpectedly finds, places that David Martín Martín has captured on his journeys in recent years, which conceptually represent and identify him, given that they reflect his activity of living intensely. And they do so using a formal plasticity that carves out apparently unconnected, disruptive and incompatible visual elements full of contrasts, sometimes the colours, other times the textures, all playing nature off against human intervention.

This entire visual ebullience seeks and finds the calm and balance needed in geometric shapes and vanishing lines that cocoon everything, bringing a counterweight of discipline, order and organisation—sometimes obsessive—to the image of the author's everyday life.

25 **Centro Cultural Antonio Machado**
San Román del Valle, 8
28037 Madrid
madrid.es

Organiza
Distrito de San Blas-Canillejas
y Centro Cultural Antonio
Machado

Hábitat

CENTRO CULTURAL DE CHINA EN MADRID
27.05 – 24.07.2025

China es un país vasto, con una geografía compleja y diversa y una gran variedad de climas. Estas condiciones lo convierten en el hogar de numerosas especies de plantas y animales silvestres, muchos de los cuales son endémicos del país. Las obras presentadas en esta exposición muestran exclusivamente la vida silvestre que habita en China, así como los entornos naturales donde viven estas especies.

Los fotógrafos que capturaron estas imágenes son, en su mayoría, aficionados. Movidos por su amor por la naturaleza, utilizaron sus cámaras para inmortalizar estos bellos seres vivos, con la esperanza de que, a través de la fotografía —un arte que trasciende las barreras del idioma y la cultura—, las personas de todo el mundo puedan conocer mejor la vida silvestre de China. Así, juntos podremos proteger el medio ambiente de nuestro planeta y preservar el hogar que todos compartimos.

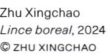

Zhu Xingchao
Lince boreal, 2024
© ZHU XINGCHAO

China is a vast country with a complex and diverse geography, and a wide range of climates. These conditions make it home to a remarkable variety of wild plant and animal species, many of which are endemic to the country. The works presented in this exhibition focus exclusively on the wildlife found in China, as well as the natural environments these species inhabit.

Most of the photographers behind these images are amateurs, driven by a deep love for nature. With their cameras, they have captured the beauty of these living creatures, hoping that —through photography, an art form that transcends language and cultural barriers— people around the world will gain a deeper understanding of China's wildlife. In doing so, we can all come together to protect our planet's environment and preserve the shared home we all depend on.

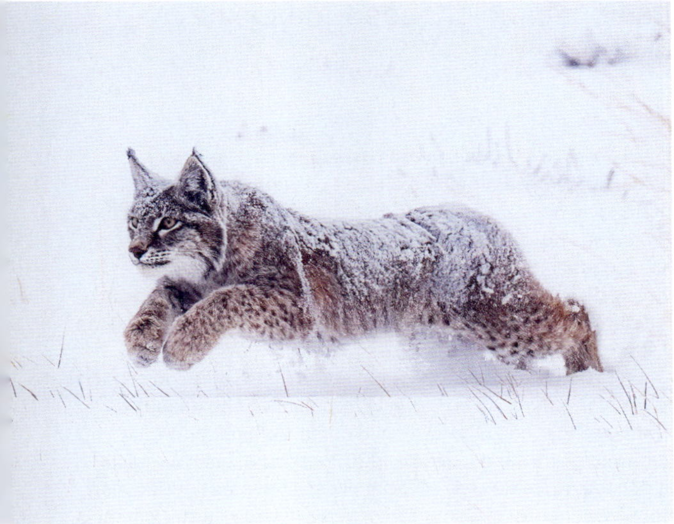

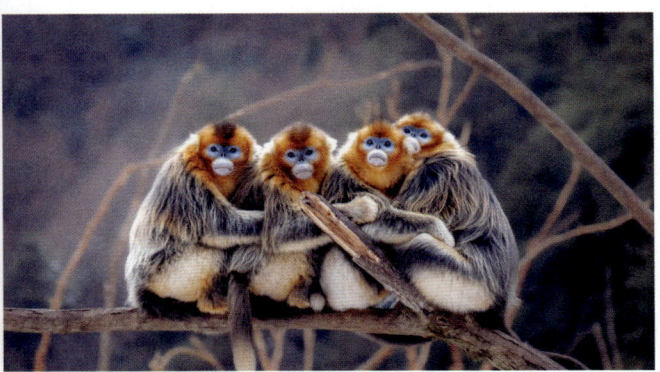

Zhang Fuqiang
Monos de nariz chata dorados, 2024
© ZHANG FUQIANG

 Centro Cultural de China en Madrid
General Pardiñas,73
28006 Madrid
ccchinamadrid.org

Autores
Bao Yongqing, Zhu Xingchao, Li Shanyuan, Tong Haiyuan, Hao Jinfang, Jiao Shengfu, Zhang Jingyuam, Li Yinping, Cai Haiyong, Yang Qingrong, Chen Ming, Dai Hua, Zhai Zeyu, Zheng Zhiyu, Zhang Jinrong, Zhu Zimo, Shi Zexing, Ouyang Linan, Li Zhigang, Zhang Fuqiang, Zhang Tao, Zhao Yuejian, Gabuzangcailang, Liu Qingshun, Jiang Yan, Duan Weinong, Jiang Henghua, Liu Xiaoping, Li Bingxiong y Zhou Guiping

Organiza
Centro Cultural de China en Madrid

La conspiración judeo-masónica

CENTRO SEFARAD-ISRAEL
12.06.2025 – 31.03.2026

Desde el siglo XIX, los sectores más reaccionarios de la sociedad europea difundieron la idea de que los judíos pretendían dominar el mundo inspirados por los falsos *Protocolos de los sabios de Sión*. Por otro lado, también sospechaban de la masonería, que en algunos casos era vinculada con los judíos. Nació así el mito de la conspiración judeo-masónica, alentado por el auge de las ideologías racistas y supremacistas.

En España, la conspiración judeo-masónica adquirió especial relevancia a partir de la Segunda República. Poco después, Francisco Franco utilizó este mito como legitimador de su sublevación militar de julio de 1936. Y en la posguerra y hasta la década de los 60 creó el Tribunal Especial para la Represión de la Masonería y el Comunismo, que a lo largo de su existencia procesó y condenó a prisión a decenas de miles de españoles valiéndose del expolio y el saqueo de la ingente documentación incautada durante la guerra.

Since the nineteenth century, the most reactionary sectors of European society have spread the idea that the Jews aim to dominate the world, inspired by the false *Protocols of the Elders of Zion*. On the other hand, they also distrusted Freemasonry, which was sometimes linked to Jews. Thus was born the myth of the Jewish-Masonic conspiracy, fuelled by the rise in racist and supremacist ideologies.

In Spain, the Jewish-Masonic conspiracy became particularly salient after the Second Republic. Shortly afterward, Francisco Franco used this myth to legitimize his military uprising in July 1936. And he created the Special Court for the Suppression of Freemasonry and Communism from the post-war period to the 1960s, which tried and imprisoned tens of thousands of Spaniards throughout its existence, drawing from the looting and sacking of the vast troves of documentation seized during the war.

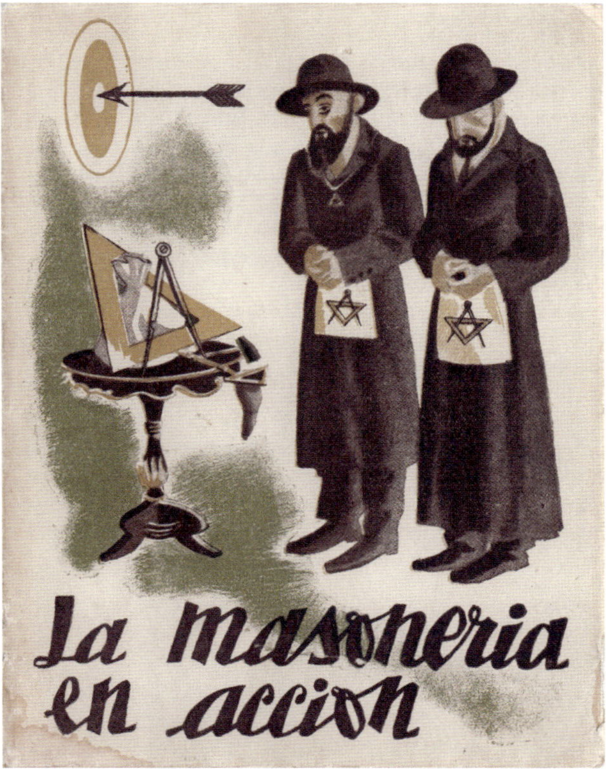

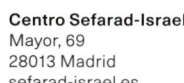

Portada del libro
La masonería en acción
Anónimo. Madrid, 1942

27 **Centro Sefarad-Israel**
Mayor, 69
28013 Madrid
sefarad-israel.es

Organiza
Centro Sefarad-Israel

Exposición realizada en
el marco del programa
España en libertad | 50 años

Rafael Trapiello
Espejos en Ioánina

ESPACIO STUDIOLO
04.09 – 14.09.2025
Subasta: 13.09.2025

Los refugiados no son víctimas, héroes ni villanos, son personas cuya historia no se reduce a su situación de desplazamiento. *Espejos en Ioánina* busca precisamente cambiar las narrativas sobre los refugiados a través del arte. Rafael Trapiello (Madrid, 1980) es el artista que lidera este proyecto, con una serie fotográfica creada en la localidad griega de Ioánina, tras su propia experiencia en el campo de refugiados de Katsikas. Las fotografías de Trapiello reflejan la alianza entre el ser humano y su entorno, capturada en espejos velados que confieren fragilidad y empatía al espectador.

La exposición se acompaña de una conferencia y una subasta benéfica, cuyos beneficios se destinarán íntegramente a la ONG Second Tree.

Refugees are not victims, heroes, or villains, but simply people who should not be reduced to their story of displacement. *Espejos en Ioánina* [Mirrors in Ioannina] is a project to change refugee narratives through art. Rafael Trapiello (Madrid, 1980)

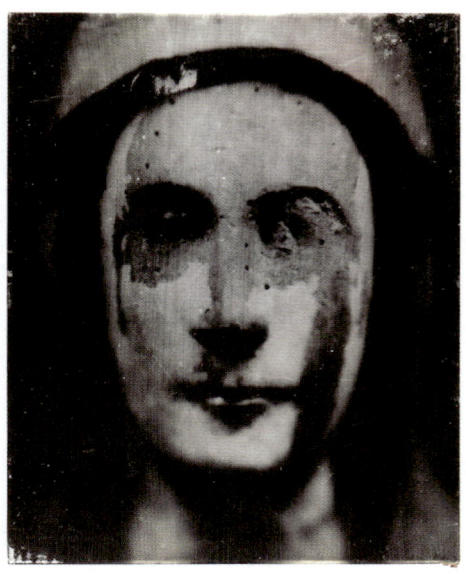

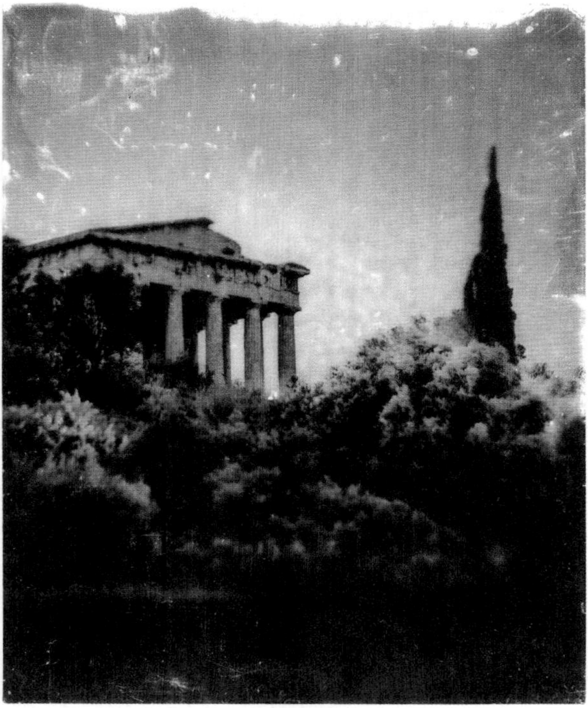

TODAS LAS FOTOS
Rafael Trapiello
Un feliz desorden del tiempo, 2024
© RAFAEL TRAPIELLO

is the artist who leads this project, with a photographic series created in Ioannina, after his own experiencing being in the Katsikas refugee camp. The Trapiello's photographs are a reflection of the alliance between the human being and their environment, captured on veiled mirrors, which confers fragility and empathy with the viewer.

In addition to the exhibition, there will be a lecture and a charity auction, with all proceeds going to the NGO Second Tree. This project is promoted by LEA – Lab of Experimental Art, with the support of the Madrid City Council.

28 Espacio Studiolo
Calle Almagro, 2 – bajo dcha.
28010 Madrid
labofexperimentalart.com

Organiza
LEA – Lab of Experimental Art

En favor de
ONG Second Tree

Apoya
Ayuntamiento de Madrid

Chus Recio
Percepción y abstracciones de un horizonte interno

HOSPITAL DE SAN RAFAEL
26.05 – 30.10.2025

Inspirado en la fenomenología de Edmund Husserl y Maurice Merleau-Ponty, este trabajo fotográfico propone una introspección hacia los límites y profundidades de nuestra conciencia, explorando la naturaleza efímera y subjetiva de nuestra percepción. Como si cada instante fuese un eco de lo vivido, lo percibido se funde con lo intuido en un espacio indefinido, donde las líneas entre lo tangible y lo abstracto se desvanecen.

El proyecto plantea una reflexión sobre cómo el cuerpo, los sentidos y la mente construyen la realidad, como un acto creativo. Aquí, las fotografías se convierten en metáforas visuales de este proceso, dejando de ser simples imágenes para transformarse en portales hacia el universo interno del espectador. Cada obra invita a un diálogo íntimo, una exploración donde el color, la textura y las formas sugieren paisajes emocionales y psíquicos que resuenan de manera única en cada individuo.

Chus Recio
Reflejos del no lugar, 2024
© CHUS RECIO

Chus Recio
Refugio del pensamiento, 2024
© CHUS RECIO

Inspired by the phenomenology of Edmund Husserl and Maurice Merleau-Ponty, this photographic work proposes an introspection to the outer limits and depths of our consciousness by exploring the fleeting, subjective nature of our perception. As if each instant were an echo of lived experience, what we perceive merges with what we intuit in an undefined space where the lines between the tangible and the abstract vanish.

The project offers a reflection on how the body, the senses and the mind construct reality as a creative act. Here, the photographs become visual metaphors of this process; they cease being mere images and instead become portals to the spectator's internal universe. Each work encourages an intimate dialogue, an exploration where the colour, texture and forms suggest emotional and psychological landscapes that resonate differently for each individual.

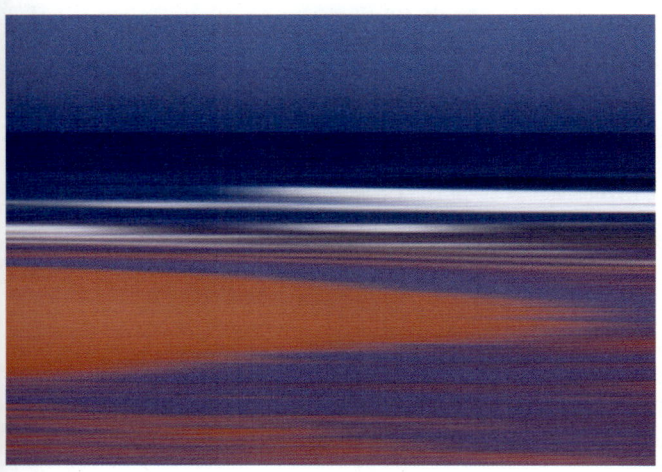

29 **Hospital de San Rafael**
Serrano, 199
28016 Madrid
hospitalsanrafael.es

Organiza
Fundación [H]Arte

Colabora
Hospital de San Rafael

Sugestiones de Italia

ISTITUTO ITALIANO DI CULTURA DI MADRID
23.05 – 13.09.2025

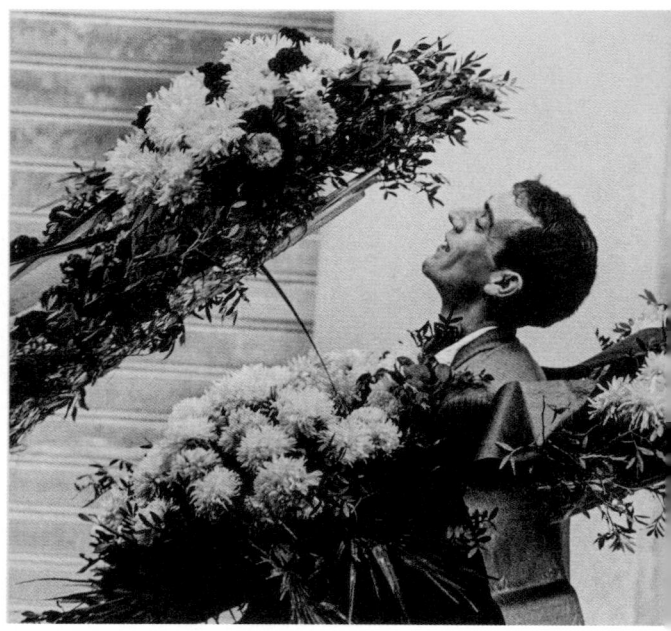

La exposición presenta una selección significativa de fotografías de autor de Nino Migliori, Gianni Berengo Gardin, Mario Cresci, Mimmo Jodice, Mario Giacomelli, Franco Fontana, Luigi Ghirri, Ugo Mulas, Uliano Lucas, Ferdinando Scianna, Gabriele Basilico, Enzo Obiso y Bruna Biamino —pertenecientes a las colecciones de la GAM Galleria Civica d'Arte Moderna e Contemporanea de Turín y de la Fondazione per l'Arte Moderna e Contemporanea CRT— realizadas desde finales de la segunda posguerra hasta los primeros años de este siglo y elegidas partiendo del tema "Italia", para proponer un recorrido de alta calidad por el país, mostrando elementos del paisaje, de la ciudad, de la dimensión social y de la arquitectura.

Secuencias de imágenes, en búsqueda de una renovada autenticidad, en su mayoría declaradamente antirretóricas, realizadas con el fin de intentar recodificar una Italia fuera de los esquemas de la imagen "postal" o monumental.

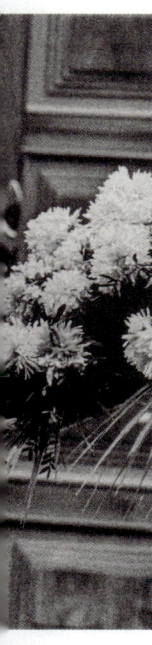

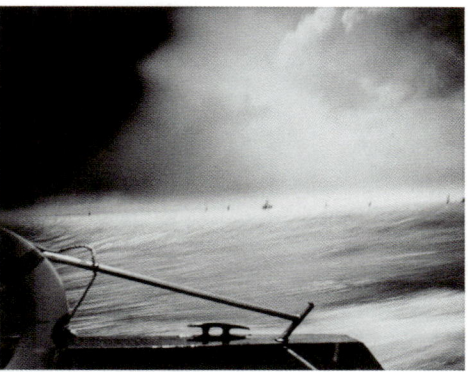

Ferdinando Scianna
Italia, Sicilia, Bagheria.
Portatore di ghirlande,
1962
© FERDINANDO SCIANNA /
FONDAZIONE ARTE CRT

Mimmo Jodice
Marghera, Laguna, 1997
© MIMMO JODICE / GAM
TURÍN

This exhibition presents a significant selection of auteur photographs by Nino Migliori, Gianni Berengo Gardin, Mario Cresci, Mimmo Jodice, Mario Giacomelli, Franco Fontana, Luigi Ghirri, Ugo Mulas, Uliano Lucas, Ferdinando Scianna, Gabriele Basilico, Enzo Obiso and Bruna Biamino. They all belong to the collections of the GAM Galleria Civica d'Arte Moderna e Contemporanea in Turin and the Fondazione per l'Arte Moderna e Contemporanea CRT and were taken from the end of the post-World War II period until the early years of this century. They were chosen based on the theme 'Italy' to offer a high-quality survey of the country showing landscapes, cities, the social dimension and architecture.

The show features sequences of images seeking a renewed authenticity, most of them overtly anti-rhetorical, made with the goal of trying to recode an Italy outside the schema of the 'postcard' or monumental image.

 30 **Istituto Italiano**
di Cultura di Madrid
Calle Mayor, 86
28013 Madrid
iicmadrid.esteri.it

Comisario
Riccardo Passoni

Organiza
Istituto Italiano di Cultura di Madrid
y Fondazione Torino Musei

Colabora
Ministerio de Cultura italiano

Joel Karppanen
Tierra de sueños

INSTITUTO IBEROAMERICANO DE FINLANDIA
04.06 – 05.09.2025

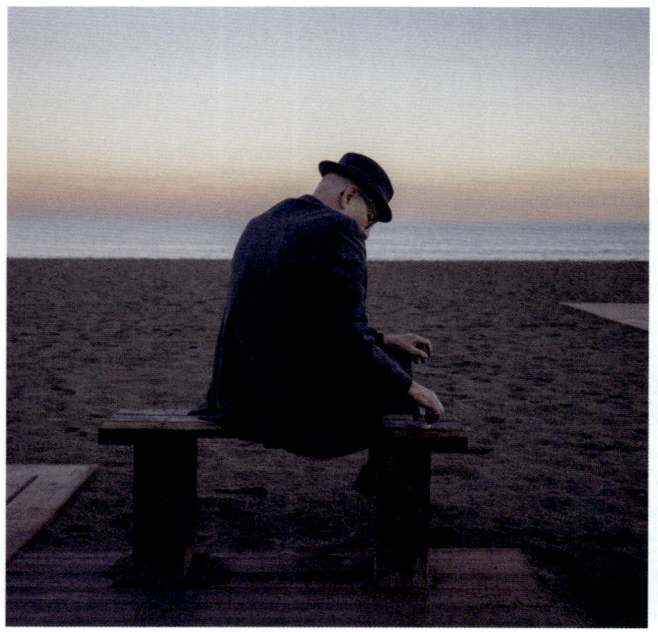

TODAS LAS FOTOS
Joel Karppanen
De la serie *Tierra de sueños*, 2024-2025
© JOEL KARPPANEN

Las naranjas caen de los árboles y se pudren allí donde han caído. En una ladera junto a la autopista, unos barracones poco acogedores cobijan a jubilados finlandeses de bajos ingresos. En el Hotel Nuriasol, "la residencia de ancianos más grande de Finlandia", los huéspedes pasan de la sauna a la pista de baile. Al lado, la televisión emite un partido de hockey y alguien canta bingo...

El artista visual Joel Karppanen documenta en *Tierra de sueños* la vida de su abuelo y de algunos de los treinta mil finlandeses que residen en la cálida Costa del Sol. Este proyecto constituye la cuarta entrega de una serie fotográfica en la que el autor explora la transformación estructural de su país natal, Finlandia, retratando la sociedad a través de la gente corriente. Sus imágenes irradian la estética de la vida cotidiana y el poder de la comunidad.

Oranges fall from the trees and rot where they land. On a slope near the motorway, uninviting bunkhouses house low-income Finnish pensioners. At Hotel Nuriasol—known as "Finland's largest senior citizens' home"—guests move from the sauna to the dance floor, while nearby a hockey game plays on TV and someone shouts, *"Bingo!"*

In *Land of Dreams*, visual artist Joel Karppanen documents the life of his grandfather and some of the 30,000 Finns who reside in the warm Costa del Sol. The project is the fourth installment in a photographic series in which Karppanen explores the structural transformation of his native Finland by portraying society through ordinary people. His images radiate the aesthetics of everyday life and the power of community.

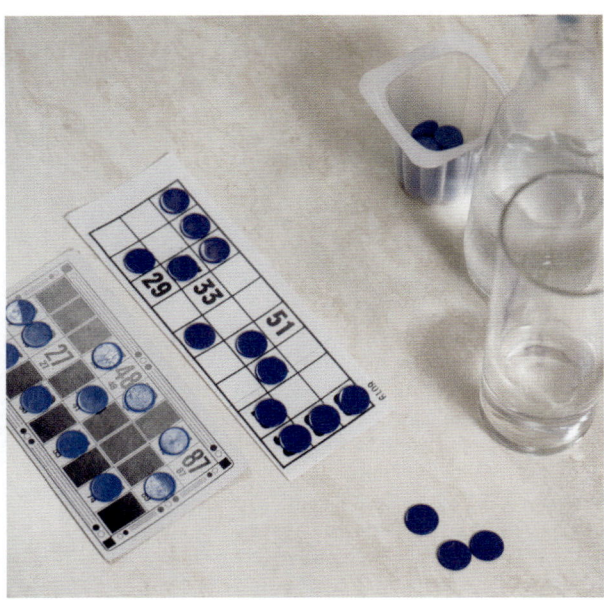

 Instituto Iberoamericano de Finlandia
San Agustín, 7
28014 Madrid
Madrid.fi
Cerrado: 28.07 – 15.08.2025

Organiza
Instituto Iberoamericano de Finlandia

Colabora
Gallery Halmetoja

Juan Luis Rod
Las Tres Fronteras. En el corazón de la guerra del Sahel

MUSEO MISIONES SALESIANAS
08.03 – 31.07.2025

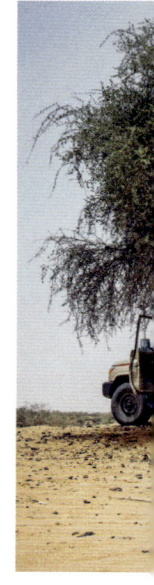

TODAS LAS FOTOS
Juan Luis Rod
De la serie *Las Tres Fronteras*, 2021
© JUAN LUIS ROD

Desde su estallido en 2012, el conflicto del Sahel, en una de las zonas más castigadas del mundo por la pobreza y el cambio climático, ha provocado más de 40.000 muertos, cinco millones de personas refugiadas y desplazadas y un inmenso sufrimiento. La insurgencia yihadista que brotó en el norte de Malí se extendió pronto al centro del país, saltó a sus vecinos Burkina Faso y Níger y hoy amenaza con alcanzar a los países del Golfo de Guinea. Alimentada por la pobreza, la injusticia y la debilidad de los gobiernos de la región, ni siquiera una robusta intervención militar francesa fue capaz de acabar con ella. Amplias zonas de estos tres países, que conforman el área denominada Las Tres Fronteras, son el escenario habitual de una violencia en la que participan grupos armados, terroristas, rebeldes, milicias, ejércitos y mercenarios, sin visos de solución a corto plazo.

Ever since it broke out in 2012, the conflict in the Sahel, in one of the areas in the world besieged the most by poverty and climate change, has led to more than 40,000 deaths, five million refugees and displaced persons and vast suffering. The Jihadist insurgency which erupted in northern Mali soon spread to the centre of the country, leaped over to its neighbours Burkina Faso and Niger and today threatens to reach the countries in the Gulf of Guinea. Fuelled by poverty, injustice and the weakness of the governments in the region, even a robust French military intervention was unable to put an end to it. Broad swaths of these three countries, which comprise the area called The Three Frontiers, are the frequent backdrop of violence waged by armed groups, terrorists, rebels, militias, armies and mercenaries, with no glimpse of a solution in the short term.

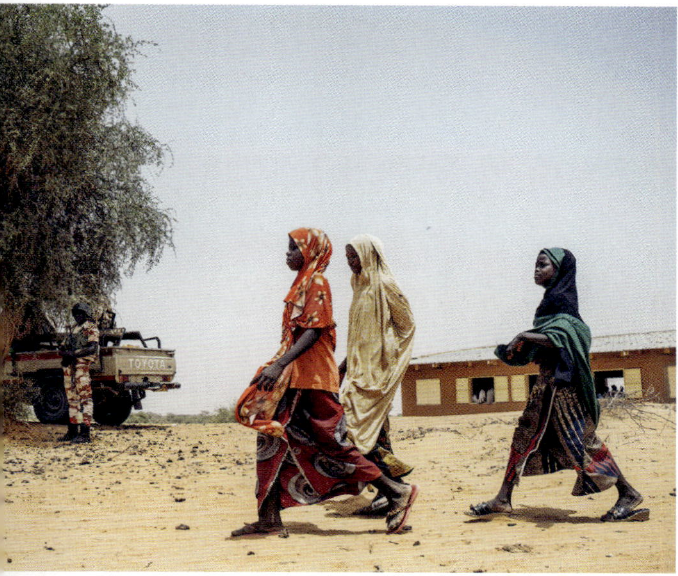

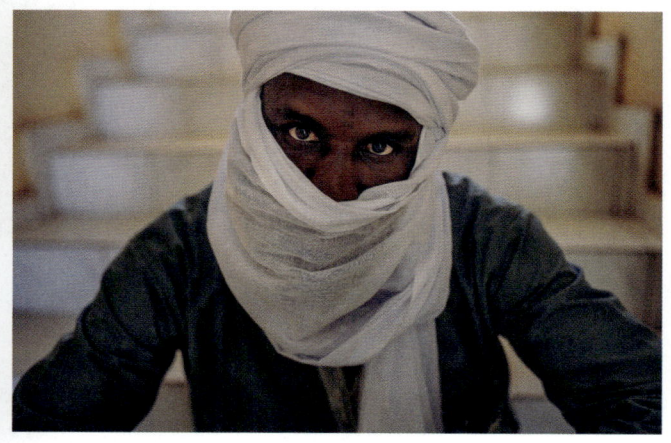

 Museo Misiones Salesianas
Lisboa, 4
28008 Madrid
misionessalesianas.org/museo/

Organiza
Museo Misiones Salesianas

#RecorridosUrbanosPHE25

ONE SHOT FORTUNY
04.06 – 14.09.2025

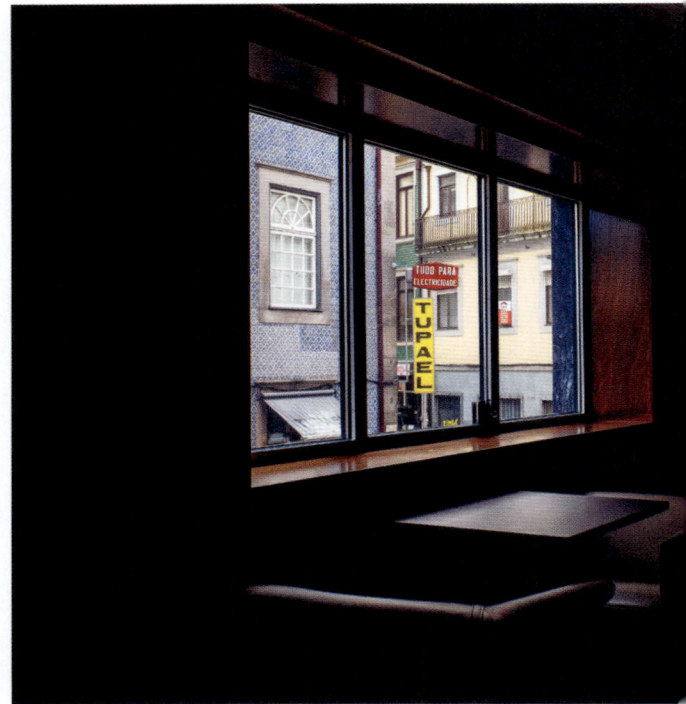

Esta exposición colectiva es el resultado de la convocatoria online que, bajo el mismo título, invita a los seguidores de PHotoESPAÑA y de One Shot Hotels, hoteles oficiales del Festival, a descubrir y redescubrir las ciudades, tanto las propias como las que visitamos, cámara en mano.

El entorno urbano, en el sentido más amplio y abstracto, protagoniza las imágenes ganadoras de este concurso, celebrado por tercer año consecutivo. Fotografías que reflejan rincones únicos y singulares, lugares secretos o por todos conocidos, espacios interiores o exteriores, arquitecturas, detalles, situaciones, personas o visiones de conjunto.

Los autores de las fotografías ganadoras perciben un premio de 500 euros cada uno y pueden disfrutar de una noche en habitación doble en cualquiera de los establecimientos de la cadena hotelera.

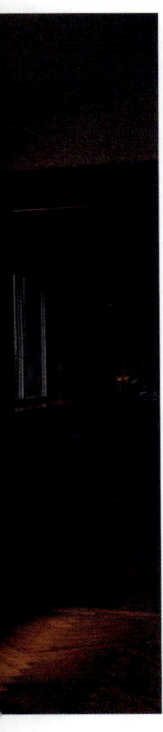

This group exhibition is the outcome of the online call for submissions of the same name that invited followers of PHotoESPAÑA and of One Shot Hotels, the Festival's official hotels, to discover and rediscover both their own cities and the cities they visit, camera in hand.

In the broadest and most abstract sense, urban settings feature in the winning images of this contest, which is being held for the third year in a row. These photographs reflect unique, singular spots, secret locales or places everyone knows, both indoors and outdoors, along with architectures, details, situations, people and overviews.

The authors of the winning photographs each receive a 500-euro award and get to enjoy a night in a double room at any of the chain's hotels.

Andrea Ratto
Imagen ganadora
de la convocatoria
#RecorridosUrbanosPHE24
© ANDREA RATTO

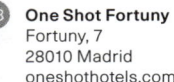

One Shot Fortuny
Fortuny, 7
28010 Madrid
oneshothotels.com

Organiza
One Shot Hotels
y PHotoESPAÑA

Fernando Gordillo
Pedro Bernardo, su ser y su circunstancia

REAL SOCIEDAD FOTOGRÁFICA
11.06 – 30.07.2025

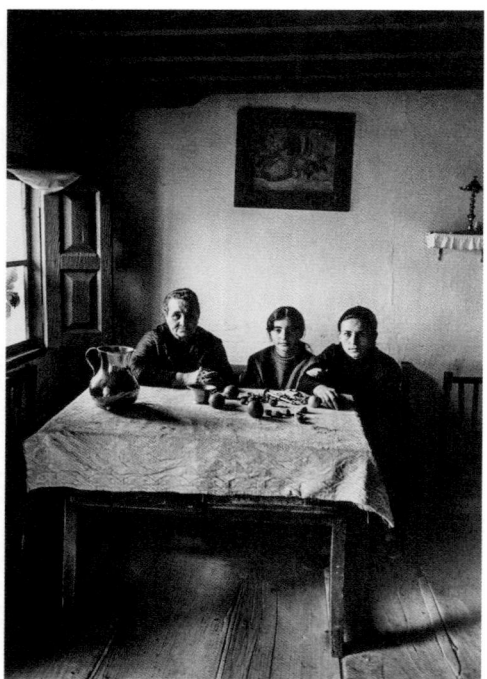

Fernando Gordillo
Retrato a la luz de una ventana, 1968
© FERNANDO GORDILLO

Coincidiendo con el décimo aniversario de su fallecimiento, esta exposición pretende ser un homenaje a un fotógrafo que desarrolló toda su labor vinculado a la RSF de Madrid. En esta muestra se presenta un ensayo fotográfico que Fernando Gordillo (Madrid, 1933-2015) realizó en el pueblo de Pedro Bernardo (Ávila) durante dos décadas, desde finales de los años 50 hasta principio de los 70. En ese tiempo, se dedicó a retratar, documentar y testimoniar la vida del pueblo abulense: participó de sus ritos, de sus fiestas y de la cotidianidad de sus gentes, a las que llegó a conocer con profundidad. De hecho, había en Gordillo una inquietud y una preocupación por contar a los demás las cosas que veía, las que parecen normales y a veces pasan inadvertidas, pero que constituyen la aventura cotidiana del ser humano.

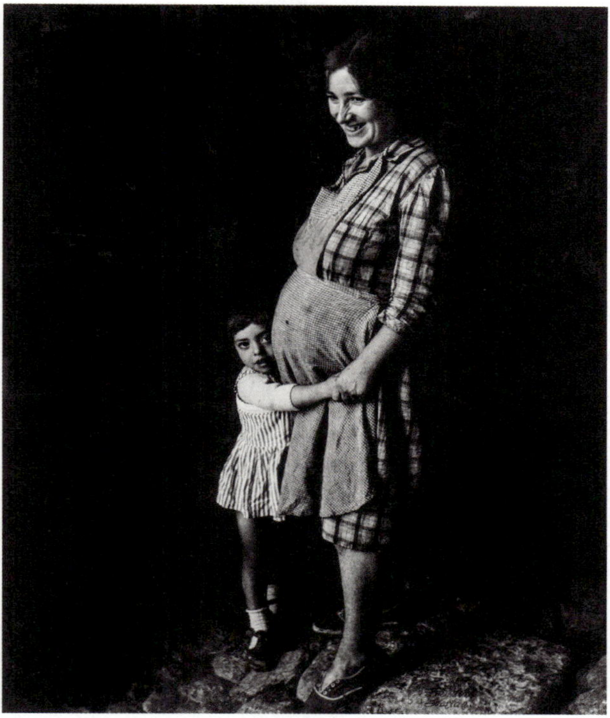

Fernando Gordillo
Retrato de una madre, 1963
© FERNANDO GORDILLO

Dovetailing with the tenth anniversary of his death, this exhibition aims to pay tribute to a photographer who worked in association with Madrid's RSF his entire life. This show presents a photographic essay that Fernando Gordillo (Madrid, 1933–2015) made in the town of Pedro Bernardo (Ávila) over the course of two decades, from the late 1950s to the early 1970s. During that time, he portrayed, documented and bore witness to life in this town: he participated in its rites, festivals and the everyday lives of its people, whom he got to know profoundly. In fact, Gordillo harboured an itch and a concern with telling others about the things he saw, the ones that seem normal and sometimes go unnoticed but which ultimately comprise human beings' everyday adventure.

34 **Real Sociedad Fotográfica**
Tres Peces, 2
28012 Madrid
rsf.es

Comisaria
Almudena Gordillo

Organiza
Real Sociedad Fotográfica

Madrid
Festival Off

Hana Vojáčková
Time Anatomy
_2B SPACE TO BE / BENIGNO SOTO, 14. 28002 MADRID
05.05 – 05.06.2025

Esta serie fotográfica sigue a tres bailarinas durante una fase única de la vida: el paso físico, siempre dramático, por la adolescencia. Fotografiadas anualmente a lo largo de cinco años, las bailarinas repiten las mismas posturas una y otra vez. A medida que crecen y cambian, las chicas a veces deben adaptar la pose a las nuevas limitaciones del espacio circundante: otras veces, la nueva imagen apenas muestra diferencias.

This photographic series follows three ballerinas during an unique phase of life: the always-dramatic physical passage through adolescence. Photographed every year over the course of five years, the dancers repeat the same posture every time. As they grow and change, sometimes the girls adapt the pose to new limitations in the space around them, while other times the new image is hardly different at all.

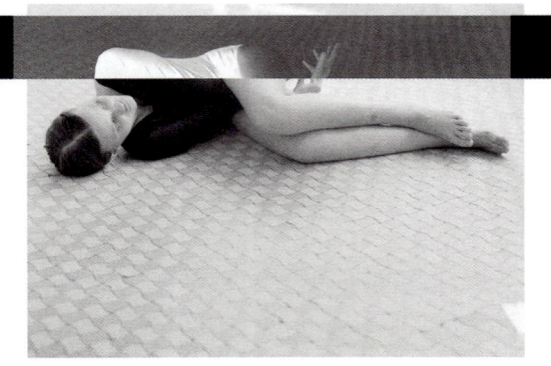

Hana Vojáčková
Aneta – Contortion, 2015
© HANA VOJÁČKOVÁ

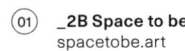

(01) **_2B Space to be**
spacetobe.art

SMOL y Lucía Lamata
Si es legal no es grafiti

95 ART GALLERY / ÁLVAREZ ABELLÁN, 23. 28025 MADRID
03.05 – 31.07.2025

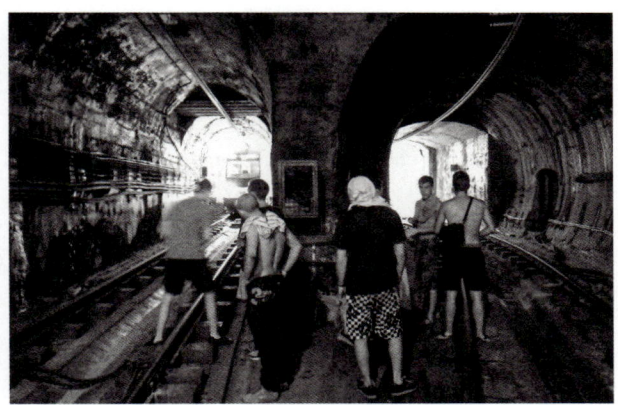

SMOL
Sin título, sin fechar
© SMOL

Las jornadas de vigilancia y las carreras por los andenes para pintar las piezas más míticas del grafiti español, desde 2008 hasta hoy, son mostradas en esta exposición a través de fotografías inéditas de SMOL y Lamata.

Partiendo del eje temático de PHE25, el papel crítico de la fotografía en el posconflicto se hace aquí evidente: hacer más habitables las ciudades plagadas de publicidad es la guerra siempre asumida por el arte urbano.

Those keeping watch and those racing to the platforms to paint the most mythical pieces of Spanish graffiti from 2008 until today are shown in this exhibition with heretofore unseen photographs by SMOL and Lamata.

Based on the PHE25 theme, the critical role of photography post-conflict becomes evident here: making cities overrun with advertising more liveable is the war always waged by urban art.

 95 Art Gallery
95gallery.es

Comisaria
Inés Alonso Jarabo

Irene Luna
Selfie
ARNICHES 26 / CARLOS ARNICHES, 26. 28005 MADRID
25.04 – 28.06.2025

Proyecto de Irene Luna compuesto por más de 300 *selfies* enviados por el padre de la artista a su hija, más un grabado atribuido a Rembrandt (cedido para la ocasión por el coleccionista Jorge Fernández Gómez) que puede interpretarse como un autorretrato. Luna reflexiona así sobre los límites y posibilidades de la fotografía en el contexto actual, contrastándolo con un grabado del siglo XVII.

This is a project by Irene Luna comprised of more than 300 selfies sent by the artist's father to her daughter, plus an engraving attributed to Rembrandt (lent by the collector Jorge Fernández Gómez for this show), which can be interpreted as a self-portrait. Luna thus reflects on the limits and possibilities of photography today by contrasting it with a seventeenth-century engraving.

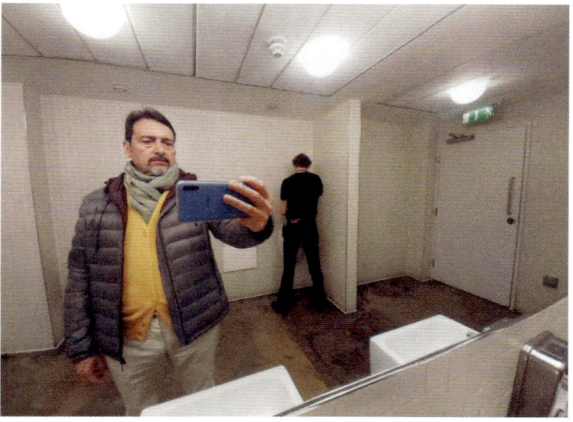

Irene Luna
De la serie *Selfie*, 2025
© IRENE LUNA

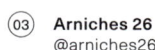
Arniches 26
@arniches26

Ésta es mi casa detenida en el tiempo…

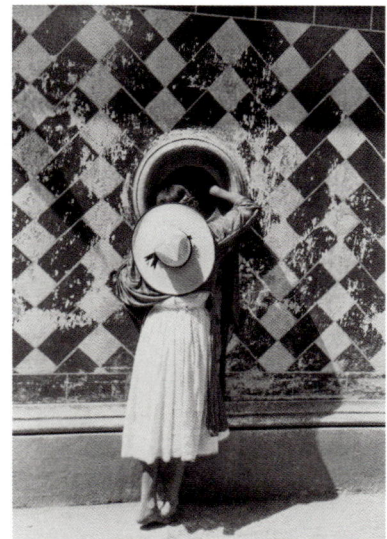

Manuel Álvarez Bravo
La hija de los danzantes.
Cholula, Puebla, México, 1933
© MANUEL ÁLVAREZ BRAVO /
CORTESÍA GALERÍA BLANCA
BERLÍN

En 2020, TVE encargó a Blanca Berlín una exposición virtual. ¿Qué hacer en un momento en que todo se tenía que realizar en remoto? Decidió centrarse en los espacios en los que estábamos confinados. Cinco años después y coincidiendo con el quinto aniversario de aquel exilio interior, esta exposición desvirtualiza aquella propuesta y reúne a destacados creadores contemporáneos, como Isabel Muñoz, Ramón Masats, Luis González Palma, Cecilia Paredes y Manuel Álvarez Bravo, entre otros.

In 2020, TVE commissioned Blanca Berlín to create a visual exhibition focused on the spaces we occupied during the lockdown. What to do at a time when everything had to be done remotely? Five years later, and dovetailing with the fifth anniversary of that indoor exile, this exhibition de-virtualises that initiative and brings together prominent contemporary creators like Isabel Muñoz, Ramón Masats, Luis González Palma, Cecilia Paredes and Manuel Álvarez Bravo.

 Blanca Berlín
blancaberlingaleria.com

Comisaria
Blanca Berlín

Claudia Fuggetti
Palinopsia

CAMARA OSCURA GALERIA DE ARTE / ALAMEDA, 16, 1ºB. 28014 Madrid
05.06 – 19.07.2025

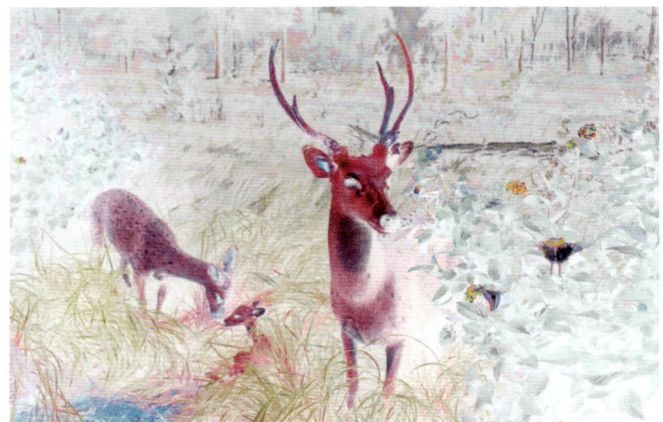

Claudia Fuggetti
Fauna, 2024
© CLAUDIA FUGGETTI

En esta exposición la autora explora cómo la naturaleza cambia constantemente mientras nuestra percepción de ella es fragmentaria e inestable. Antes tangible, el paisaje es ahora un eco perceptivo que persiste incluso cuando no lo vemos. La Palinopsia, un término que describe la persistencia de imágenes tras desaparecer el estímulo, simboliza nuestra relación con la naturaleza: un paisaje transformado por recuerdos y percepciones alteradas, que nos impide captar el presente en su totalidad.

In this exhibition, the author explores how nature changes constantly, while our perception of it is fragmentary and unstable. Previously tangible, the landscape is now a perceptive echo that persists even when we don't see it. Palinopsia, a term that describes the persistence of images even after the stimulus disappears, symbolises this relationship with nature: a landscape transformed by memories and altered perceptions which prevent us from grasping the present in its totality.

(05) **Camara Oscura Galeria de Arte**
camaraoscura.net

Paul Graham
Verdigris

CARLIER | GEBAUER / JOSÉ MARAÑÓN, 7. 28010 Madrid
08.05 – 26.07.2025

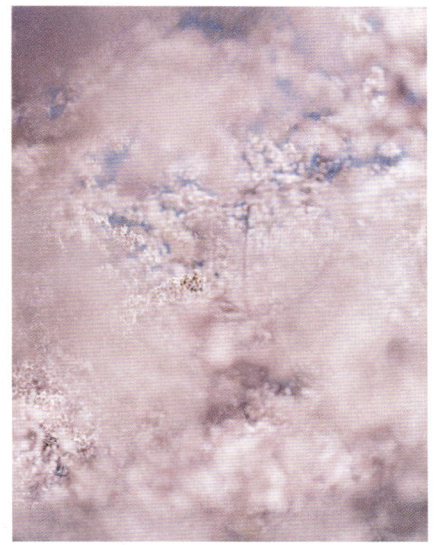

Paul Graham
Blossom, 2021-2024
© PAUL GRAHAM

Verdigris, la oxidación verde del cobre, culmina doce años
de trabajo de Graham centrado en la fugacidad de la vida.
Completa una trilogía iniciada con *Does Yellow Run Forever?*,
serie que recoge momentos íntimos con su pareja, seguida por
Mother, en la que documenta el último año de vida de su madre.
Verdigris cierra el círculo, yuxtaponiendo imágenes de personas
contemplando el horizonte con fotografías de cerezos en flor,
símbolos del paso del tiempo.

Verdigris, the green oxidation on copper, culminates twelve
years of Paul Graham's work centred on the evanescence of life.
It completes a trilogy started with *Does Yellow Run Forever?*,
a series that captures intimate moments with his partner,
followed by *Mother*, in which he documents the last year of his
mother's life. *Verdigris* closes the series by juxtaposing images
of people contemplating the horizon with photographs of
blossoming cherry trees, symbols of the passage of time.

 carlier | gebauer
carliergebauer.com

Comisariado
carlier | gebauer

MADRID. FESTIVAL OFF **187**

Saleta Rosón
Travesía de Sal

CORNER GALLERY / CAÑETE, 17. 28019 MADRID
24.05 – 21.06.2025

Este proyecto explora los salares de América del Sur como territorios de contrastes extremos: vastos, frágiles y en transformación. Saleta Rosón documenta enclaves como Uyuni, Atacama y Maras, donde geología, clima e intervención humana interactúan. Con una estética depurada y atención a la luz y la textura, la serie refleja la tensión entre su inmensidad atemporal y los cambios que los amenazan.

This project explores the salt flats in South America as territories of extreme contrasts: vast, fragile and in transformation. Saleta Rosón documents sites like Uyuni, Atacama and Maras where geology, climate and human intervention interact. With a spare aesthetic and attention to light and texture, the series reflects the tension between their timeless immensity and the changes threatening them.

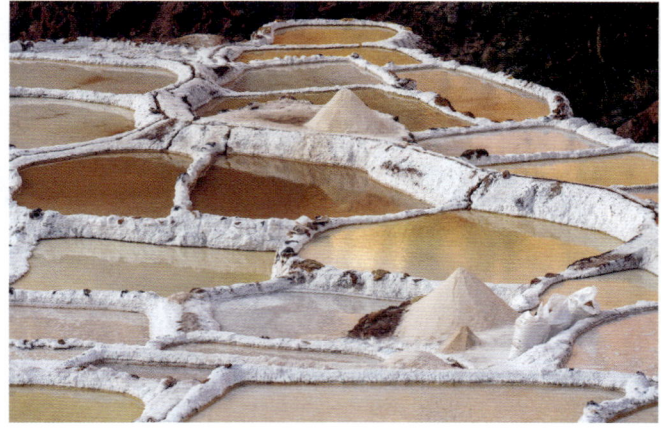

Saleta Rosón
MARAS XI, sin fechar
© SALETA ROSÓN

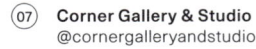

(07) **Corner Gallery & Studio**
@cornergalleryandstudio

David Delgado Ruiz
[#Life_in_Mars]

DDR ART GALLERY / ENCOMIENDA, 21 – LOCAL DCHA. 28012 MADRID
12.05 – 20.06.2025

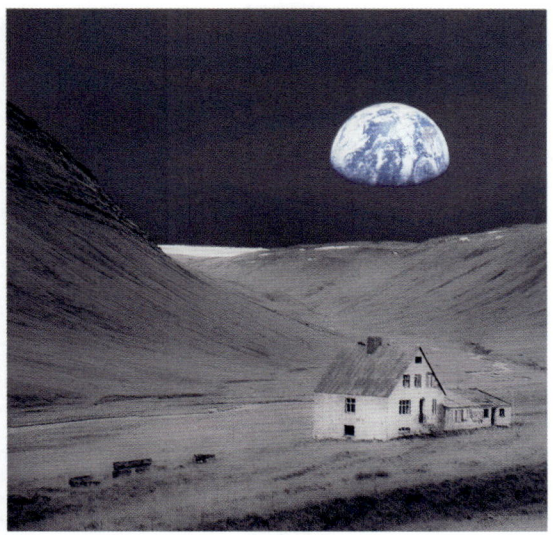

David Delgado Ruiz
Planet Moon, 2020
© DAVID DELGADO RUIZ

[#Life in Mars] surge en 2020, durante el confinamiento, y cobra actualidad ante la evolución política y social. Reflexiona sobre el posthumanismo y el futuro del ser humano en colonias extraterrestres. En un mundo donde el documentalismo se universaliza, esta serie transforma la realidad en una ficción poderosa, explorando la ausencia y presencia humana a través de nuevas tecnologías y su impacto ambiental.

[#Life in Mars] emerged in 2020, during the lockdown, and is still relevant in view of the way politics and society have evolved. It reflects on posthumanism and the future of human beings in extraterrestrial colonies. In a world where documentalism is becoming universal, this series transforms reality into a powerful fiction by exploring humans' absence and presence through new technologies and their environmental impact.

 DDR Art Gallery
ddrartgallery.com

Comisario
Carlos Delgado Mayordomo

Claudia Andujar
A Sônia

ELBA BENÍTEZ / SAN LORENZO, 11. 28004 MADRID
22.05 – 31.07.2025

A Sônia es un ensayo visual de Claudia Andujar sobre una joven aspirante a modelo que migra a São Paulo y es rechazada sistemáticamente por diferentes estudios. Publicado en Revista de Fotografía en 1971 y exhibido ese mismo año en el MASP, *A Sônia* explora el cuerpo femenino con técnicas experimentales como la superposición de imágenes, la refotografía y el uso de filtros. Un trabajo distinto a sus conocidos trabajos con el pueblo Yanomami, que, no obstante, mantiene su inquietud social y su mirada empática hacia el lugar del otro.

A Sônia is a visual essay by Claudia Andujar about a young aspiring model who migrates to São Paulo and is systematically rejected by various agencies. Published in Revista de Fotografía in 1971 and exhibited that same year at MASP, *A Sônia* explores the female body through experimental techniques such as image overlay, re-photography, and the use of filters. Although different from her well-known works with the Yanomami people, this work retains her social concern and empathetic perspective towards the other people.

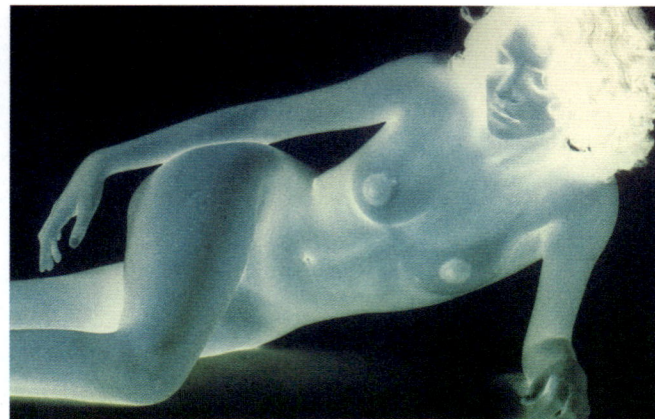

Claudia Andujar
Sin título, de la serie *A Sônia*, 1971
© CLAUDIA ANDUJAR / CORTESÍA DE LA ARTISTA
Y LA GALERÍA ELBA BENÍTEZ, MADRID

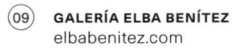

(09) **GALERÍA ELBA BENÍTEZ**
elbabenitez.com

Albarrán Cabrera
Ventanas a lo insólito

ELVIRA GONZÁLEZ / HERMANOS ÁLVAREZ QUINTERO, 1. 28004 MADRID
29.05 – 30.07.2025

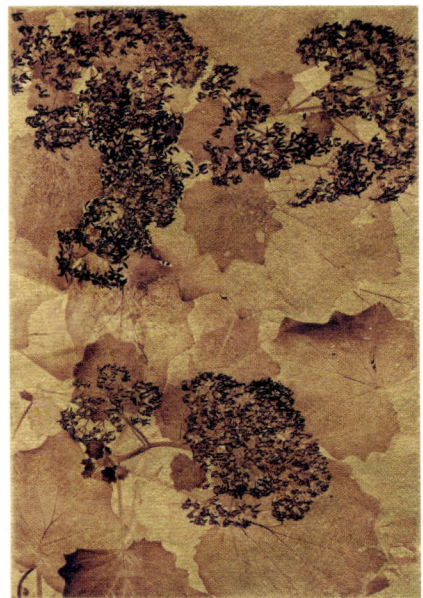

Albarrán Cabrera
De la serie *Ventanas a lo insólito*, 2025
© ALBARRÁN CABRERA

El título de esta exposición está inspirado en el texto homónimo de Julio Cortázar. En su ensayo, el autor argentino reflexiona sobre cómo lo inesperado irrumpe en la fotografía, deslizándose en la imagen sin previo aviso y desafiando la percepción convencional de la realidad. Esta exposición busca explorar esa tensión entre lo visible y lo imprevisto, invitando al espectador a cuestionar lo que ve y a descubrir lo que se esconde más allá de la imagen.

The title of this exhibition is inspired by the eponymous text by Julio Cortázar. In his essay, the Argentine author reflects on how the unexpected enters photography, slipping into the image without warning and challenging conventional perceptions of reality. This exhibition aims to explore the tension between the visible and the unexpected, inviting the viewer to question what they see and discover what lies beyond the image.

 Galería Elvira González
elviragonzalez.es

Evelyn Sosa y Cyrus Mahboubian
Nocturno
ESTUDIO CARLOS GARAICOA / HERMANOS DEL MORAL, 62 LOCAL. 28019 MADRID
06.06 – 27.06.2025

Exposición bipersonal de Mahboubian y Sosa, quienes comparten la preferencia por el uso de procesos analógicos, aunque difieren en su objeto de estudio. Para el primero, la fotografía proporciona una suerte de escape al ritmo acelerado de las grandes ciudades, mientras que Evelyn Sosa aboga por una fotografía empática con el sujeto fotografiado. Sus retratos de mujeres, entre las que a menudo se incluye, nos transportan a un espacio íntimo, autobiográfico y personal.

Two-person exhibition by Mahboubian and Sosa, who share a preference for analog processes but differ in their subjects of study. For Mahboubian, photography serves as an escape from the fast pace of city life, while Evelyn Sosa embraces a photographic approach rooted in empathy for her subjects. Her portraits of women—often including herself—draw us into an intimate, autobiographical, and deeply personal space.

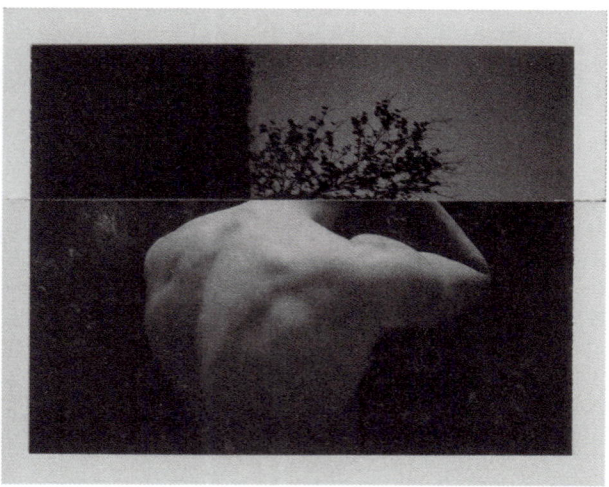

Cyrus Mahboubian
Sheltering Sky (Composite), 2025
IG @CARLOSGARAICOA_STUDIO

(11) **Estudio Carlos Garaicoa**
@carlosgaraicoa_studio

Comisarios
Claudia Pérez y Piero Tomassoni

Dreams and Fears

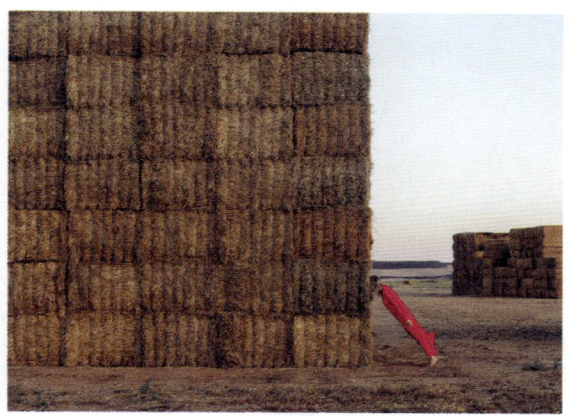

Juliana González
La visitante, 2024
© JULIANA GONZÁLEZ

Dreams and Fears es un homenaje a todas las mujeres que, en algún momento, han tenido que maquillar sus miedos. La exposición explora cómo el miedo y la belleza se entrelazan, creando un espacio donde sueños y pesadillas conviven.

Es también un acto de resistencia: cada vez más mujeres desafían estigmas, reivindican sus éxitos y reconocen su valía. La búsqueda de la belleza se transforma en un acto de autenticidad y autoaceptación, permitiendo a cada mujer brillar en su propia luz.

Dreams and Fears is a tribute to all women who, at some point, have had to make up their fears. The exhibition explores how fear and beauty intertwine, creating a space where dreams and nightmares coexist.

It is also an act of resistance: more and more women are defying stigmas, claiming their successes and recognizing their worth. The search for beauty becomes an act of authenticity and self-acceptance, allowing each woman to shine in her own light.

Autoras
Juliana González, Vassilis Pitoulis, Marta Soul, Elisabeth Casasola y Arale Realte

(12) **Espacio Mados**
grupomados.com

Comisarios
María Levenfeld y Miguel Cereceda

Ana D & Noora K
It is not a bad dream

ETT RUM BY NORDIC STANDARD / COLUMELA, 2. Madrid 28001
20.05 – 30.09.2025

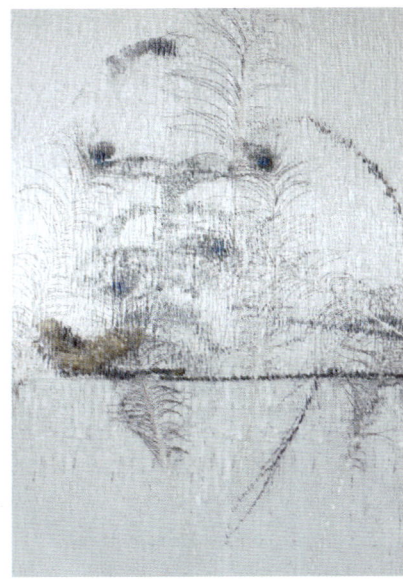

Ana D & Noora K
New Nature II. Illusion, 2024
© ANA D. LOMBARD
& NOORA KULVIK

Representar la angustia de la naturaleza como resultado directo de nuestras acciones es fundamental en el trabajo de las autoras, quienes utilizan la luz y el movimiento para captar un momento invisible para el ojo: la transformación de todas las partículas físicas, que adoptan una nueva forma cuando son registradas por la fotografía. Un proceso en el que, conscientemente minimizan la manipulación de la imagen, permitiendo así que las imperfecciones formen parte de la obra final.

Representing the anguish of nature as a direct result of our actions is central to the work of the artists, who use light and movement to capture a moment invisible to the eye: the transformation of all physical particles, which take on a new form when recorded by the photograph. They also consciously minimise the manipulation of the image, allowing imperfections to become part of the final work.

(13) **Ett Rum by Nordic Standard**
ett-rum.com

Comisaria
Sonia Gontán

Judith Prat
Aquella niebla, este silencio

FERNÁNDEZ-BRASO / VILLANUEVA, 30. 28001 MADRID
29.05 – 26.07.2025

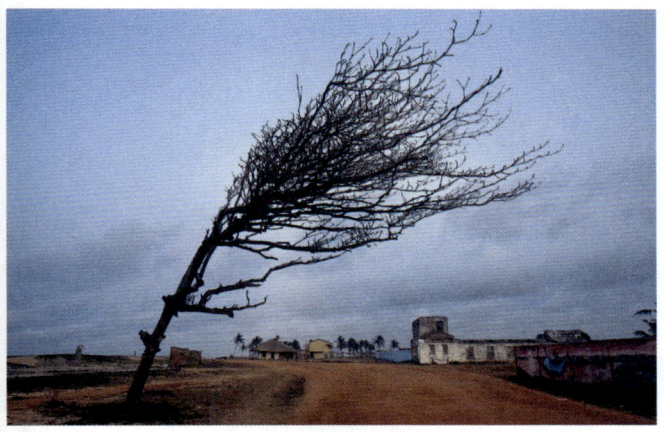

Judith Prat
Aquella niebla, este silencio, 2024
© JUDITH PRAT

Esta exposición pone el foco en la historia silenciada y el tabú existente en torno a la memoria esclavista española. A partir de una profunda investigación, la autora propone una travesía visual siguiendo las huellas de los esclavistas desde Cádiz o Barcelona a Ghana y Sierra Leona, con destino final en Cuba, completando una de las principales rutas del tráfico de personas y del comercio triangular que funcionó hasta finales del siglo XIX.

This exhibition focuses on the silenced and taboo history around Spain's slave memory. Based on in-depth research, the author proposes a visual journey following the traces of the slave owners from Cádiz or Barcelona to Ghana and Sierra Leone, with their final destination in Cuba, completing one of the triangular human trafficking and trade routes that operated until the late nineteenth century.

(14) **Galería de arte Fernández-Braso**
galeriafernandez-braso.com

Comisaria
Semíramis González

José Aragón
Ama Oiran

FOURQUET 31 / DOCTOR FOURQUET, 31. 28012 MADRID
15.05 – 31.07.2025

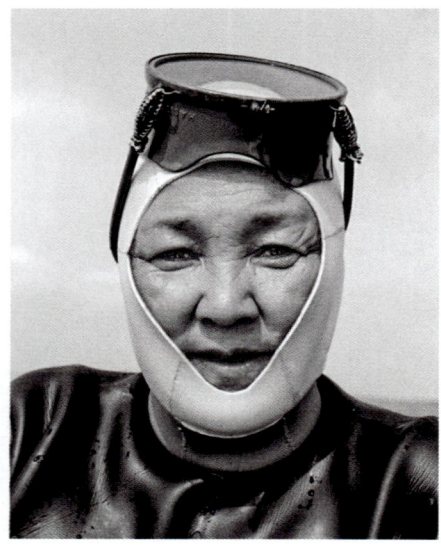

José Aragón
Ama, 2024
© JOSÉ ARAGÓN

El fotógrafo español José Aragón documenta dos subculturas japonesas con un enfoque contemporáneo, incorporando el shibari. Las Ama, símbolo de independencia, desafían los roles tradicionales con su conexión al mar. Las Oiran, en contraste, encarnaban la sofisticación cortesana. El Shibari une estas visiones en una exploración del cuerpo, la identidad y la tradición. Tras 15 años en Japón, Aragón presenta imágenes que contrastan resistencia física y entrega emocional, dialogando entre pasado y presente.

Spanish photographer José Aragón documents two Japanese subcultures using a contemporary approach that incorporates *shibari*. The Amas, a symbol of independence, challenged traditional roles with their connection to the sea. The Oiran, in contrast, embodied courtly sophistication. *Shibari* unites these visions in an exploration of the body, identity and tradition. After fifteen years in Japan, Aragón presents images that contrast physical endurance and emotional engagement, engaging past and present in a dialogue.

(15) **Fourquet 31**
fourquet31.com

Comisario
Carlos Muro

Sandra Blow

Sandra Blow es creadora de imágenes y momentos icónicos, retratando la escena queer, artística y nocturna de la Ciudad de México. Su trabajo abarca fotografía documental de su entorno inmediato (amigos, personajes y paisajes de su vida), editoriales de moda y registros de la vida nocturna. Utiliza formatos digitales y analógicos, especialmente película de 35 mm en cámaras desechables, y ha perfeccionado el retrato y su composición bajo ópticas y condiciones limitadas.

Sandra Blow is a creator of iconic images and moments in her portraits of the queer, artistic, nocturnal scene in Mexico City. Her work encompasses documentary photography of her closest circles (friends, figures and landscapes from her life), fashion editorials and records of nightlife. She uses both digital and analogue formulas, especially 35-mm film in disposable cameras, and she has perfected portraits and their composition under limited optics and conditions.

Sandra Blow
Tiptoes, 2024
© SANDRA BLOW

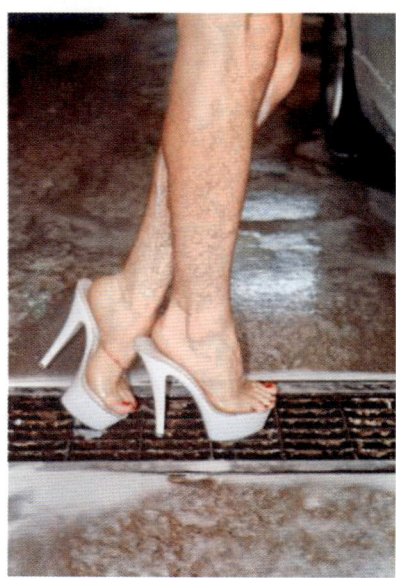

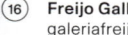 **Freijo Gallery**
galeriafreijo.com

Comisario
Ramón Mateos

Marina Bobo
KISS

GALERÍA DE ARTE A CIEGAS / DOS HERMANAS, 5. 28012 MADRID
29.05 – 31.07.2025

A través de 77 imágenes de archivo —ya que 77 es la media de crímenes con vínculo afectivo cometidos en el mundo cada hora, según una estimación de la autora—, este trabajo evidencia la manera en que la pasión es capaz de transformarse y degenerar, del mismo modo en que lo hace nuestra forma de ver las imágenes una vez conocemos las historias que rodean a los protagonistas.

Through seventy-seven archival images—given that, in the author's estimate, an average of seventy-seven crimes between people with affective bonds are committed in the world every hour—this work reveals how passion is capable of transforming and degenerating, as is our way of seeing images once we know the histories surrounding the people depicted.

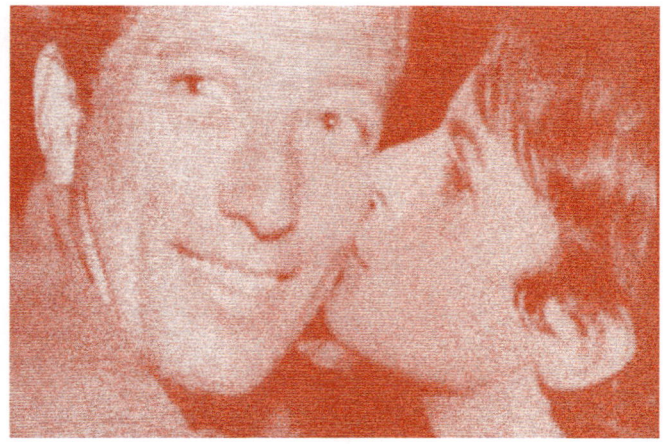

Marina Bobo
De la serie *KISS*, 2024
© MARINA BOBO

(17)   **Galería de Arte A Ciegas**
galeriadearteaciegas.com

Todas las imágenes desaparecerán

Alva Martín
De la serie *Sentinel*, 2025
© ALVA MARTÍN

Este proyecto expositivo se presenta como un acercamiento a la imagen a modo de dispositivo híbrido y fluido. Esta perspectiva entronca con planteamientos de la estética de la desaparición, planteados, entre otros, por Paul Virilio o Annie Ernaux. De hecho, la muestra toma su título de la novela *Los años*, de Ernaux, y presenta una serie de fotografías que hablan de la desaparición como un ente ontológico propio de la imagen.

This exhibition project is presented as an examination of images as a hybrid, fluid device. This perspective dovetails with approaches from the aesthetics of disappearance suggested by figures like Paul Virilio and Annie Ernaux. In fact, the show gets its title from Ernaux's novel *The Years* and presents a series of photographs that talk about disappearance as an ontological feature of images.

Autores
Achim Boers, Alejandra Nowiczewski, Alexandra Karam, Alva Martín, Jesús Umbría y Miguel Gamart

Galería Nueva Atocha
galerianueva.com

Comisaria
Semíramis González

Tiramira

El tema central de esta exposición es el paisaje mexicano desde la óptica urbana, natural y conceptual. La muestra reúne heliograbados, cianotipias y otras técnicas analógicas realizadas por artistas mexicanos de amplia trayectoria. Cada una de estas obras está intervenida por artistas residentes en España como son Susana Ragel, Juan Ugalde, Daniel Silvo, Yola Balanga, Sandra Mazoy, Pedro Alonso y Annuska Angulo, que han modificado las obras de sus pares mexicanos.

The central theme of this exhibition is the Mexican landscape from an urban, natural and conceptual perspective. The exhibition brings together heliogravures, cyanotypes and other analogical techniques made by Mexican artists of wide trajectory. Each of these works is intervened by artists living in Spain such as Susana Ragel, Juan Ugalde, Daniel Silvo, Yola Balanga, Sandra Mazoy, Pedro Alonso and Annuska Angulo, who have modified the works of their Mexican counterparts.

Autoras
Roberto Vázquez, Alfredo De Stefano, Miho Hagino, Daniel N. Jonhson, Fabián Cordero, Cecilia Rodarte, Serge Barbeau, Adam Wiseman, Santiago Barreiro y Mike Gómez

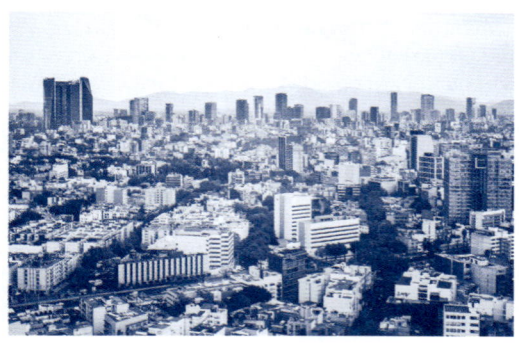

Roberto Vázquez
CDMX, sin fechar
© ROBERTO VÁZQUEZ

 Galería Nueva Las Letras
galerianueva.com

Comisaria
Mariví Pascual

Organiza
Z Club (ciudad de México)

Los Doscientos

La editorial Los Doscientos combina arte y literatura, publicando libros limitados a 200 ejemplares, cada uno acompañado de una obra de arte original. Las publicaciones se enfocan en dos líneas editoriales: artistas contemporáneos y fotografía popular. Desde su creación, han lanzado cuarenta libros, además de dos ediciones especiales sobre el trabajo de Bernard Plossu y las imágenes de tres fotógrafas españolas de Magnum sobre la Comunidad Valenciana.

The publishing house Los Doscientos combines art and literature and publishes books limited to 200 copies, each accompanied by an original artwork. The publications fall within two editorial lines: contemporary artists and popular photography. Since it was founded, it has launched forty books and two special editions on the work of Bernard Plossu and the images of three Spanish women photographers from Magnum on the Community of Valencia.

Cartel de *Los Doscientos*
Cedido

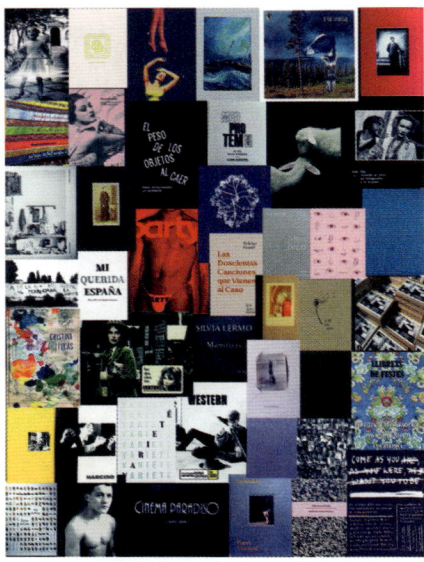

 Garage Bonilla
garagebonilla.com

Comisario
Rafael Doctor Roncero

Graziano Arici
Los rostros del arte

HAVET GALLERY / VELÁZQUEZ, 86A. 28006 MADRID
05.05 – 30.06.2025

En algunos contextos, el retrato fotográfico es una herramienta semiótica muy poderosa de reconocimiento social, generalmente cultivado como una forma de consagración y prestigio.

En esta exposición, las fotografías se presentan como documentos históricos, objetos iconográficos y objetos visuales con individualidad y relevancia propias. De esta manera, cada imagen no solo logra revelar su fuerza visual, su propia historia, sino también la compleja red de acontecimientos históricos, sociales, psicológicos e iconográficos que la sustentan.

In some contexts, photographic portraits are very powerful semiotic tools of social recognition, usually cultivated as a form of glorification and prestige.

In this exhibition, photographs are presented as historical documents, iconographic objects and visual objects with their own individuality and importance. Thus, each image reveals not only its visual power, its own story, but also the complex network of historical, social, psychological and iconographic events underpinning it.

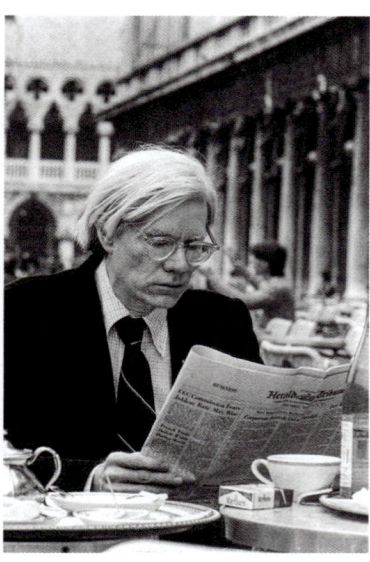

Graziano Arici
Andy Warhol, Biennale Venezia, 1987
© GRAZIANO ARICI

(21) **Havet Gallery**
havet.gallery

Comisaria
Silvia Martín Gutiérrez

202 MADRID. FESTIVAL OFF

Pio Cabanillas y Sandra Zobel
Revenge
IMARA STUDIO / EUGENIO SALAZAR, 25. 28002 MADRID
15.05 – 17.07.2025

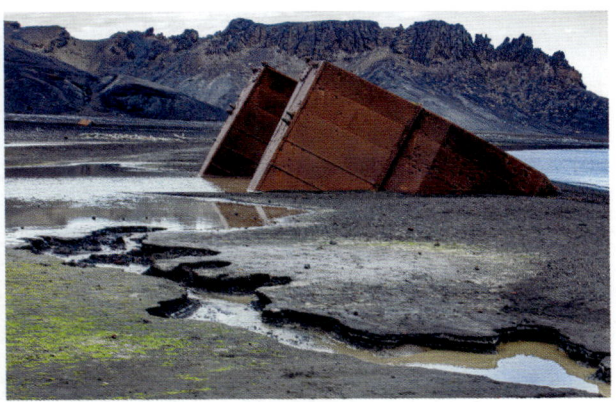

Pío Cabanillas
De la serie *Revenge*, 2025
© PÍO CABANILLAS

Revenge refleja la fuerza de la naturaleza enfrentada a las manipulaciones humanas. Ante cualquier abandono de una creación del hombre, lo natural, lo que ya estaba antes de nuestro paso, recuperará su territorio, borrando cualquier huella que quisimos dejar. Este concepto se inmortaliza a través de la visión de dos fotógrafos, Pío Cabanillas y Sandra Zobel, y sirve como recordatorio de nuestra vulnerabilidad ante la regeneración de la naturaleza.

Revenge reflects the power of nature over human manipulation. Nature, which was there before humans, retakes its territory whenever we abandon a manmade creation, erasing the mark we sought to leave. This concept is immortalised through the vision of two photographers, Pío Cabanillas and Sandra Zobel, and serves as a reminder of our vulnerability to nature's regeneration.

 Imara Studio
imara.studio

Comisaria
Maite Sánchez Urueña

Yonca Karakaş
Exposición conjunta: Atlas of Dreams
ILGAZ YILDIZ GALLERY / VALENCIA 17. 28012 MADRID
22.05 – 28.06.2025

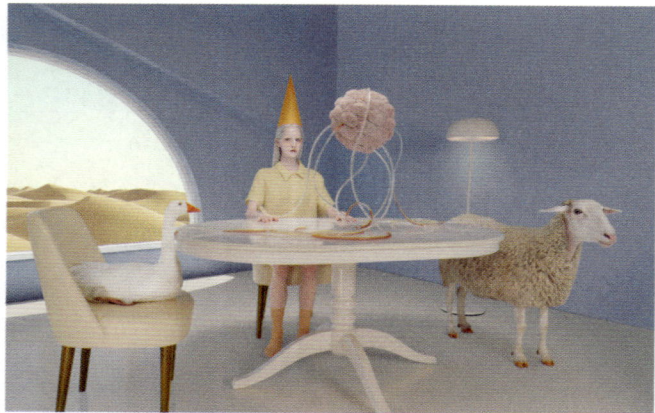

Yonca Karakaş
HOUSE / Holobiont, 2022
© YONCA KARAKAŞ

Yonca Karakaş muestra en sus obras las historias del universo existente en universos alternativos, haciendo referencia a la historia, la religión, la psicología y el lenguaje. Crea una nueva realidad alterando la percepción del espectador sobre la "realidad" mediante el uso de objetos, espacios, situaciones y personajes. Sus fotografías transmiten la búsqueda humana de la perfección y la vida ideal moldeada por la identidad y el sentido de pertenencia.

Yonca Karakaş (b. 1982, Turkey) showcases in her works the stories of the existing universe within alternative universes, referencing history, religion, psychology, and language. She creates a new reality by altering the viewer's perception of 'reality' through the use of objects, spaces, situations, and characters. Her photographs convey the human pursuit of perfection and the ideal life shaped by identity and a sense of belonging.

(23) **Ilgaz Yildiz Gallery**
ilgazyildiz.com

Eva Díez
Colapso
LA GRAN / NICOLÁS MORALES, 38 (1º 8B). 28019 MADRID
29.05 – 05.07.2025

El proyecto de Eva Díez surge desde lo emocional y lo íntimo, para luego expandirse hacia lo universal. Aúna una profunda preocupación por la degradación del entorno, estableciendo un paralelismo con las crisis personales del momento actual. Su proceso creativo se sumerge en la herida del paisaje utilizándola como metáfora de la fragilidad sistémica para reflexionar sobre las posibilidades de regeneración en un mundo marcado por la sobreexplotación y el deterioro.

Eva Díez's project emerges from the emotional and the intimate, and then expands towards the universal. It combines a deep concern about environmental degradation, establishing a parallelism with the personal crises of this times. Her creative process is immersed in the wounded landscape, using it as a metaphor for systemic fragility, to reflect on the possibilities of regeneration in a world marked by overexploitation and deterioration.

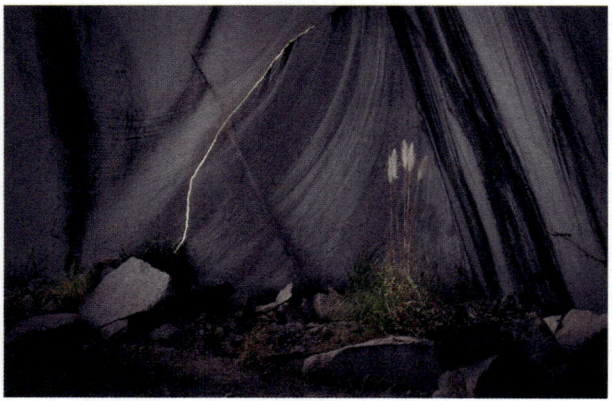

Eva Diez
Fosforescencia 1", 2025
© EVA DÍEZ

 La Gran
lagran.eu

Bárbara Fonte
En el deseo de tragar, hasta la sombra muere
LA OFICINA / MORENÉS ARTEAGA 9, BAJO. 28019 MADRID
17.05 – 19.07.2025

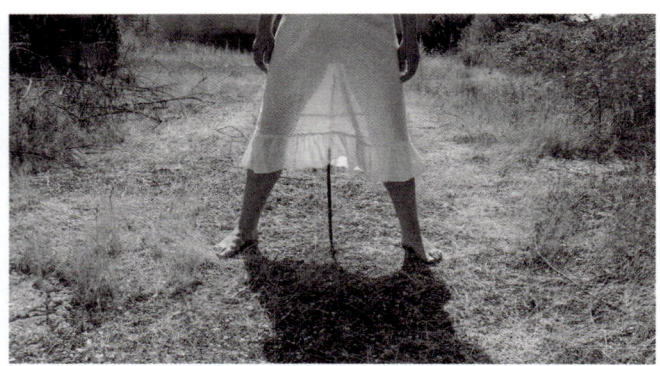

Bárbara Fonte
Reversibilidade (fotograma), 2015
© BÁRBARA FONTE

En la obra de la Bárbara Fonte, su propio cuerpo, presente en una imagen o en la fuerza gestual del dibujo, aparece lleno de reminiscencias histórico-religiosas. Lo sagrado, lo simbólico, lo iconográfico y lo erótico existen a través de un cuerpo-herramienta que, segregado y solitario en un escenario creado en el estudio de la artista, vive y documenta "performances íntimas". Es la primera exposición de la artista en España y cuenta con varios de sus vídeos performáticos, fotografías y algunos dibujos.

In Bárbara Fonte's work, her own body—present either in the image or in the gestural power of drawing—is full of historical-religious reminiscences. The holy, the symbolic, the iconographic and the erotic exist through a body-tool that, segregated and solitary in a setting created in the artist's studio, experiences and documents 'intimate performances'. This is the artist's first exhibition in Spain and include several of her performance videos, photographs and some drawings.

 la_oficina
laoficinagaleria.com

Texto curatorial
Marta Mestre

Lucía Antebi
Eclipse
LE MUR / AMANIEL, 20. 28015 MADRID
29.05 – 12.07.2025

En esta serie, la artista emprende un viaje introspectivo caminando hasta la extenuación en el Parque del Buen Retiro, en busca de un vacío que la conduzca al éxtasis contemplativo. Su exploración, que no plantea preguntas ni ofrece respuestas, evoca la experiencia místico-espiritual del creyente en su encuentro con lo divino, adentrando en una visión, donde lo terrenal y lo celestial se unen en el presente.

In this series, the artist embarks on an introspective journey of walking until exhaustion in Madrid's Parque del Buen Retiro in the quest for an emptiness that leads to contemplative ecstasy. Her exploration, which neither asks questions nor offers answers, evokes the mystical-spiritual experience of believers in their encounter with the divine, immersing viewers in a vision where the earthly and the celestial merge in the present.

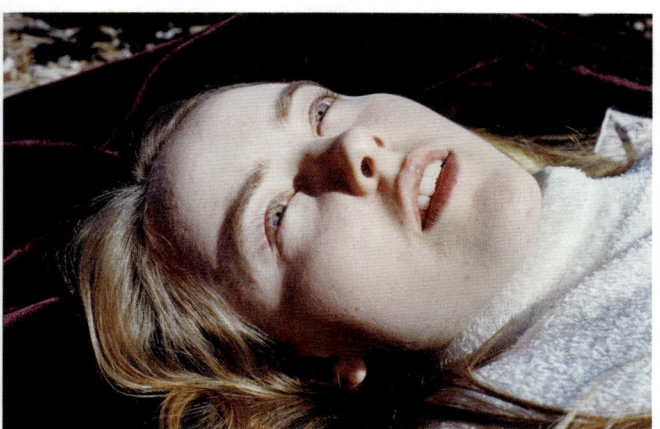

Lucía Antebi
De la serie *Eclipse*, 2018-2020
© LUCÍA ANTEBI

 Le Mur Gallery
lemurgallery.com

Iván Pérez
Interior Europeo

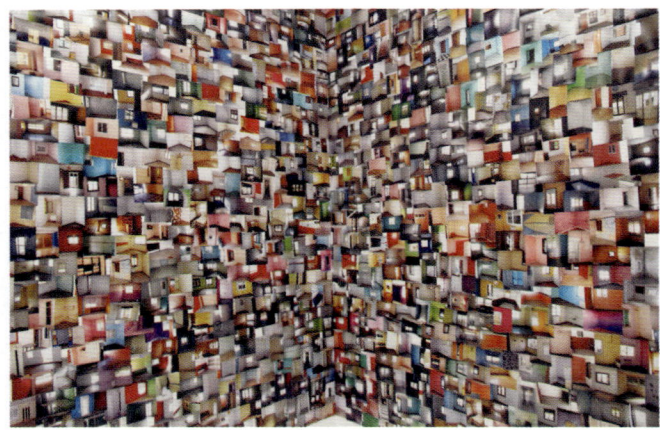

Iván Pérez
Montaje de *Interior Europeo* (detalle), 2024
© IVÁN PÉREZ

Proyecto fotográfico que recoge una selección de 3000 fotografías, recuperadas de la principal plataforma online dedicada a la venta de los activos "residuales" de la burbuja inmobiliaria. Constituye así un archivo documental único de un momento en el que se ejecutaban en España una media de 517 desahucios diarios (datos del Consejo General del Poder Judicial, 2012).

This photographic project encompasses a selection of 3,000 photographs recovered from the main online platform which sold 'residual' assets from the real-estate bubble. It is a unique document archive of a time when an average of 517 evictions were performed in Spain every day (according General Council of the Judicial Branch, 2012).

(27) **Luis Burgos Galería de Arte**
art20xx.com

Pedro Giménez
Fashion Victim
MALVIN GALLERY / ALMADÉN, 13. 28014 MADRID
29.05 – 29.06.2025

Este proyecto fotográfico reflexiona sobre la espiral de consumo en la que estamos inmersos en el mundo actual: creación y desaparición. A través de la técnica del quimigrama, Pedro Giménez fusiona fotografía y pintura, experimentación química y representación humana, para crear una metáfora visual sobre el precio de la imagen, el impacto de la moda en la identidad y la manera en que nos convertimos en víctimas de lo que consumimos.

This photographic project reflects on the spiral of consumerism in which we are immersed in the world today: creation and disappearance. Through the technique of the chemigram, Pedro Giménez merges photography and painting, chemical experimentation and human representation to create a visual metaphor of the price of the image, the impact of fashion on identity and the way we become the victims of what we consume.

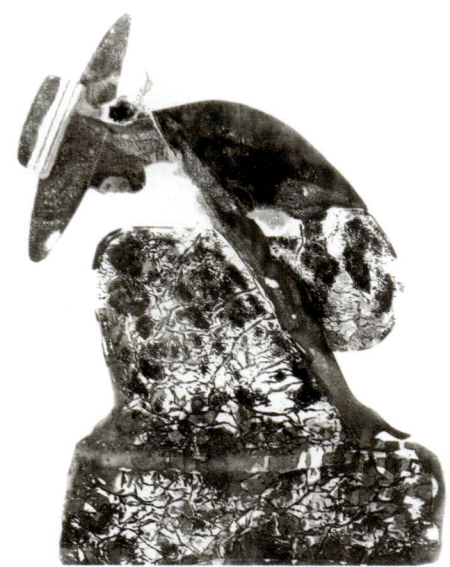

Pedro Giménez
Sin título, 2024
© PEDRO GIMÉNEZ

 Malvin Gallery
@malvingallery

Comisario
José María Díaz-Maroto

Leyla Cárdenas
Revés es ver se

MAX ESTRELLA / SANTO TOMÉ, 6 (PATIO). 28004 MADRID
05.06 – 18.07.2025

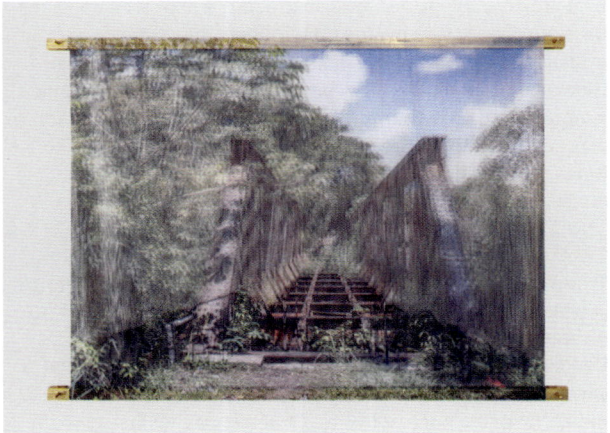

Leyla Cárdenas
Dirección única (seda de
poliéster destramado), 2025
© LEYLA CÁRDENAS

Estamos ante un mundo construido por y para la imagen, con sobredosis de información visual, cuya intepretación cada vez es más compleja. En este contexto la artista colombiana Leyla Cárdenas trata materialmente las imágenes que manipula en sus proyectos. Las fotografías se convierten así en espectros en constante mutación, inestables y desestabilizadas estructuralmente. Los hilos de sus textiles destejidos cargan el revés de la imagen: es imposible el reflejo o la representación.

We are facing a world built by and for images, overwhelmed by visual information, where their interpretation is becoming increasingly complex. It is within this context that Colombian artist Leyla Cárdenas engages materially with the images she manipulates in her projects. The photographs thus become spectres in constant mutation, unstable and structurally destabilized. The threads of her unwoven textiles carry the reverse of the image: reflection or representation becomes impossible.

(29) **Max Estrella**
maxestrella.com

Comisario
Alberto de Juan

Pablo Sola
Angels with dirty faces
MODUS OPERANDI / LOPE DE VEGA, 31. 28014 MADRID
12.06 – 12.07.2025

La obra de Pablo Sola desafía el "crono-capitalismo", presentando la pausa como acto rebelde frente al flujo constante de producción y novedad. Sus fotografías exploran lo abyecto, difuminando las fronteras entre lo bello y lo tenebroso. Los personajes retratados encarnan el inconformismo, como ángeles con caras sucias, sin etiquetas ni géneros. El fotógrafo invita así a cuestionar las jerarquías establecidas, celebrando lo ambivalente en un mundo obsesionado con presentar siempre una mejor versión.

Pablo Sola's work challenges 'chrono-capitalism' by presenting the break as a rebellious act against the constant flow of production and novelty. His photographs explore the abject, blurring the boundaries between the beautiful and the shady. The figures he portrays embody nonconformity, like angels with dirty faces, with neither labels nor genders. The photographer thus invites spectators to question the established hierarchies by celebrating the ambivalent in a world obsessed with always presenting our best version.

Pablo Sola
Ángel, 2024
© PABLO SOLA

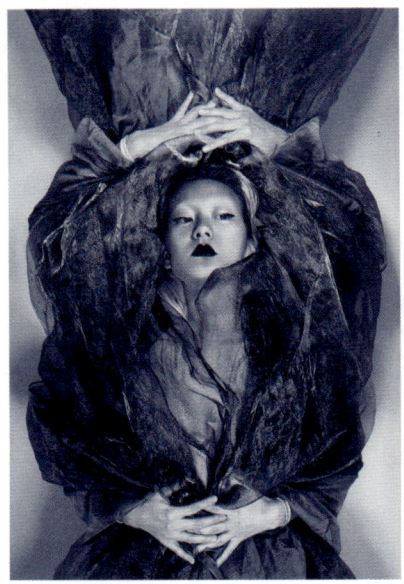

Modus Operandi
artemodusoperandi.com

Comisario
Ricardo Recuero

Manolo Laguillo
1975-2025. Manolo Laguillo
MOISÉS PÉREZ DE ALBÉNIZ / DOCTOR FOURQUET 20, BAJO IZ. 28012 MADRID
24.05 – 15.07.2025

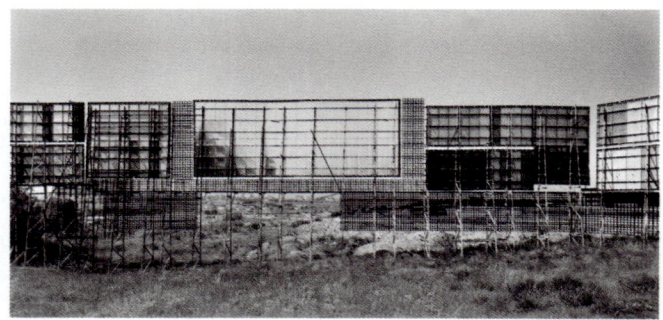

Manolo Laguillo
Las afueras, Madrid, 1992
© MANOLO LAGUILLO

Manolo Laguillo (Madrid, 1953) descubre la fotografía en 1975, en plena transformación política y cultural del país. En una época donde la fotografía de autor buscaba legitimidad, Laguillo documenta la periferia y los cambios urbanos. Su obra, desarrollada a lo largo de 50 años, es un documento lírico que refleja la evolución de la ciudad y la historia reciente de la fotografía creativa en España.

Manolo Laguillo (Madrid, 1953) discovered photography in 1975, in the throes of Spain's political and cultural transformation. At a time when auteur photography was seeking legitimacy, Laguillo documented the periphery and urban changes. His works, which span fifty years, are a lyrical document reflecting the evolution of the city and the recent history of creative photography in Spain.

(31) **MPA _ Galería Moisés Pérez
de Albéniz**
galeriampa.com

Chen Qiulin, Marine Lanier y Fernanda del Barrio
El Dorado

MONTE ESQUINZA 36 / MONTE ESQUINZA, 36. 28010 MADRID
22.05 – 22.09.2025

La muestra se articula en torno al arte de acción, donde el cuerpo narra la búsqueda de una tierra prometida. Reúne a tres artistas de tres continentes: la mexicana Fernanda del Barrio transforma su cuerpo para dar forma al vacío y a la distancia; la francesa Marine Lanier crea una fábula documental en paisajes inhóspitos; y Chen Qiulin resignifica los paisajes desaparecidos de su China natal.

This exhibition revolves around action art, where the body tells the story of a quest for a promised land. It brings together three artists from three different continents: Mexican artist Fernanda del Barrio uses her body to give form to absence and distance; French artist Marine Lanier creates a documentary fable in inhospitable landscapes; and Chen Qiulin reinterprets the vanished landscapes of her native China.

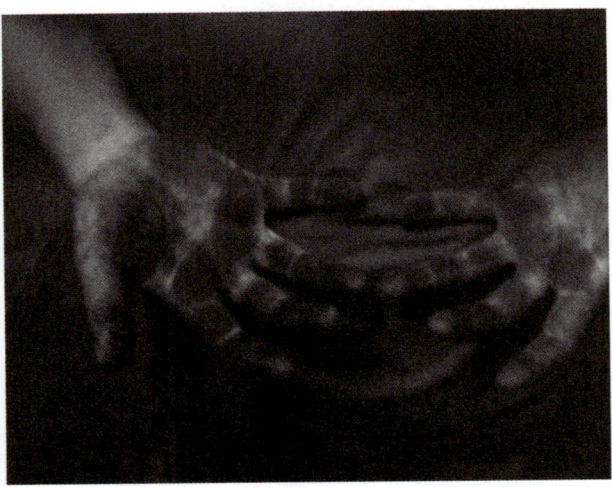

Marine Lanier
Les mains noires, 2018
© MARINE LANIER

Monte Esquinza 36
@monteesquinza36

Comisarias
Karen García
y Juliette Deschamps

Catara Rego
Inventario de geometría continua

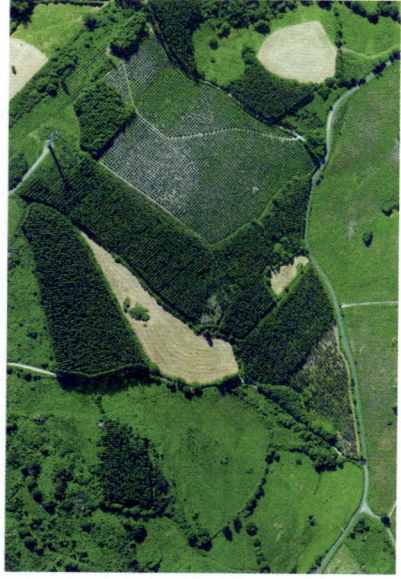

Catara Rego
De la serie *Inventario de geometría continua*, 2024
© CATARA REGO

La autora aborda el paisaje con una actitud beligerante ante la explotación del territorio, enfocándose en la erosión y el extractivismo. Su visión vincula la protección del ecosistema con la identidad y el sentimiento de pertenencia. Busca atraer la mirada hacia un discurso narrativo y expositivo, combinando lo documental y lo visual. Su relato trasciende la estética de lo bello, revelando una problemática real en el paisaje gallego.

The author examines the landscape with a belligerent attitude towards the exploitation of the territory, focusing on erosion and extractivism. Her vision connects ecosystem protection with identity and the sense of belonging. She seeks to attract the gaze towards a narrative, expository discourse combining the documentary and the visual. Her story transcends the aesthetics of the beautiful to reveal a real problem in the Galician landscape.

 NAVEL / Centro de creación contemporánea
navelart.es

Comisaria
Laura Darriba

Clemente Delgado
Instalaciones inconscientes
ORFILA / ORFILA, 3. 28010 MADRID
29.05 – 18.06.2025

Clemente Delgado busca con esta exposición encontrar nuevas formas de paisaje: escoge formas y composiciones que transcienden las intenciones de sus constructores y que, inicialmente, pasan desapercibidas al ojo del espectador. Cada fotografía es una obra de "Land-Art encontrada", es decir, creada en la mente, en los paseos del autor por el territorio, dotando así de dimensión cultural al *l'objet trouvé*.

With this exhibition, Clemente Delgado tries to find new forms of landscape: he chooses forms and compositions that transcend their builders' initial intentions and initially go unnoticed to the spectator's eye. Each photograph is a work of 'found land art', that is, created in the mind, in the author's travels around the territory, thus conferring a cultural dimension on *l'objet trouvé*.

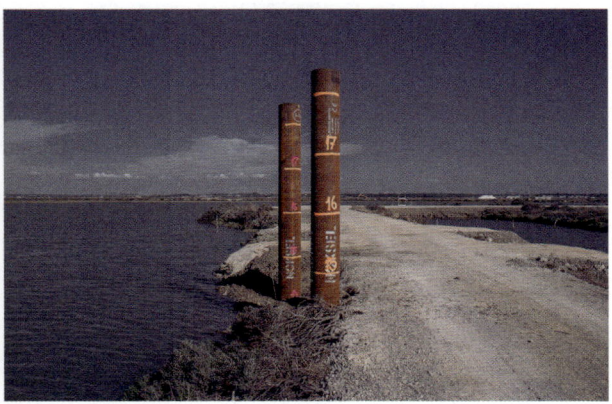

Clemente Delgado
Dos apoyos para un puente, 2021
© CLEMENTE DELGADO

Galería de Arte Orfila
galeriaorfila.com

(34)

Roberto Huarcaya
Ver por Contacto

PONCE+ROBLES / ALAMEDA, 5. 28014 MADRID
29.05 – 18.07.2025

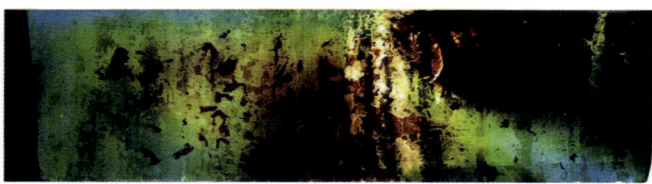

Roberto Huarcaya
Mar y basura, sin fechar
© ROBERTO HUARCAYA

La exposición presenta imágenes fruto de una década de investigación y experimentación visual sobre el territorio, a través del fotograma monumental como herramienta para una nueva narrativa. Este trabajo rompe así con la tradición fotográfica, desplazando la construcción de la imagen hacia otros sentidos, como el tacto.

El fotograma monumental se inserta en la naturaleza, transformando el proceso fotográfico en una intersección entre *Land Art*, performance y fotografía.

Además, se presentarán una serie de imágenes inéditas de formato pequeño y mediano, realizadas en el mismo periodo de tiempo en los mismos territorios, con una diversidad de técnicas experimentales variables.

This exhibition presents images resulting from a decade of investigation and visual experimentation on the territory through the monumental still as a tool for a new narrative. This work thus breaks from the photographic tradition by displacing the construction of the image to other senses, such as touch.

The monumental still is inserted in nature, transforming the photographic process into an intersection of Land Art, performance and photography.

A series of unpublished images taken in the same period of time in the same territories in a small and medium format, with a diversity of variable experimental techniques, will be presented.

(35) **Ponce+Robles**
poncerobles.com

Cristóbal Benavente
A.Z.C.A

A.Z.C.A. se plantea como un retablo capitalista: el proyecto desarrollado en el centro financiero de Madrid se erige en un montaje apabullante, donde la arquitectura cae encima al espectador. En su disposición, el recorrido comienza con los emblemáticos rascacielos, avanza hacia la zona central y culmina en la parte inferior con los conocidos como "bajos de AZCA", rompiendo así la bidimensionalidad característica de la fotografía y dotando de espacialidad a la propuesta.

A.Z.C.A. is designed as a capitalist tableau: the project developed in Madrid's financial centre is like an outrageous assemblage where the architecture falls on the spectator's head. The journey through the show begins with the emblematic skyscrapers, works towards the central area and concludes in the lower part with what are known as the 'Bajos de AZCA' (underground levels), thus thwarting photography's characteristic two-dimensionality and endowing it with spatiality.

Cristóbal Benavente
De la serie *A.Z.C.A.*, 2024
© CRISTÓBAL BENAVENTE

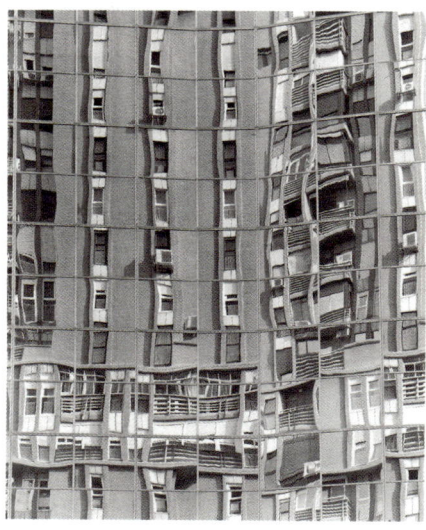

 Sales de Plata
salesdeplata.com

Comisaria
Yolanda Reyes

Catarina Botelho
Materia vibrante

Inspirada en la teoría de la "materia vibrante" de Jane Bennett, la exposición explora la idea de que los materiales no son meros contenedores pasivos de experiencias, sino entidades activas, portadores de historias. La artista parte de esta noción para reflexionar sobre cómo los cuerpos invisibilizados, como los cuerpos lésbicos, siguen vibrando e inscribiéndose silenciosamente en el tejido del espacio y el tiempo.

Inspired by Jane Bennett's theory of 'vibrant matter', this exhibition explores the idea that materials are not merely passive containers of experiences but active entities, the bearers of stories. The artist starts with this notion to reflect on how bodies rendered invisible, like lesbian bodies, continue to vibrate and are silently etched on the fabric of space and time.

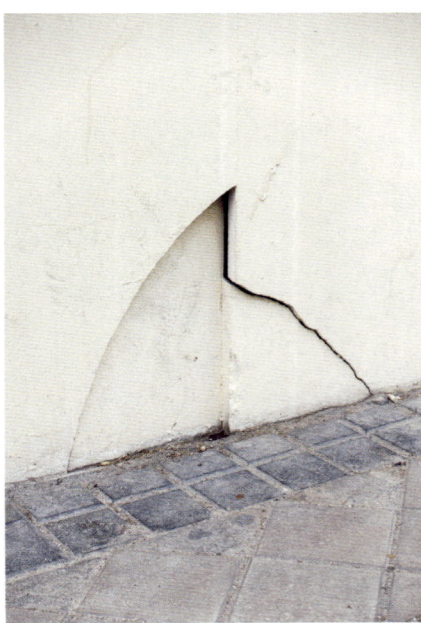

Catarina Botelho
Fotografía #1, de la serie
Matéria Vibrante, 2024
© CATARINA BOTELHO

(37) **Galería silvestre**
galeriasilvestre.com

Resistencia en la memoria: Visiones de Sudán

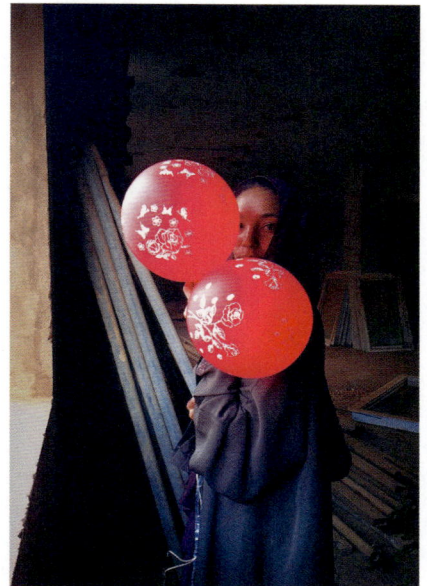

Shaima Merghani
De la serie *Aferrarse
a los sueños*, 2024
© SHAIMA MERGHANI

Exposición colectiva de nueve fotógrafos sudaneses, cuatro de ellos aún en el país. La mal llamada guerra civil en Sudán, país de continuos golpes de Estado ante la mirada cada vez más recelosa de su pueblo, ha implantado el actual reino de la memoria. La resistencia bebe del recuerdo de un pasado prometedor por el que clamaron hombres y, sobre todo, mujeres en 2019, defendiendo un futuro que nunca llegó.

This is a collective exhibition of nine Sudanese photographers, four of them still in the country. The misnamed Civil War in Sudan, a country suffering from constant coups d'état before the increasingly mistrustful eyes of its people, created the current kingdom of memory. The resistance draws from the recollection of a promising past called for by men and, especially, women in 2019, who were defending a future that never came.

Galería Sura
galeriasura.com

Comisaria
Edith Arance

Rania Mattar, Morganna Magee, Alessandro Cinque
y Saidou Dicko
FOUR CHAPTERS
TAMARA KREISLER GALLERY / HERMANOS ÁLVAREZ QUINTERO, 6. 28004 MADRID
07.06 – 19.07.2025

Esta exposición colectiva presenta a cuatro fotógrafos, cada
uno con una voz artística única. Mattar retrata la fragilidad de
la identidad y la resiliencia en tiempos de cambio a través de
retratos femeninos. Magee explora la interconexión entre los seres
humanos y la naturaleza. Dicko utiliza su técnica característica de
siluetas para abordar temas de memoria, ausencia y supervivencia
en África. Cinque documenta la coexistencia de las comunidades
indígenas con sus realidades contemporáneas.

This group exhibition presents four photographers, each with
a unique artistic voice. Rania Mattar portrays the fragility of
identity and resilience in times of change with portraits of women.
Morganna Magee explores the interconnection of human beings
and nature. Saïdou Dicko uses his characteristic silhouette
technique to address issues like memory, absence and survival
in Africa. Alessandro Cinque documents indigenous communities'
coexistence with their contemporary realities.

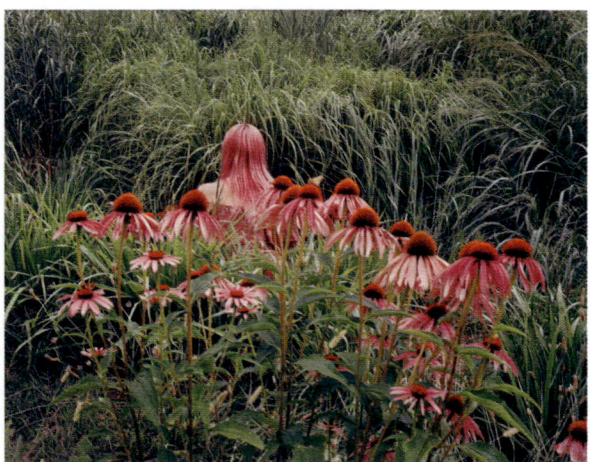

Rania Mattar
Ciearra, Winston-Salem, 2018
© RANIA MATTAR

 TAMARA KREISLER Gallery
tamarakreislergallery.com

Comisario
Nick Brandt

El eco de los pasos

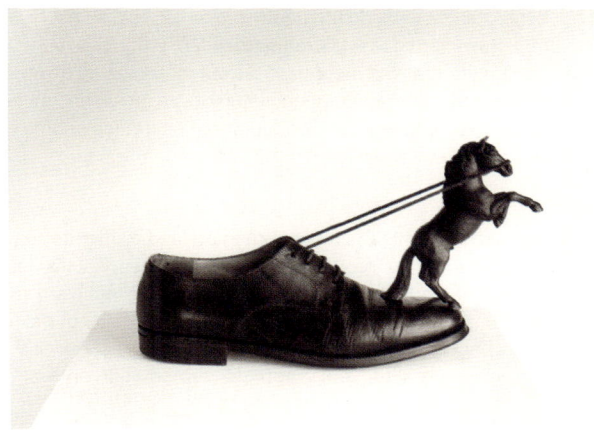

Chema Madoz
Sin título, 2014
© CHEMA MADOZ

Exposición colectiva sobre el zapato, ese objeto de apariencia insignificante, pero cargado de significado. Desde la intimidad de un interior burgués a la violencia del campo de batalla, pasando por la erotización del tacón femenino, el zapato despliega ante nosotros su capacidad simbólica y documental. Los pasos de cada una de las 50 fotografías de la muestra atraviesan más de 50 años y nos llegan como ecos cargados de historias.

A group exhibition about the shoe—an apparently insignificant object, yet one laden with meaning. From the intimacy of a bourgeois interior to the violence of the battlefield, and through the eroticization of the female heel, the shoe reveals its symbolic and documentary power. The footsteps captured in each of the 50 photographs in the exhibition span more than 50 years, reaching us like echoes filled with stories.

 Twin Gallery
twingallery.es

Comisario
Sean Mackaoui

Nobuyoshi Araki
Araki Polaroids

VILLAZAN / JUSTINIANO 9. 28004 MADRID
22.05 – 28.06.2025

Araki Polaroids presenta el lado más inmediato y transgresor de Nobuyoshi Araki a través de un medio que encapsula su esencia: la polaroid. Sus imágenes exploran sexualidad, fetichismo y deseo con una teatralidad inconfundible. La materialidad de la polaroid refuerza su carácter efímero y único. La muestra incluye, además, una videoproyección y documentación gráfica sobre su trayectoria y su impacto en la fotografía contemporánea.

Araki Polaroids presents the more immediate and transgressive side of Nobuyoshi Araki through a medium that encapsulates his essence: the Polaroid. His images explore sexuality, fetishism and desire with an unmistakable theatricality. The materiality of the Polaroid enhances its ephemeral, unique nature. The show also includes a video screening and graphic documentation on Araki's career and his impact on contemporary photography.

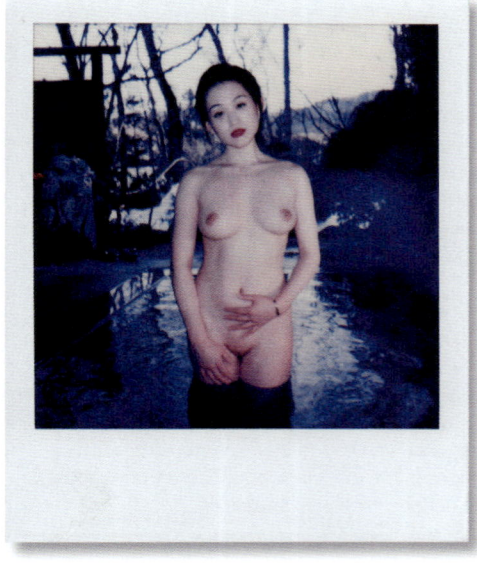

Araki
Sin título, sin fechar
© ARAKI

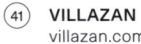

(41) **VILLAZAN**
villazan.com

Comisario
Pablo Villazán

MADRID. FESTIVAL OFF

Rafael Cauduro
Detrás del mural

YURI LÓPEZ KULLINS / SANTA BRÍGIDA, 23. 28004 MADRID
29.04 -31.05.2025

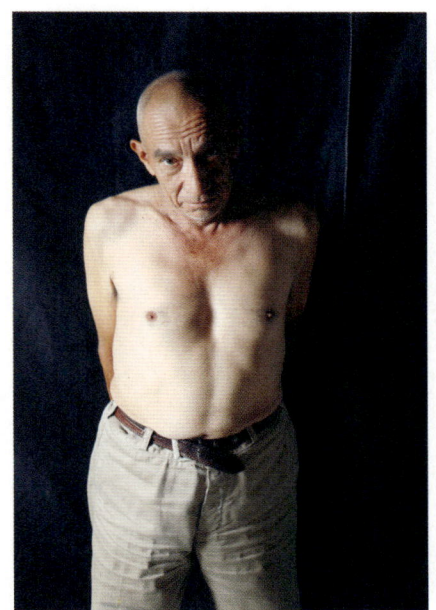

Rafael Cauduro
Archivo muerto 3, 2008
© RAFAEL CAUDURO

Esta exposición recoge el proceso creativo del artista mexicano Rafael Cauduro al realizar los murales en la Suprema Corte de Justicia de la Nación, en México. A través de imágenes, bocetos y fragmentos de mural, se revela la inspiración y la reflexión del autor sobre la justicia y la ley, sobre los desafíos y responsabilidades de la institución en la prevención de injusticias.

This exhibition captures the creative process of the Mexican artist Rafael Cauduro when he made the murals on the Supreme Court of Justice of the Nation in Mexico. The images, sketches and mural fragments reveal the author's inspiration and reflection on justice and the law, on the institution's challenges and responsibilities in preventing injustice.

 Galería Yuri López Kullins
yurilopezkullins.com

Comisaria
Yuri López Kullins

Otras ciudades

Alcalá de Henares

Barcelona

Santander

Santillana del Mar (Cantabria)

Segovia

Toro (Zamora)

València

Zaragoza

Afterwork

ANTIGUO HOSPITAL DE SANTA MARÍA LA RICA
12.06 – 21.09.2025

"La vida es lo que hacemos de ella. Los viajes son los viajeros. Lo que vemos no es lo que vemos, sino lo que somos". Esta declaración, casi un manifiesto, incluido en el *Libro del desasosiego* de Fernando Pessoa es la hoja de ruta no consensuada que comparten los artistas que integran esta exposición.

El viaje, más su anhelo que su consecución, ha sido motor de arranque para el proceso creativo de fotógrafos desde los orígenes de esta disciplina. Proyectar un viaje es, para un fotógrafo, escoger un territorio donde liberar las inquietudes y obsesiones que permanecían en cautiverio en su residencia habitual. Lo que para el resto de la población representa una desconexión, una forma de olvidar transitoriamente las obligaciones y responsabilidades del trabajo y la rutina, para el colectivo de los creadores de imágenes se plantea como la oportunidad de renovar un compromiso personal con la esencia de su oficio: moverse para mirar, desplazarse para fotografiar.

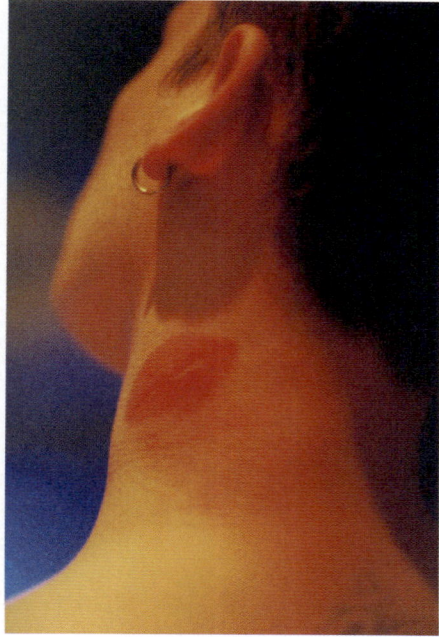

Rocío Aguirre
Mateo, beso, del libro
Rocío, 2008-2022
© ROCÍO AGUIRRE

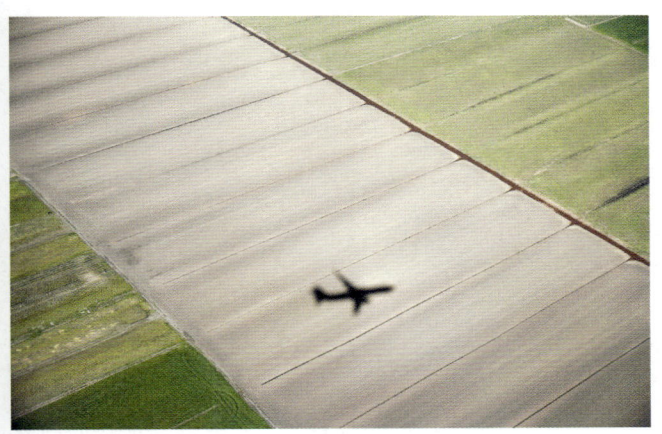

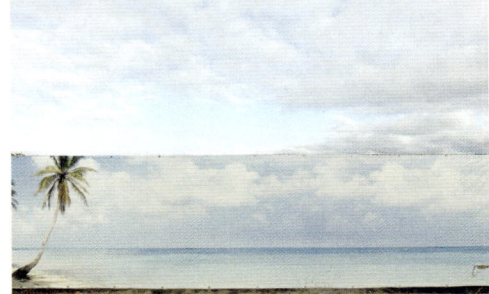

Eduardo Nave
Sin título, de la serie
Like, 2003-2018
© EDUARDO NAVE

Jordi Bernadó
Golden Beach, Florida,
de la serie *Writing West*,
2020
© JORDI BERNADÓ

Esta exposición indaga la relación entre el viaje y los fotógrafos y, más específicamente, en el contraste paradójico entre el empleo del tiempo de ocio y la necesidad compulsiva de seguir produciendo imágenes no precisamente casuales o improvisadas. Más de 100 obras realizadas por 24 fotógrafos se despliegan a lo largo de los seis capítulos veraniegos que componen esta muestra: *El viaje*, *Paisajes de tránsito*, *Familia y otros animales*, *Estados de excepción*, *Final de verano* y *Reel*.

El resultado es una odisea colectiva de imágenes que los fotógrafos han tomado en una fértil soledad. Un periplo que se condensa, de nuevo, en la agitada revelación de Pessoa: "De cualquier viaje, por breve que sea, regreso como de un sueño lleno de sueños".

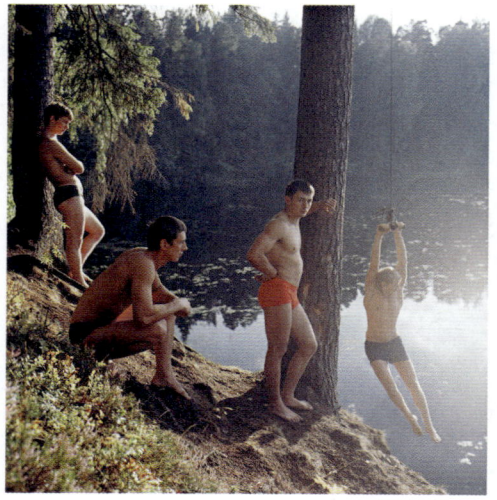
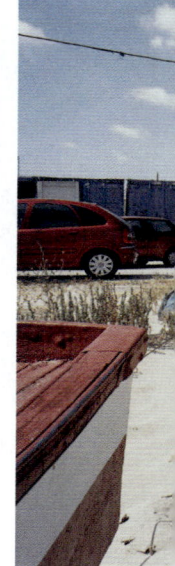

Valery Katsuba
*Saltando de una cuerda en el río
Oredezh*, de la serie *Phiscultura*, 2006
© VALERY KATSUBA

"Life is what we make of it. Travel is the traveller. What we see isn't what we see but what we are." These statement—almost a manifesto—from Fernando Pessoa's *The Book of Disquiet* is the nonconsensual roadmap shared by the artists involved in this exhibition.

Travel—more the yearning for it than the actual act—has been the engine driving the creative processes of photographers since this discipline emerged. For a photographer, planning a trip means choosing a place where the concerns and obsessions that remain caged up in their usual home can be released. What seems like a way to disconnect for the rest of the population, a way of temporarily forgetting the obligations and responsibilities of work and routine, is viewed differently by image creators: as an opportunity to renew a personal commitment to the essence of their work, journeying to see, travelling to photograph.

This exhibition inquires into the relationship between travel and photographers, more specifically the paradoxical contrast between the use of leisure time and the compulsive need to keep producing images that are not just coincidental or improvised. More than one hundred works made by twenty-four photographers are displayed throughout six summery chapters that comprise this show: *Travel, Transitional Landscapes, Family and Other Animals, States of Exception, End of Summer* and *Reel.*

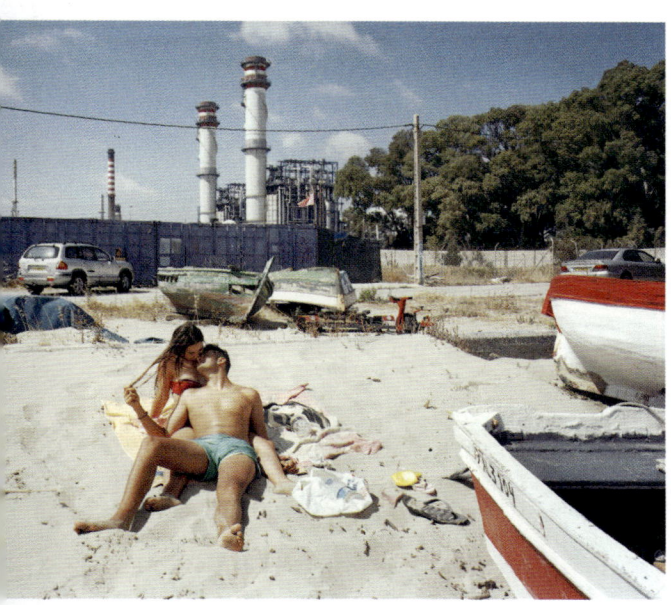

Txema Salvans
Cartagena, de la serie *Perfect Day*,
2005-2013
© TXEMA SALVANS

The outcome is a collective odyssey of images that the photographers have taken in fertile solitude, a journey that is once again condensed in Pessoa's agitated revelation: 'I return from any journey, no matter how brief it is, like from a dream filled with dreams'.

**Antiguo Hospital
de Santa María la Rica**
Sala Antonio López
Santa María la Rica, 3
28801 Alcalá de Henares
Lunes cerrado
Cerrado del 04 al 20 de agosto
culturalcala.es

Autores
Alejandra Carles-Tolra, Ana Maisonave, Bernardita Morello, Carmenchu Alemán, Cristobal Hará, David Salcedo, Eduardo Nave, Israel Ariño, Javier Izquierdo, Jerónimo Álvarez, Jordi Bernadó, Jorge Fuembuena, Juan Millás, Juan Valbuena, Juanan Requena, Laura C. Vela, Manuel Sonseca, María Sánchez, Navia, Rocío Aguirre, Sergio Belinchón, Sonsoles Calzado, Txema Salvans, Valery Katsuba, Patricia Andrés, Fernando Vílchez

Comisario
Matías Costa

Organiza
Ayuntamiento de Alcalá
de Henares y PHotoESPAÑA

Masterclasses con el comisario
19.06 y 11.09.2025
Más info en phe.es

Laura San Segundo
Un mundo lleno de formas

ANTIGUO HOSPITAL DE SANTA MARÍA LA RICA
24.04 – 08.06.2025

Más allá del valor documental de la fotografía o de su poder para construir y transmitir historias, Laura San Segundo (Alcalá de Henares, 1990) explora la capacidad de reflexión e ilusión de la imagen fotográfica. Lo hace a través de una metodología lúdica e intuitiva, definida por un uso particular de la luz y el color y, sobre todo, por la manera en que conecta imágenes de distinta naturaleza.

El punto de partida de esta exposición es su proyecto *El recinto circular*, inspirado en un breve cuento de Borges que le sirve para reflexionar acerca de los pensamientos inconscientes. Le sigue la serie *One can only give examples of it*, centrada en lo "infraleve", un neologismo sin definición que solo puede comprenderse a través de ejemplos. Y concluye con su trabajo más reciente, *Las hijas de Minerva*, investigación junto a Alejandría Cinque en torno a la sala de billar del Museo Nacional del Romanticismo.

Beyond photography's documentary value or ability to construct and convey stories, Laura San Segundo (Alcalá de Henares, 1990) explores the photographic image's capacity for reflection and illusion using a playful, intuitive methodology defined by a particular use of light and colour, and especially by the way she connects different types of images.

The starting point of this exhibition is her project *The Circular Enclosure*, inspired by a Borges short story that she uses to reflect on unconscious thoughts. It is followed by series entitled *One Can Only Give Examples of It*, focused on 'infralight', a neologism with no definition that can only be grasped through examples. It concludes with her most recent work, *Minerva's Daughters*, an inquiry with Alejandría Cinque into the billiards room of the National Museum of Romanticism.

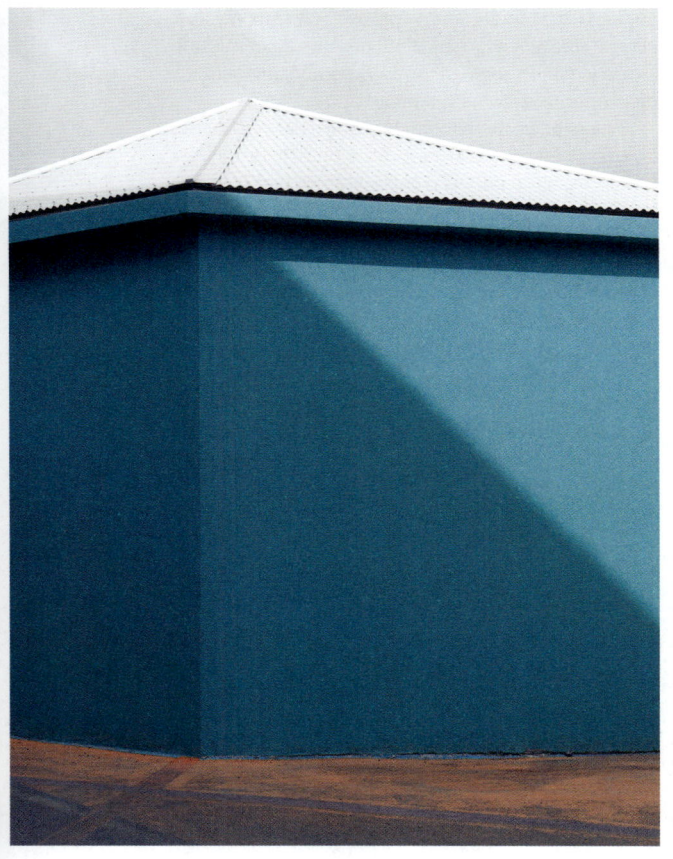

LAURA SAN SEGUNDO
Un mundo lleno de formas, 2025
© LAURA SAN SEGUNDO

**Antiguo Hospital
de Santa María la Rica**
Sala Antonio López
Santa María la Rica, 3
28801 Alcalá de Henares
Lunes cerrado
culturalcala.es

Organiza
Ayuntamiento de Alcalá
de Henares

Edward Weston

KBr FUNDACIÓN MAPFRE, BARCELONA
12.06 – 31.08.2025

Fuertemente vinculada al paisaje y a la historia cultural norteamericana, la obra de Edward Weston (Illinois, 1886-California, 1958) permite discernir una perspectiva única en el proceso de consolidación de la fotografía como medio artístico.

Esta exposición antológica recorre las distintas fases de la producción fotográfica del artista, desde su interés inicial por los planteamientos pictorialistas, hasta su consolidación como una de las figuras centrales en la afirmación del valor poético y especulativo de la fotografía directa. Pionero en el uso de un estilo fotográfico modernista, su trabajo se caracteriza por el uso de cámara de gran formato. Su dominio de la técnica, junto con su amor por la naturaleza y la forma, dieron lugar al desarrollo de un trabajo en el que destacan icónicas imágenes, fundamentales para comprender la nueva estética y el nuevo estilo de vida americano que surge en el Estados Unidos de entreguerras.

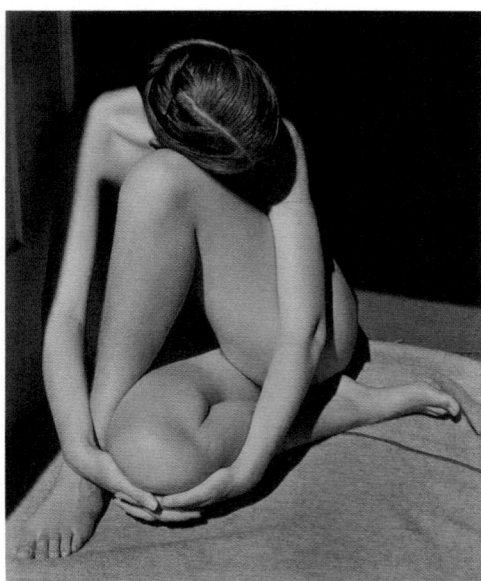

Edward Weston
Nude, 1936
© EDWARD WESTON

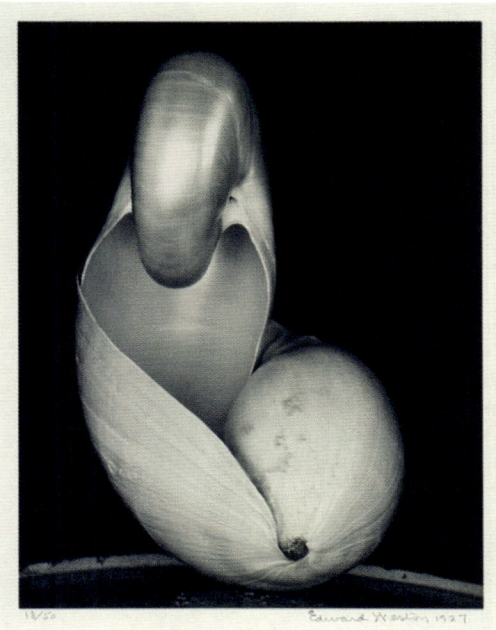

Edward Weston
Two Shells, 1927
© EDWARD WESTON

Strongly associated with the US landscape and cultural history, the works of Edward Weston (Illinois, 1886–California, 1958) provide a unique perspective on the consolidation of photography as an artistic medium.

This anthological exhibition surveys the different phases of the artist's photographic output, from his initial interest in pictorialist approaches to when he became one of the core figures in the assertion of the poetic and speculative value of direct photography. A pioneer in the use of the modernist photographic style, his work is characterised by the use of large-format cameras. His mastery of technique along with his love of nature and form led to the development of an oeuvre which features iconic images that are essential in understanding the new aesthetic and the new US American lifestyle that was emerging in the United States between the World Wars.

KBr Fundación MAPFRE, Barcelona
Avenida Litoral, 30
08005 Barcelona
Lunes cerrado
kbr.fundacionmapfre.org

Comisario
Sérgio Mah

Organiza
Fundación MAPFRE con el apoyo del Center for Creative Photography de la Universidad de Arizona, Tucson

BARCELONA

Joan Andreu Puig Farran
La década convulsa (1929-1939)

KBr FUNDACIÓN MAPFRE, BARCELONA
12.06 – 31.08.2025

Reportero gráfico de la prensa diaria desde 1929,
Joan Andreu Puig Farran (Lleida, 1904-Barcelona,
1982) trabajó durante la República para periódicos
como *La humanitat*, *Esplai*, *El Matí*, *L'Opinió* o
La Vanguardia. Con el estallido de la guerra se
desplaza a los frentes de Aragón y Mallorca. En
1939 se exilia en Francia, de donde regresa a
Barcelona en 1945. Como entonces no puede
retomar su labor como fotoperiodista, se dedica
a la fotografía industrial y turística y se asocia con
su amigo Antoni Campañà, con quien crea el sello
de postales CYP.
  Puig Farran no llegó nunca a presentar sus
fotografías en una exposición. Esta muestra
recupera su trabajo en unos años de intensa
agitación social, política y civil a través de un
amplio número de copias originales de época
procedentes del archivo del diario *La Vanguardia*.

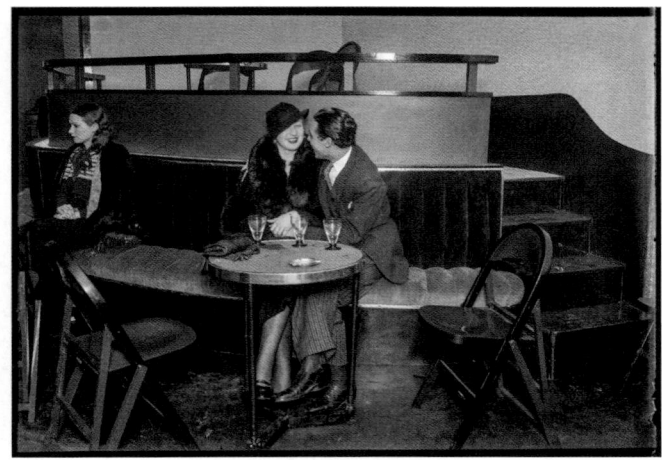

Joan Andreu Puig Farran
Una pareja en un bar de Barcelona, 1931-1936
© ARXIU FOTOGRÀFIC DE BARCELONA / ARCHIVO
DE LA FAMILIA PUIG FARRAN

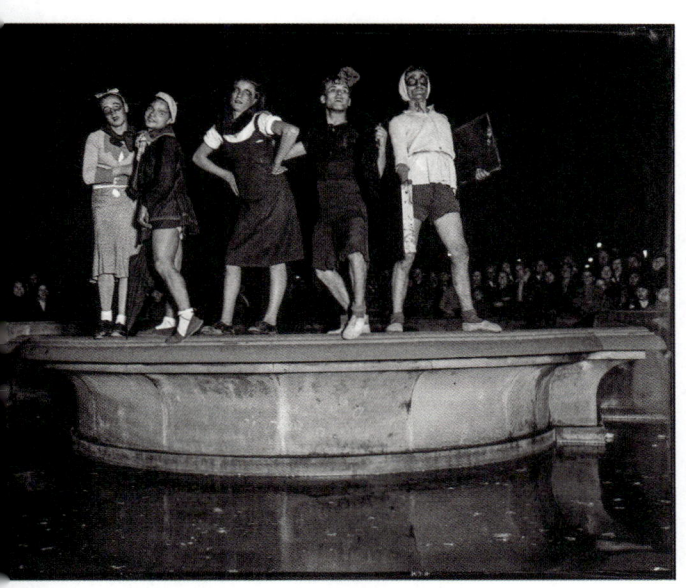

Joan Andreu Puig Farran
Hombres vestidos de mujer en el Entierro de Carnaval en los Jardines de Salvador Espriu en Barcelona, 1935
© ARXIU FOTOGRÀFIC DE BARCELONA / ARCHIVO DE LA FAMILIA PUIG FARRAN

A graphic reporter in the daily press since 1929, Joan Andreu Puig Farran (Lleida, 1904–Barcelona, 1982) worked for newspapers like *La Humanitat*, *Esplai*, *El Matí*, *L'Opinió* and *La Vanguardia* during the Spanish Republic. When the Civil War broke out, he travelled to the fronts in Aragón and Mallorca. In 1939, he went into exile in France, but he returned to Barcelona in 1945. Because he was unable to resume his work as a photojournalist, he practised industrial and tourist photography and teamed up with his friend Antoni Campañà to create the postcard brand CYP.

Puig Farran never showed his photographs in an exhibition. This show revives his work from years of intense social, political and civil unrest through a large number of original period copies from the *La Vanguardia* newspaper archive.

KBr Fundación MAPFRE, Barcelona
Avenida Litoral, 30
08005 Barcelona
Lunes cerrado
kbr.fundacionmapfre.org

Comisarios
Arnau González Vilalta y Antoni Monné Campañà

Organiza
Fundación MAPFRE

Liborio Porset
Santander 1900-1920

BIBLIOTECA CENTRAL DE CANTABRIA
28.06 – 28.08.2025

En el último tercio del siglo XIX, la burguesía se aficionó a la fotografía, generando nuevos códigos visuales influidos tanto por la estética del cinematógrafo y el incipiente fotoperiodismo como por la fotografía profesional. Los operadores aficionados recreaban, por medio de sus placas, la vida, los usos y costumbres instalados en la regencia de María Cristina y primeros años del reinado de Alfonso XIII.

La fotografía estereoscópica, muy apreciada en la época, consistía en realizar una doble toma mediante una cámara provista de dos objetivos y un solo obturador, de forma que ambas lentes captaban a la vez cualquier imagen, impresionada por separado en dos espacios de la placa negativa. Una vez positivada y copiada en papel o cristal, la imagen debía contemplarse con unos visores especiales que producían en el espectador una impactante sensación de profundidad y tridimensionalidad. En definitiva, el ancestro del 3D.

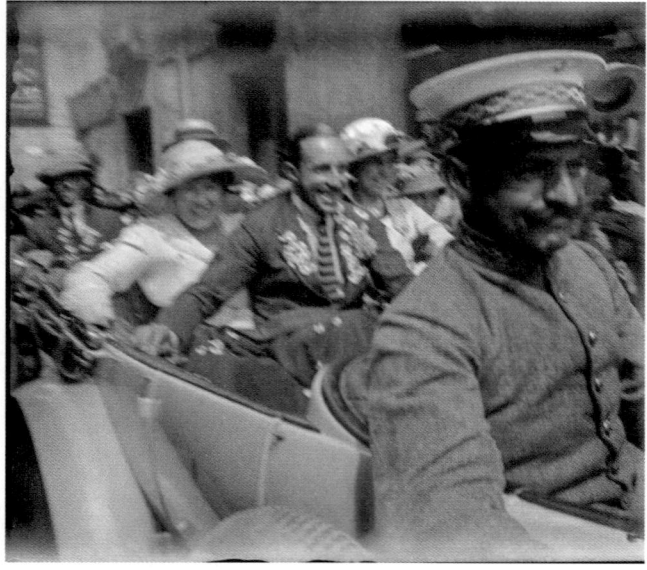

TODAS LAS FOTOS
Liborio Porset
Santander 1900-1920
© ARCHIVO LIBORIO PORSET

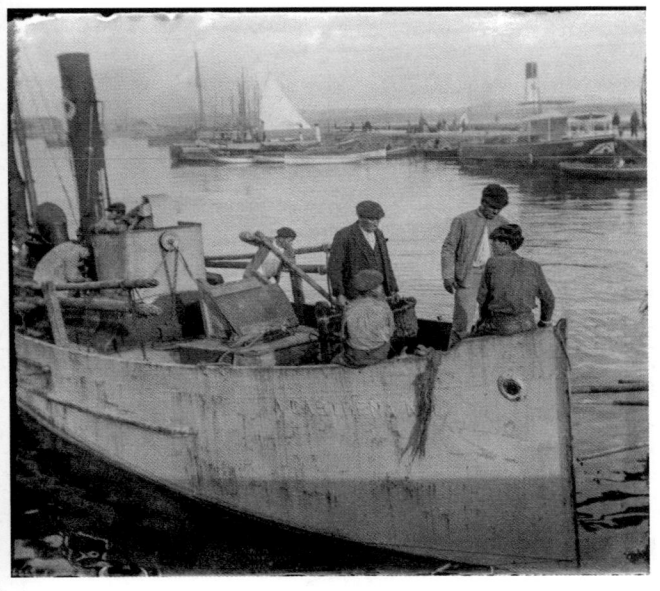

Liborio C. Porset (Bilbao, c. 1850-Madrid, c. 1920) fue un personaje curioso, poeta, corredor de seguros, dueño de una sastrería de renombre en la calle Sevilla de Madrid y estereoscopista aficionado. De clase acomodada, viajaba con frecuencia y veraneaba en Santander, ciudad que inmortalizó a través de cientos de placas tridimensionales inéditas en el primer cuarto del siglo XX.

Esta exposición presenta por primera vez una selección de fotografías realizadas por Porset en Santander, ciudad en la que probablemente veraneó a partir de 1912, al igual que muchos burgueses atraídos por la presencia de la familia real en el Palacio de la Magdalena. Las imágenes que se conservan ofrecen una visión privilegiada de la ciudad, previa al incendio que la arrasó en 1941.

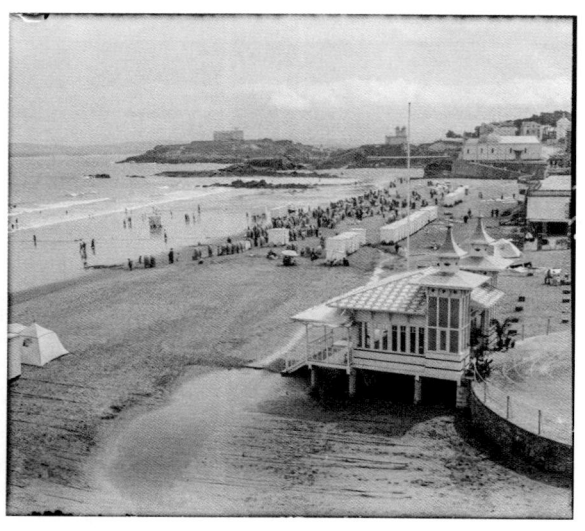

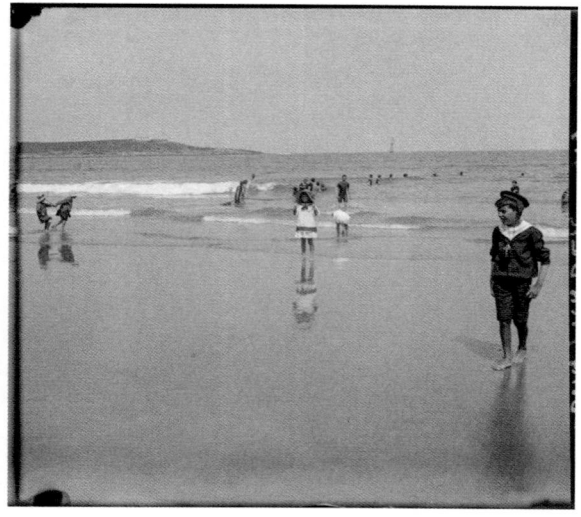

TODAS LAS FOTOS
Liborio Porset
Santander 1900-1920
© ARCHIVO LIBORIO PORSET

In the last third of the nineteenth century, the bourgeoisie took up photography as a hobby and generated new visual codes influenced by cinematographic aesthetics, the burgeoning field of photojournalism and professional photography. Hobbyists used their photographic plates to depict the life, customs and mores that reigned in María Cristina's regency and the early years of the reign of Alphonse XIII.

Stereoscopic photography, which was highly prized at the time, consisted of taking a double shot with a camera equipped with two lenses and a single shutter, such that both lenses captured the image at the same time and were then printed separately in two spaces on the negative. Once they were developed and copied onto paper or glass, the image had to be seen with special viewer that gave spectators an amazing sense of depth and three-dimensionality. Put briefly, the ancestor of 3D.

Liborio C. Porset (Bilbao, c.1850–Madrid, c.1920) was a curious person, a poet, an insurance agent, the owner of a renowned tailor shop on Madrid's Calle Sevilla and a hobbyist stereoscopic photographer. Thanks to his wealth, he often travelled and summered in Santander, a city he immortalised through hundreds of three-dimensional plates that were never published in the first quarter of the twentieth century.

This exhibition presents for the first time a selection of photographs that Porset made in Santander, the city where he probably spent his summers after 1912, just like many other members of the bourgeoisie who were attracted by the presence of the royal family in Magdalena Palace. The images conserved afford a privileged glimpse into the city prior to the fire that razed it in 1941.

Biblioteca Central de Cantabria
Sala Concepción Arenal
Ruiz de Alda, 19
39009 Santander
bcc.cantabrica.es

Comisario
Carlos González Ximénez

Organiza
Gobierno de Cantabria. Consejería de Cultura, Turismo y Deporte y PHotoESPAÑA

Ruth Orkin
New York – New York

CENTRO DE DOCUMENTACIÓN DE LA IMAGEN DE SANTANDER (CDIS)
18.07 – 18.10.2025

Esta exposición de Ruth Orkin (Boston, 1923-Nueva York, 1985) reúne una selección de más de 40 fotografías originales, procedentes del archivo de la fotógrafa, situado en Nueva York.

Ruth Orkin está, sin duda, considerada como una de las grandes fotoperiodistas del siglo XX. Establecida en la ciudad de Nueva York a principios de los años 40, tras haber vivido varios años en Los Ángeles, ciudad en la que intentó concretar su vocación primera, la de ser directora de cine en los Estudios de Hollywood. Su trayectoria profesional se desarrolló hasta los años 70 en colaboración con revistas y magazines de máxima relevancia, como *Life* o *The New York Times*.

Conocida por la famosa serie de fotografías titulada *American Girl in Italy*, que realizó junto con su cómplice Nina Lee Craig en la ciudad de Florencia en 1951 y publicada el año siguiente en *Life*, Orkin anticipa con este trabajo lo que sería, medio siglo más tarde, el movimiento *#MeToo*. Aunque el reportaje de Orkin solo alude de manera superficial a esta problemática anclada y visible en nuestros tiempos, no deja de ser un punto de partida en la historia del siglo XX que refleja los momentos actuales.

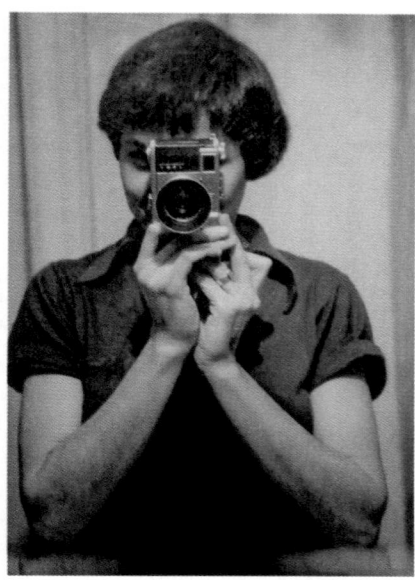

Ruth Orkin
Selfportrait, sin fechar
© RUTH ORKIN

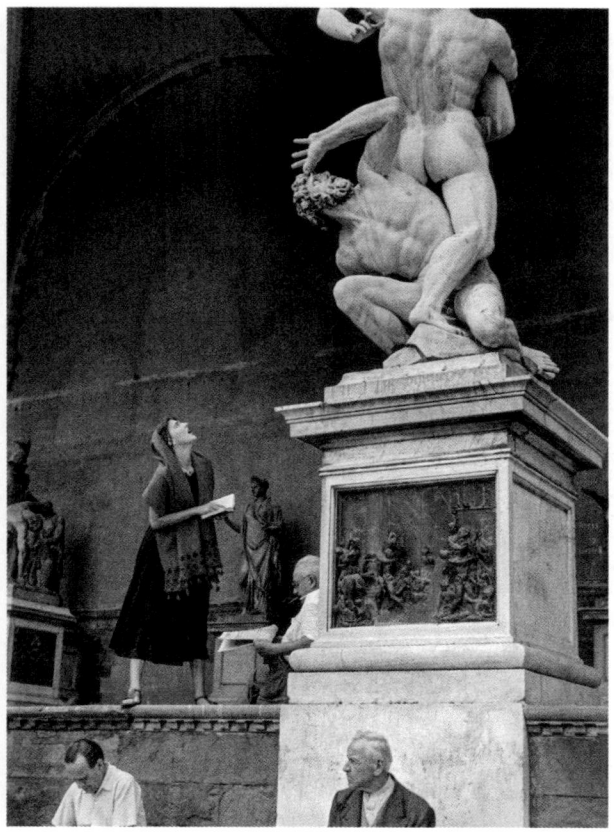

Ruth Orkin
Jinx Staring at Statue, Florence,
Italy, 1951
© RUTH ORKIN

La muestra de la autora norteamericana en el CDIS recopila sus imágenes más emblemáticas y ofrece una visión global de su obra, que abarca tres décadas: desde su primera serie *Bicycle Trip*, en 1939, hasta principios de los años 70. Además, se hace un guiño especial a una película en la que participó Orkin, junto con su marido Morris Engel, titulada *Little Fugitive*, (1953) y que marcó profundamente la historia del cine, en particular *La Nouvelle Vague*.

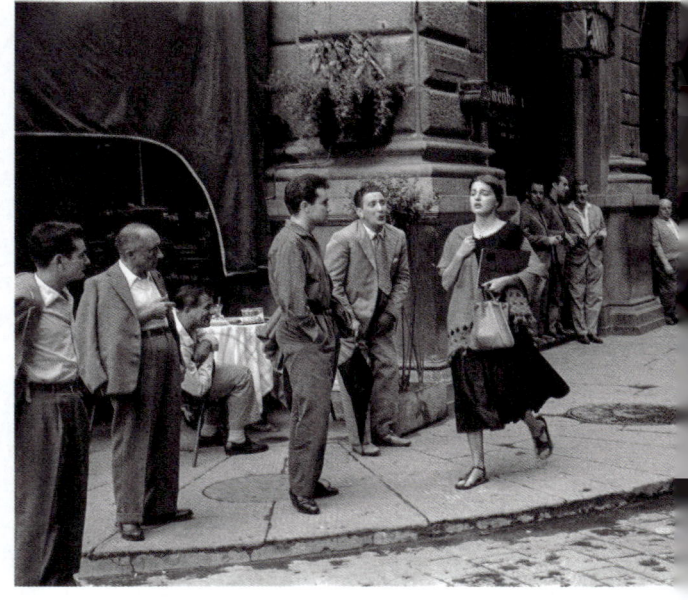

Ruth Orkin
American Girl in Italy, Florence,
Italy, 1951
© RUTH ORKIN

This exhibition of Ruth Orkin (Boston,
1923-New York, 1985) brings together a selection
of more than forty photographs from the
photographer's archive in New York.

Ruth Orkin is unquestionably considered
one of the great women photojournalists of
the twentieth century. Living in New York City
in the early 1940s after having lived in Los
Angeles for several years, she tried to act out
her first vocation—to be a studio film director
in Hollywood. Her professional career lasted
until the 1970s, during which she contributed
to popular magazines and newspapers like
Life and *The New York Times.*

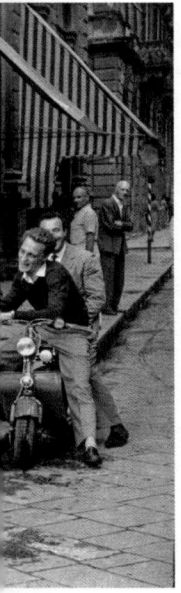

She is known for her famous series of photographs called *American Girl in Italy*, which Orkin made in conjunction with her accomplice Nina Lee Craig in Florence in 1951 and published the next year in *Life*, a work that foreshadows the *#MeToo* movement half a century later. Even though Orkin's report only superficially alludes to this issue, which is entrenched and visible still today, it is nonetheless a point of departure in twentieth-century history that reflects today's world.

The show at the CDIS featuring this US photographer brings together her most iconic images and offers an overview of her oeuvre, which spans three decades: from her first series *Bicycle Trip* in 1939 until the early 1970s. The show also makes a special nod to a film in which Orkin participated along with her husband Morris Engel, entitled *Little Fugitive* (1953), which left a deep mark on the history of film, especially *La Nouvelle Vague*.

Centro de Documentación de la Imagen de Santander (CDIS)
Magallanes, 30
39007 Santander

Comisaria
Anne Morin

Organiza
Ayuntamiento de Santander,
Centro de Documentación de
la Imagen de Santander (CDIS)

Produce
diChroma photography, Madrid

Colabora
Universidad Internacional
Menéndez Pelayo - UIMP

Jonàs Forchini y Alice Pallot Despertar el agua. Notas para una fenomenología de litoral

CENTRO DE ARTE FARO CABO MAYOR
14.02 – 15.06.2025

Pese a la importancia que las zonas litorales tienen para quienes las habitan o las estudian, el concepto "litoral" no goza del mismo reconocimiento crítico que poseen otras nociones geográficas como, por ejemplo, la de "horizonte", que ha sido fundamental en la historia del arte moderno y en la reflexión filosófica contemporánea.

Los artistas visuales Jonás Forchini (Girona, 1992) y Alice Pallot (París, 1995) recurren a la imagen fotográfica como medio de investigación y de creación para explorar las complejas relaciones que los seres humanos tejen con el agua, elemento que recubre las tres cuartas partes de la superficie del planeta Tierra adoptando la forma de mares, océanos y ríos. Las obras incluidas en *Despertar el agua* provienen de extensas investigaciones fotográficas realizadas en dos litorales (Mediterráneo y Atlántico) afectados por problemas de contaminación y de planificación territorial: la zona industrial de Fos-Sur-Mer, explorada por Forchini en *Un apprentissage du trouble (2023)*; y la Bahía de Saint-Brieuc en Bretaña, exploradas por Pallot en *Algues maudites* (2022).

En tal contexto, la idea de "litoral" puede posicionarse como un interesante lugar de reflexión y de compromiso a partir del cual reconsiderar la finitud de nuestra existencia. De esta manera, *Despertar el agua* nos recuerda que el litoral, más allá de ser una frontera geográfica, es un umbral simbólico donde nuestra relación con el planeta se manifiesta en toda su fragilidad y potencia. Por ello, mirar el litoral —esa orgánica interfaz entre lo terrestre y lo acuático— puede invitarnos a pensar nuestra última frontera, la definitiva: aquella que separa la vida de la muerte.

Despite the importance of coastal zones for people who live in or study them, the concept of 'coast' has not earned the same critical recognition as other geographic notions have, such as 'horizon', which has been fundamental in the history of modern art and in contemporary philosophical reflection.

The visual artists Jonás Forchini (Girona, 1992) and Alice Pallot (Paris, 1995) use photographic images as a means of investigation and creation to explore the complex relationships that human beings weave with water, an element that covers three-quarters of the Earth's surface in the guise of seas, oceans and rivers. The works included in *Awaken Water* come from

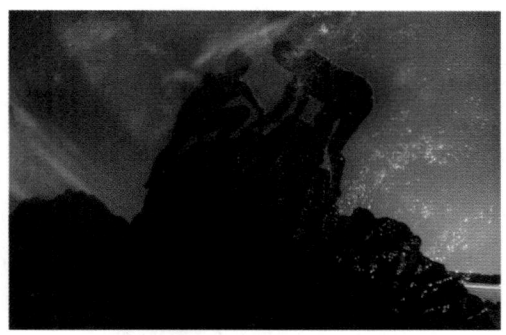

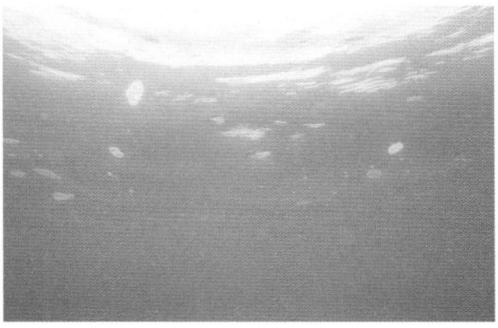

Alice Pallot
*Algues Maudites,
a sea of tears*, sin
fechar
© ALICE PALLOT

Jonàs Forchini
*Un apprentissage du
trouble*, sin fechar
© JONÀS FORCHINI

extensive photographic inquiries conducted on two coasts (Mediterranean and Atlantic) affected by problems of pollution and land planning: an industrial zone in Fos-Sur-Mer explored by Forchini in *Un apprentissage du trouble* (2023) and Saint-Brieuc Bay in Brittany explored by Pallot in *Algues maudites* (2022).

In this context, the idea of 'coast' can be viewed as an interesting place of reflection and commitment through which to reconsider the finiteness of our existence. In this way, *Awaken Water* reminds us that the coast is not just a geographic boundary but a symbolic threshold where our relationship with the planet is manifested in all its fragility and power. For this reason, looking at the coast—that organic interface between land and water—may invite us to think about our last frontier, the definitive one: the one that separates life from death.

Centro de Arte Faro de Cabo Mayor
Avenida del Faro. Pintor Eduardo Sanz s/n
39012 Santander
puertosantander.es/es/faro-de-cabo-mayor

Organiza
Autoridad Portuaria de Santander y PHotoESPAÑA

Colabora
Colección Laboratoire Arago / Sorbonne Université, situado en el Observatorio Oceanográfico de Banyuls-sus-Mer – OOB

Joan Fontcuberta
Premio Trayectoria 2025
de Fundación ENAIRE
MIRABILIA

NAVES DE GAMAZO
26.06.2025 – 18.01.2026

El proyecto que Joan Fontcuberta (Barcelona, 1955) presenta en Santander reúne, en un diálogo revelador, una selección de sus trabajos más recientes —varios de ellos inéditos y desarrollados en el periodo pospandemia— junto a algunas de las series más emblemáticas de su extensa trayectoria. Este recorrido, que abarca más de cincuenta años de creación, pone de manifiesto la coherencia de una obra que vuelve una y otra vez a ciertas líneas de investigación clave, como los conflictos entre realidad y ficción o las cada vez más ambiguas fronteras entre lo natural y lo artificial.

La exposición, titulada *Mirabilia*, es una de las más ambiciosas que el autor ha realizado en España en los últimos años. Su planteamiento confirma que las persistentes exploraciones de Fontcuberta sobre los límites de lo fotográfico —y su capacidad para cuestionar la veracidad de lo que vemos— siguen plenamente vigentes. En un momento en el que asistimos al nacimiento de un nuevo paradigma visual, su trabajo se erige como un referente indiscutible del pensamiento crítico en torno a la imagen.

Fundación ENAIRE otorgó su Premio Trayectoria 2025 al artista Joan Fontcuberta, en reconocimiento a su aportación esencial al pensamiento visual contemporáneo y su dilatada carrera como referente internacional en el ámbito de la fotografía.

Joan Fontcuberta
Transporte en helicóptero de una réplica
de allosaurus para el rodaje del vídeo
"Dinosaurios en palacio", 2025
© JOAN FONTCUBERTA, VEGAP,
SANTANDER, 2025

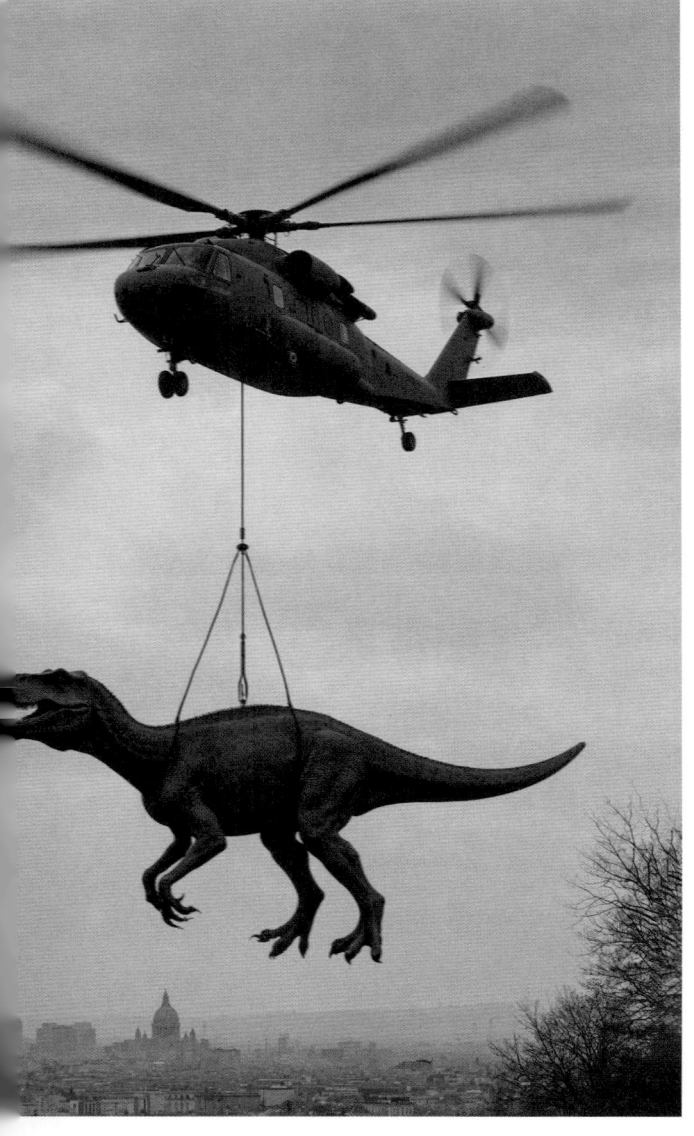

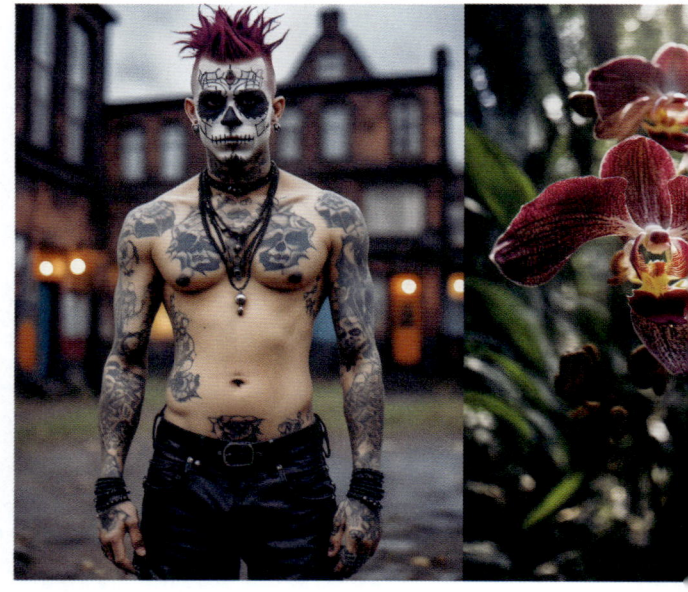

Joan Fontcuberta
De la serie *Orquídeas y Macarras*, 2024
© JOAN FONTCUBERTA, VEGAP, SANTANDER, 2025

The project presented by Joan Fontcuberta (Barcelona, 1955) in Santander brings together, in a revealing dialogue, a selection of his most recent works—several of them previously unseen and developed during the post-pandemic period—alongside some of the most iconic series from his extensive career. This journey, spanning more than fifty years of creation, highlights the coherence of a body of work that consistently returns to key lines of inquiry, such as the tensions between reality and fiction, and the increasingly blurred boundaries between the natural and the artificial.

The exhibition, titled *Mirabilia*, is one of the most ambitious the artist has undertaken in Spain in recent years. Its curatorial approach reaffirms that Fontcuberta's enduring explorations of the limits of photography—and its power to question the truth of what we see—remain highly relevant.

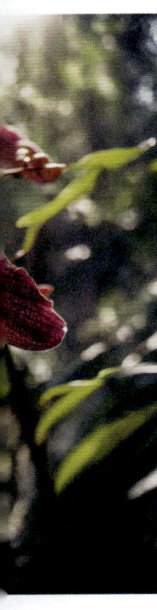

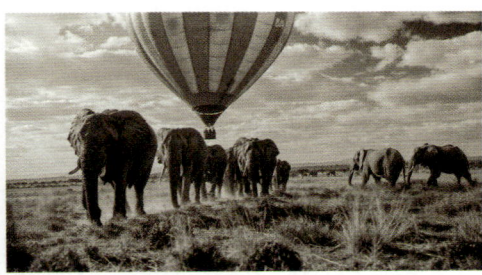

Joan Fontcuberta
De la serie *Viajes
extraordinarios*, 2025
© JOAN FONTCUBERTA,
VEGAP, SANTANDER, 2025

At a time when a new visual paradigm is emerging,
his work stands as an undisputed benchmark of
critical thinking around the image.

*The ENAIRE Foundation awarded its 2025 Lifetime
Achievement Prize to artist Joan Fontcuberta,
in recognition of his essential contribution to
contemporary visual thought and his distinguished
career as an international reference in the field
of photography.*

Naves de Gamazo
Av. Severiano Ballesteros, s/n
39004 Santander
fundacionenaire.es/sede/las-naves-
de-gamazo

Comisario
Sema D'Acosta

Organiza
Fundación ENAIRE

XVIII Premio de Fotografía Fundación ENAIRE

NAVES DE GAMAZO
17.06.2025 – 20.01.2026

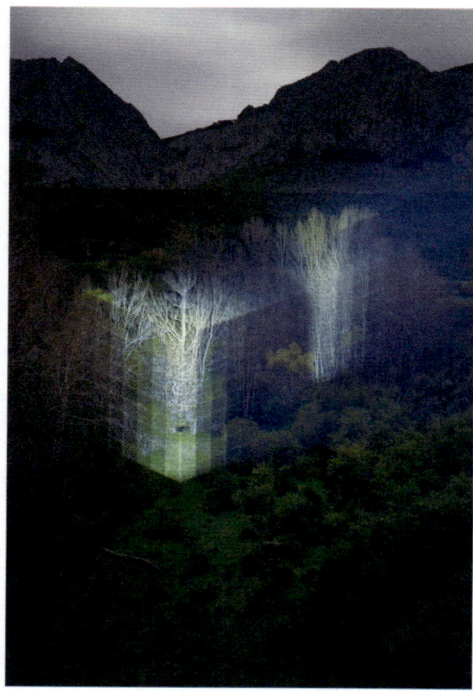

Javier Riera
LG NL, Primer Premio
de Fotografía Fundación
ENAIRE 2024
© JAVIER RIERA, CORTESÍA
DE FUNDACIÓN ENAIRE

La Fundación ENAIRE presenta la exposición colectiva de la XVIII edición de su Premio de Fotografía, una cita consolidada en el panorama nacional y que se abre camino al panorama internacional, reconoce la creatividad y la innovación de artistas visuales cuyas obras aún no han sido premiadas en otros certámenes.

La muestra reúne las tres obras galardonadas junto a una selección de finalistas, y la Mención Especial PHotoESPAÑA, ofreciendo un recorrido por las nuevas miradas y lenguajes que hoy definen la fotografía contemporánea.

La exposición refleja el compromiso de Fundación ENAIRE —adscrita al Ministerio de Transportes y Movilidad Sostenibles— con la promoción del arte y la cultura visual. A través de iniciativas como este premio y la gestión de su Colección de Arte Contemporáneo, la Fundación impulsa el talento emergente y fortalece el diálogo entre creación artística y sociedad.

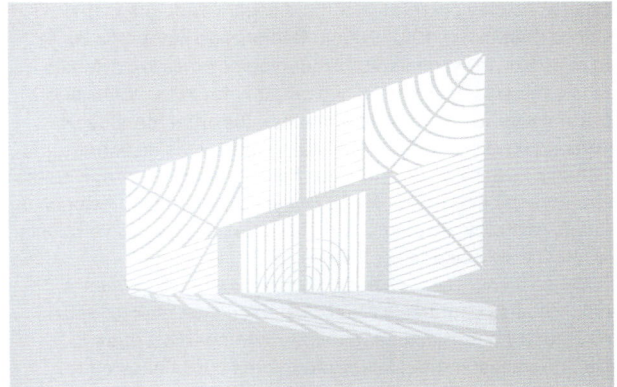

Amaya Hernández
Memoria de un espacio, Mención
Especial de PHotoESPAÑA 2024
© AMAYA HERNÁNDEZ, CORTESÍA DE
FUNDACIÓN ENAIRE

The ENAIRE Foundation presents the group exhibition of the 18th edition of its Photography Prize—an established event on the national scene that is now gaining recognition internationally. The prize celebrates the creativity and innovation of visual artists whose work has not yet been awarded in other competitions.

The exhibition brings together the three winning pieces along with a selection of finalists and the PHotoESPAÑA Special Mention, offering a journey through the new perspectives and visual languages that define contemporary photography today.

The exhibition reflects the ENAIRE Foundation's commitment—under the Ministry of Transport and Sustainable Mobility—to promoting art and visual culture. Through initiatives like this award and the management of its Contemporary Art Collection, the Foundation supports emerging talent and strengthens the dialogue between artistic creation and society.

Naves de Gamazo
Av. Severiano Ballesteros, s/n
39004 Santander
fundacionenaire.es/sede/las-
naves-de-gamazo

Comisaria
Ángeles Imaña

Organiza
Fundación ENAIRE

Isabel Muñoz
Una nueva historia

MUSEO NACIONAL Y CENTRO DE INVESTIGACIÓN DE ALTAMIRA
23.05 – 26.10.2025

Esta exposición presenta el trabajo desarrollado por Isabel
Muñoz (Barcelona, 1951. Premio Nacional de Fotografía 2016)
en cuatro de los yacimientos arqueológicos más importantes
de la península de Anatolia, que ofrecen nuevas visiones sobre
las primeras sociedades sedentarias y los primeros rituales
religiosos de la historia de la humanidad. Restos de estructuras
monumentales y piedras talladas del X milenio a. n. e. son objeto
de atención por parte de Muñoz, cuya trayectoria profesional ha
estado centrada, de un modo u otro, en el ser y cuerpo humano,
sus ritos y diversidades culturales.

El uso de nuevas técnicas fotográficas y herramientas
audiovisuales permiten a Muñoz establecer un diálogo entre
lo estático y el surgir instantáneo de lo fotográfico, entre lo
estético y lo espiritual. De ese modo crea conexiones entre
pasado y presente a través de imágenes que permanecerán
en el colectivo imaginario actual gracias a una mirada y un ojo
fotográfico únicos.

This exhibition showcases the work of Isabel Muñoz (Barcelona,
1951, National Photography Prize 2016) at four of the most
important archaeological sites on the Anatolian peninsula,
which provide new insights into the first sedentary societies
and the earliest religious rituals in human history. The remains
of monumental structures and carved stones from the 10th
millennium BCE are the focal point of Muñoz's attention, whose
professional career has consistently centered on the human
being and body, its rituals, and cultural diversities.

The use of new photographic techniques and audiovisual
tools allows Muñoz to create a dialogue between the static
and the instantaneous emergence of the photographic, as well
as between the aesthetic and the spiritual. In this way, she
establishes connections between the past and the present
through images that will remain in today's collective imagination,
thanks to a unique photographic vision.

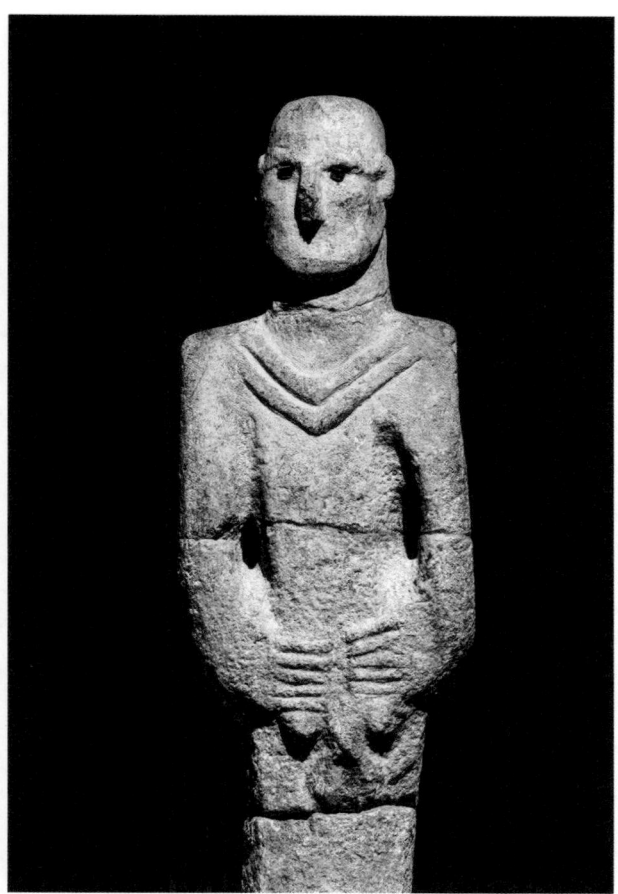

Isabel Muñoz
Göbekli Tepe, 2022
© ISABEL MUÑOZ, VEGAP, CANTABRIA, 2025

**Museo Nacional y Centro de
Investigación de Altamira**
Av. Marcelino Sanz de Sautuola, s/n
39330 Santillana del Mar, Cantabria
Lunes cerrado
cultura.gob.es/mnaltamira

Comisariado
Blanca Berlín

Organiza
Museo Nacional y Centro de
Investigación de Altamira, Museo
Nacional de Antropología, el Área
de Exposiciones de la Subdirección
General de Museos Estatales, la
Subdirección General de Artes
Visuales y Creación Contemporánea
(Dirección General de Patrimonio
Cultural y Bellas Artes. Ministerio
de Cultura de España), el Ministerio
de Cultura y Turismo de Turquía, el
Instituto Yunus Emre y la Embajada
de Turquía en España

Marcin Ryczek
Símbolos

PALACIO QUINTANAR
18.07 – 05.10.2025

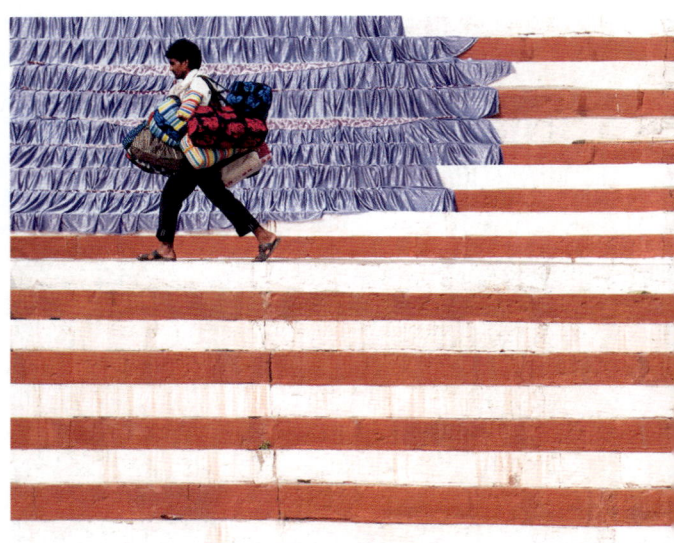

En su serie de fotografías, Marcin Ryczek (Lublin, Polonia, 1982) explora el poder de los símbolos, su significado cultural y su influencia en la percepción de la realidad en diferentes contextos. Las fotografías, aunque minimalistas, son portadoras de una narrativa multidimensional en la que las composiciones geométricas, los contrastes de color y la disposición natural de los elementos remiten a ideas universales: identidad, equilibrio, límites, transitoriedad, relaciones entre el ser humano y la naturaleza, o tradición y modernidad.

Las fotografías hacen referencia a símbolos conocidos, como las banderas nacionales, pero también a otras referencias metafóricas, ya se inspiren en gráficos y formas geométricas o en ideas filosóficas. De hecho, las interpretaciones de este trabajo pueden fluir desde un sentimiento de esperanza y cercanía a la naturaleza hasta una reflexión profunda sobre la soledad y la fugacidad del tiempo.

Marcin Ryczek
Emigration. The United States of Earth, sin fechar
© MARCIN RYCZEK

Marcin Ryczek
Hiroshima. Phoenix rising from the ashes, sin fechar
© MARCIN RYCZEK

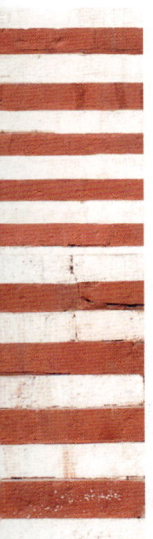

In his photograph series, Marcin Ryczek (Lublin, Poland, 1982) explores the power of symbols, their cultural meaning and their influence on the perception of reality in different contexts. Though minimalist, the photographs carry a multidimensional narrative in which geometric compositions, colour contrasts and the natural arrangement of the elements hint at universal ideas: identity, balance, boundaries, impermanence, human-nature relations and tradition and modernity.

The photographs draw from familiar symbols like national flags, as well as other metaphorical references, as they are inspired by graphics and geometric shapes or by philosophical ideas. In fact, the interpretations of this work can range from a feeling of hope and closeness to nature to a profound reflection on solitude and the evanescence of time.

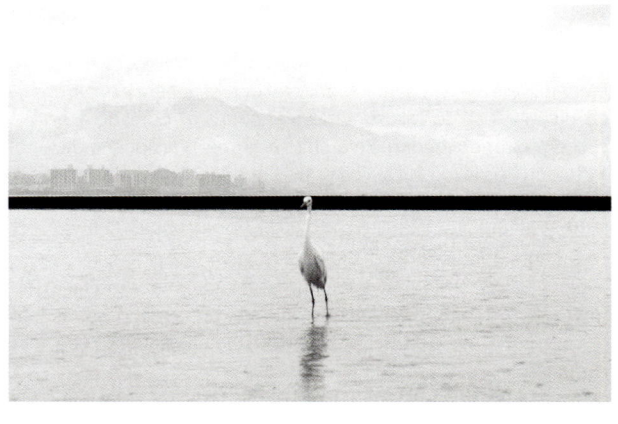

Palacio de Quintanar
San Agustín, s/n
40001 Segovia
palacioquintanar.com

Organiza
Instituto Polaco de Cultura

La Hispanolusa

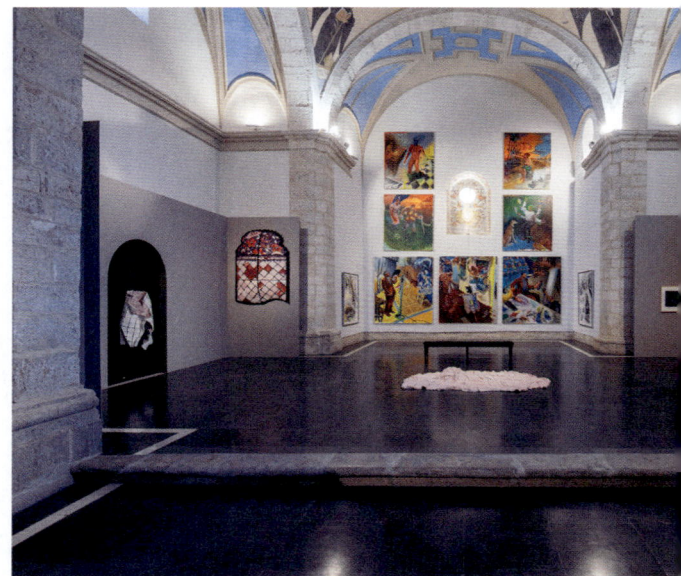

Tras el impulso generado por la Iberoamericana de Toro, la ciudad reafirma su vocación cultural con la puesta en marcha de Hispanolusa de Toro, un nuevo encuentro dedicado al arte contemporáneo ibérico. Esta cita nace con el propósito de fortalecer los lazos creativos entre España y Portugal a través de un programa expositivo que abarca fotografía, artes visuales, intervenciones y performance.

En esta primera edición, PHotoESPAÑA se suma a la iniciativa aportando su mirada especializada en el ámbito fotográfico, con propuestas que enriquecen el relato visual del encuentro. El evento se articula como una invitación a recorrer espacios históricos y artísticos de Toro desde la mirada del arte actual, generando un diálogo entre tradición y vanguardia. Las calles, iglesias, plazas y edificios patrimoniales de la ciudad se transforman en escenario de una experiencia que trasciende formatos, disciplinas y fronteras.

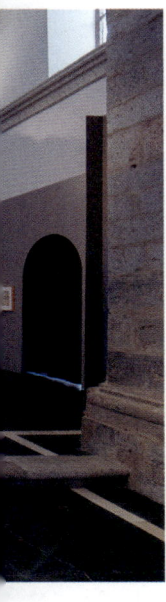

Instalación de la Iberoamericana de Toro 2024

Building on the momentum generated by the Iberoamericana de Toro, the city reaffirms its cultural vocation with the launch of Hispanolusa de Toro, a new event dedicated to contemporary Iberian art. Created with the aim of strengthening creative ties between Spain and Portugal, this event features an exhibition program that includes photography, visual arts, interventions, and performance.

For this first edition, PHotoESPAÑA joins the initiative, bringing its expertise in photography to enrich the event's visual narrative. Designed as an invitation to explore Toro's historical and artistic spaces through the lens of contemporary art, the event fosters a dialogue between tradition and the avant-garde. The city's streets, churches, squares, and heritage buildings serve as the backdrop for an experience that transcends formats, disciplines, and borders.

Organiza
Ayuntamiento de Toro

I Premio de Comisariado José Luis Soler

ESPACIO DE FOTOGRAFÍA JOSÉ LUIS SOLER
Septiembre 2025

PHotoESPAÑA presenta en València una exposición comisariada a partir de los fondos de la Colección José Luis Soler, conformados por más de 2.000 imágenes de grandes autores internacionales. La muestra plantea una reflexión visual en torno a las formas de representación del posconflicto y la fotografía como agente de memoria, restitución o disidencia, en sintonía con el eje temático de esta edición del Festival: *Después de todo*.

El proyecto, seleccionado mediante convocatoria pública, es el resultado del nuevo Premio de comisariado impulsado por la Colección José Luis Soler y PHotoESPAÑA, dirigido a jóvenes profesionales del sector. Su exposición marca la inauguración del Espacio de Fotografía José Luis Soler, ubicado en una de las naves rehabilitadas de Bombas Gens.

Desde la mirada crítica al archivo hasta los relatos visuales de resistencia, la muestra invita a pensar el pasado reciente desde el presente, y a reactivar colecciones privadas como espacios vivos de interpretación y creación.

Daidō Moriyama
Eros. Provoke Nº 2, 1969
DAIDO MORIYAMA /
COLECCIÓN JOSÉ LUIS SOLER

PHotoESPAÑA presents an exhibition in Valencia curated from the José Luis Soler Collection, featuring over 2,000 images by renowned international photographers. This exhibition offers a visual reflection on the ways post-conflict is represented and on photography as an agent of memory, restitution, or dissidence, in line with this edition's thematic focus of the Festival: *After all*.

The project, selected through a public call for entries, is the result of the new curatorial award supported by the José Luis Soler Collection and PHotoESPAÑA, aimed at young professionals in the field. The exhibition marks the opening of the José Luis Soler Photography Space, located in one of the renovated warehouses of Bombas Gens.

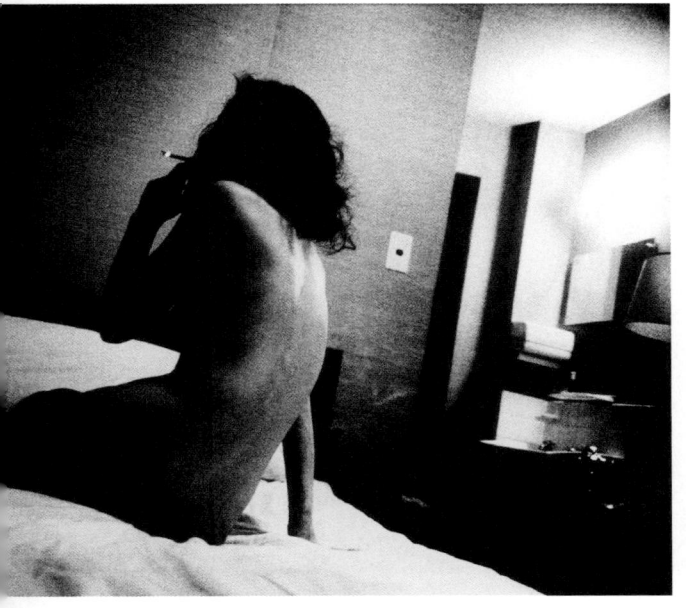

From a critical examination of the archive to visual narratives of resistance, the exhibition invites us to reflect on the recent past through the lens of the present, encouraging private collections to be reactivated as dynamic spaces for interpretation and creativity.

Espacio de fotografía
José Luis Soler
Bombas Gens
Av. Burjassot, 54-56
46009 València

Organiza
Colección José Luis Soler
y PHotoESPAÑA

Paula Anta
Paisajes de resistencia

SALA DE EXPOSICIONES TORREÓN FORTEA
03.04 – 08.06.2025

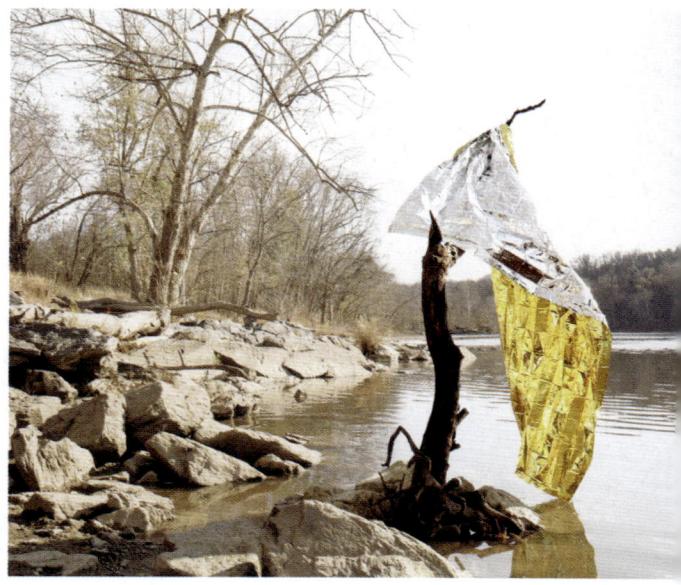

Paula Anta (Madrid, 1977) es una fotógrafa
con una larga trayectoria artística, cuyo eje
de gravitación ha sido y es la relación que se
establece entre la naturaleza y el ser humano.
Esta exposición se centra en una selección
de seis de sus series más recientes. En ellas,
trabaja la instalación *in situ* para recrear una
forma de diálogo entre naturaleza y artificialidad,
procedente de la mano del hombre sobre
ella. No hay confrontación, sino coexistencia.
El paisaje, tanto si se entiende como real o como
representación, apunta a valorizar las formas
en las que se expresa la propia naturaleza.

Anta no impone una narrativa forzada, la deja
abierta a nuestra interpretación. La historia y el viaje
terminan por dar forma a estas escenificaciones
que marcan una suerte de guía sobre la que
avanzar hacia una relación más respetuosa y
humana con nuestro entorno natural.

Paula Anta
Hoist 03, de la serie
Hoist, USA, 2023
© PAULA ANTA

Paula Anta
Kintsugi 02, de la
serie *Aurum*, 2019
© PAULA ANTA

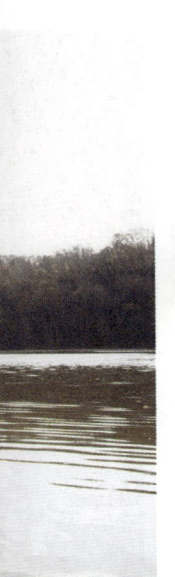

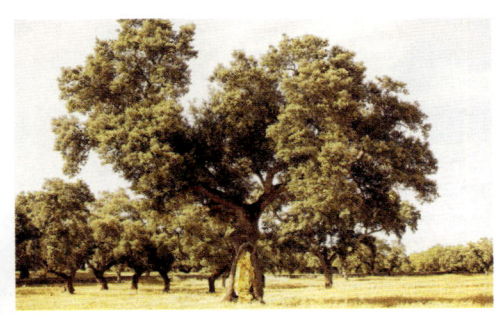

Paula Anta (Madrid, 1977) is a photographer with a long artistic career which has always gravitated around the relationship between nature and human beings. This exhibition focuses on a selection of six of her most recent series. In them, she works with in-situ installations to recreate a kind of dialogue between nature and artificiality coming from human hands meddling in nature. There is no clash but simply coexistence. The landscape, viewed as either real or representation, points to valuing the way in which nature expresses itself.

Anta does not impose a forced narrative but instead leaves it open to the viewer's interpretation. The story and the journey end up giving shape to these tableaux that become a kind of guide on how to work towards a more respectful, humane relationship with our natural environment.

Sala de Exposiciones
Torreón Fortea
Torre Nueva, 25
50003 Zaragoza
zaragoza.es

Comisaria
Ana Berruguete

Organiza
Ayuntamiento de Zaragoza

Judith Prat
Aquella niebla, este silencio

SALA DE EXPOSICIONES CASA DE LOS MORLANES
Septiembre 2025

A través de una profunda investigación y un recorrido visual por los enclaves del comercio transatlántico de personas esclavizadas, Judith Prat (Altorricón, Huesca, 1973) sigue la ruta de los traficantes desde África y Cuba hasta España, para reconstruir la memoria esclavista española, históricamente silenciada, y desvelar su influencia estructural en la economía y sociedad contemporáneas.

Las fotografías muestran archivos, paisajes y personas, pero también las cicatrices invisibles que persisten en nuestro presente, confrontando la complicidad de las instituciones y la economía con este pasado ocultado. Más allá de la opresión, el proyecto reivindica también las resistencias negras, el cimarronaje y la lucha de las mujeres esclavizadas.

Alejándose de lugares comunes, Prat nos enfrenta a una historia incómoda, pero necesitada de (re)conocimiento y a la que asomarse a partir de un viaje real que ella traslada a la narración fotográfica.

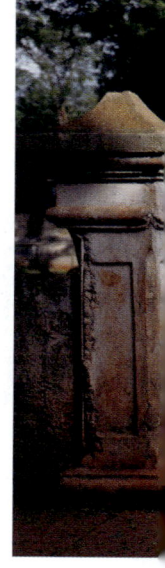

TODAS LAS FOTOS
Judith Prat
De la serie *Aquella niebla, este silencio*,
2024-2025
© JUDITH PRAT

Through in-depth research and a visual journey through the key sites of the transatlantic slave trade, Judith Prat (Altorricón, Huesca, 1973) traces the route of traffickers from Africa and Cuba to Spain, aiming to reconstruct the historically silenced memory of Spanish slavery and to reveal its structural influence on contemporary economies and societies.

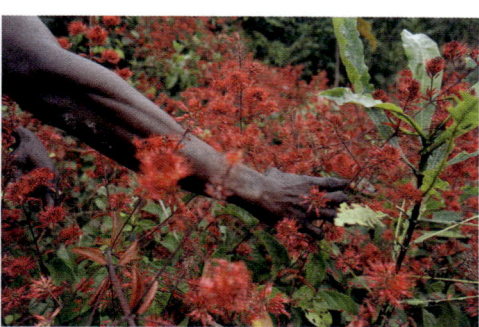

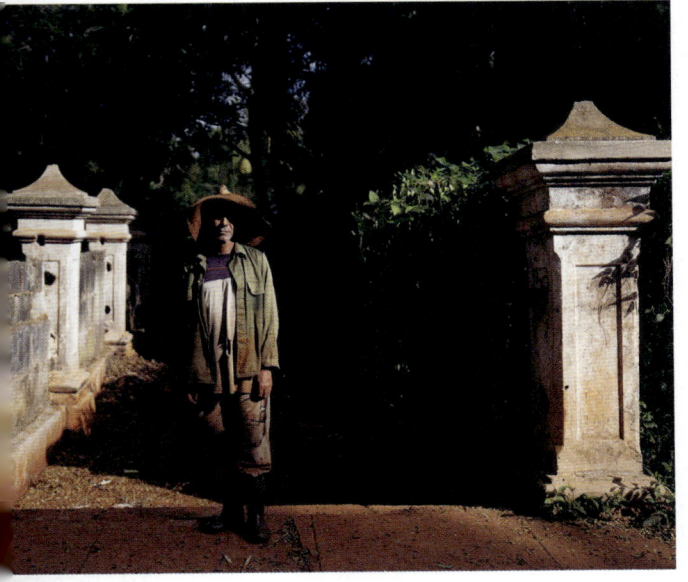

The photographs depict archives, landscapes, and people, but also the invisible scars that persist in our present, confronting the complicity of institutions and the economy with this hidden past. Beyond oppression, the project also highlights black resistance, maroonage, and the struggle of enslaved women.

Moving away from common stereotypes, Prat challenges us with a history that is uncomfortable but essential to (re)discover and examine, based on a real journey that she translates into her photographic narrative.

Sala de Exposiciones
Casa de los Morlanes
Pl. San Carlos, 4
50001 Zaragoza
zaragoza.es

Comisaria
Semíramis González

Organiza
Ayuntamiento de Santander

Isidro Ferrer
Frankenstein: escenografismos.
Isidro Ferrer ilustra a Mary Shelley

SALA JALÓN ÁNGEL. EDIFICIO GRUPO SAN VALERO
20.05 – 28.09.2025

La muestra recoge los dioramas que Isidro Ferrer (Madrid, 1963) diseñó y construyó para ilustrar una nueva publicación de *Frankenstein o el Prometeo moderno*, editada en 2022 por Ediciones USJ junto a las universidades de Cantabria y Castilla-La Mancha.

Con motivo de esta edición tan especial, Ferrer ideó y materializó diez pequeños dioramas, un conjunto de bellas y delicadas composiciones creadas con materiales modestos como el cartón y la madera que, con una estudiada iluminación, se transforman en ambientes oníricos y espacios sugerentes que reflejan la esencia del relato romántico, gracias al mágico poder de la luz y la oscuridad. A partir de estas maquetas y la iluminación, el artista fotografió las escenas como si de fotografía documental se tratase, dando vida a la historia de Mary Shelley y acelerando la imaginación y fantasía de la lectura.

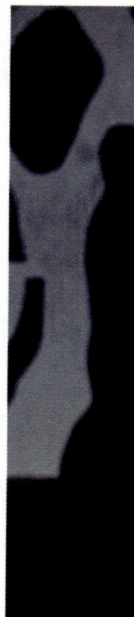

Isidro Ferrer
Frankestein, 2022
© ISIDRO FERRER

This show displays the dioramas that Isidro Ferrer (Madrid, 1963) designed and built to illustrate a new publication, *Frankenstein or the Modern Prometheus*, published in 2022 by Ediciones USJ in conjunction with the universities of Cantabria and Castilla-La Mancha.

On the occasion of this special edition, Ferrer dreamt up and materialised ten dioramas, a series of beautiful, delicate compositions created with modest materials like cardboard and wood. With careful illumination, they are transformed into dreamlike atmospheres and suggestive spaces that reflect the essence of the Romantic story thanks to the magical power of light and darkness. Based on these scale models and illumination, the artist photographed the scenes as if they were documentary photographs, bringing Mary Shelley's story to life and accelerating the imagination and fantasy of the reader.

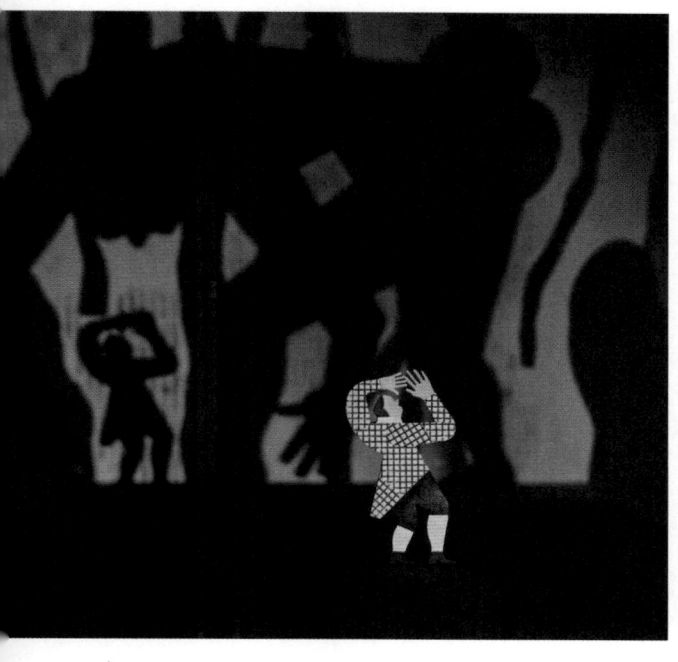

Sala Jalón Ángel
Edificio Grupo San Valero
Pl. de Santa Cruz, s/n
50003 Zaragoza
cultura.usj.es

Organiza
Archivo Jalón Ángel
Cultura y Ediciones USJ

+PHE

¿QUÉ MIRAS?
Segunda temporada
Noviembre 2025

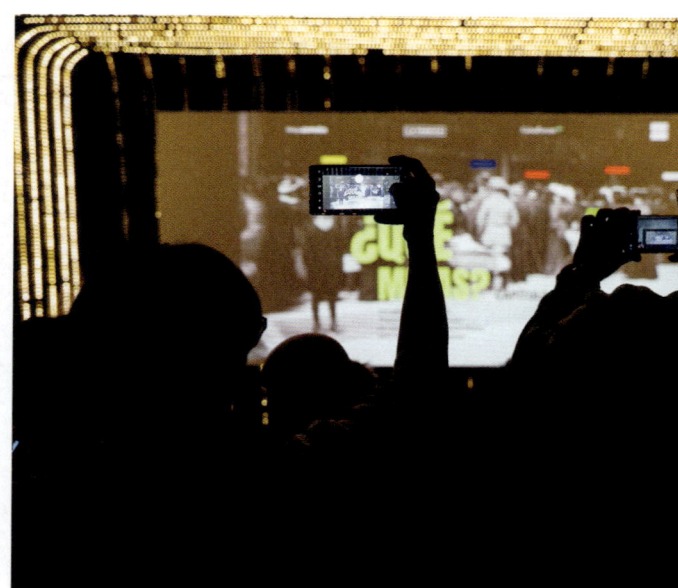

¿QUÉ MIRAS?, la serie documental de PHotoESPAÑA producida por La Fábrica y CaixaForum+ impulsa el conocimiento del lenguaje visual a través de testimonios, análisis y reflexiones de quienes generan imágenes, quienes trabajan en relación con ellas o quienes las consumen. Es un proyecto especialmente dirigido al público adolescente y juvenil que, en su primera temporada, puso el foco en temáticas relevantes para la sociedad actual como la mentira y manipulación a través de las imágenes, la representación del cuerpo femenino, la identidad poscolonial y LGTBIQ+, la transmisión del conflicto o el reflejo de los vínculos afectivos.

Desde una visión abierta, inclusiva y coral, la serie invita a mirar las imágenes con detenimiento, a leerlas sin prejuicios, a profundizar en su comprensión y expresión. El proyecto aboga por la alfabetización visual como herramienta imprescindible para el desarrollo de nuestro espíritu crítico.

El proyecto cuenta un año más con la colaboración de la prestigiosa agencia Magnum Photos y, también de nuevo, tiene una invitada especial para encarnar la fotografía histórica de la agencia que cada capítulo desgrana.

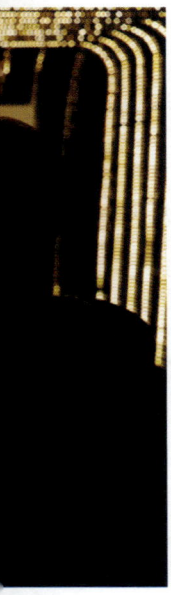

Carla Oset
Presentación de la primera
temporada de *¿QUÉ MIRAS?*
en la Cineteca de Matadero, 2024
© ARCHIVO PHE

La segunda temporada de la serie pretende consolidar la
función divulgadora y educativa del proyecto centrándose
en cuestiones como la comunidad y el sentido de pertenencia,
la naturaleza y el medioambiente, la memoria, la ficción o la
representación del poder, entre otras temáticas. Los nuevos
capítulos están protagonizados por fotógrafos y fotógrafas de
distintas generaciones y reconocida trayectoria, entre ellos:
Ayana V. Jackson, Lúa Ribeira, Lala Serrano y Javier Vallhonrat,
además de un elenco de personas anónimas que conversan
alrededor de las imágenes propuestas para fortalecer
el principal mensaje de la serie: cada voz cuenta y toda
interpretación es legítima.

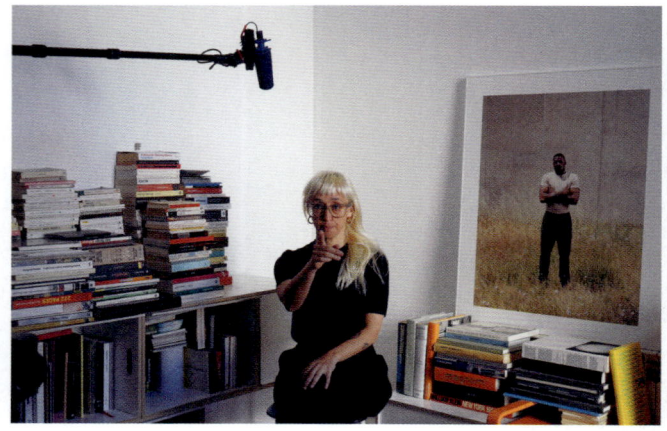

TODAS LAS FOTOS
María Páez
Rodaje de la primera temporada de
¿QUÉ MIRAS? con María Santoyo,
Joan Fontcuberta y Tanit Plana, 2024
© ARCHIVO PHE

QUÉ MIRAS? [WHAT ARE YOU LOOKING AT?], the documentary series by PHotoESPAÑA produced by La Fábrica and CaixaForum+, promotes visual literacy through testimonies, analysis, and reflections from those who create images, work with them, or consume them. Aimed especially at teenage and young adult audiences, its first season focused on pressing issues in today's society, such as lies and manipulation through images, the representation of the female body, postcolonial and LGTBIQ+ identities, the transmission of conflict, and the portrayal of emotional bonds.

With an open, inclusive, and collective approach, the series invites viewers to observe images carefully, to read them without prejudice, and to delve into their meaning and expressive potential. The project advocates for visual literacy as a key tool in developing critical thinking.

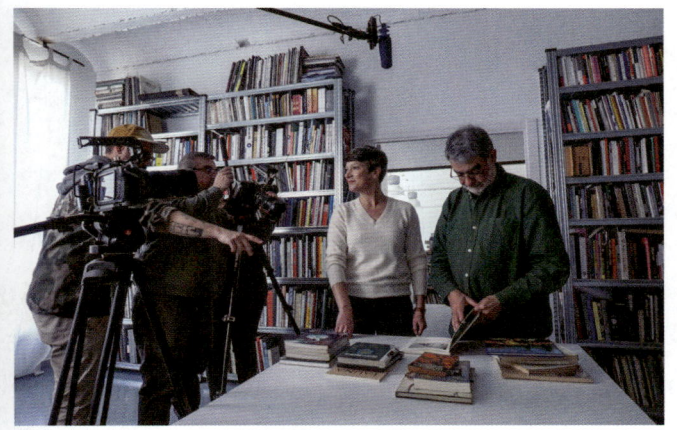

Once again, the project features the prestigious Magnum Photos agency as a collaborator, and includes a special guest in each episode to embody the agency's historical photography featured in the series.

The second season aims to further consolidate the project's educational and awareness-raising mission, focusing on themes such as community and belonging, nature and the environment, memory, fiction, and the representation of power, among others. These new episodes feature acclaimed photographers from different generations, including Ayana V. Jackson, Lúa Ribeira, Lala Serrano, and Javier Vallhonrat, alongside a diverse group of everyday people who engage in conversations around selected images—reinforcing the core message of the series: every voice matters, and every interpretation is valid.

Creadora
María Santoyo /
PHotoESPAÑA

Produce
La Fábrica y CaixaForum+

Colabora
Magnum Photos

PHotoESPAÑA PRO
Talento a bordo

CENTROCENTRO
11 – 12 – 13 y 19.06.2025

Por primera vez, Iberia y PHotoESPAÑA presentan en CentroCentro una ambiciosa iniciativa que consolida la posición del Festival como un referente en el ámbito de la fotografía contemporánea: el programa *PHotoESPAÑA PRO Talento a bordo*, dirigido a potenciar el desarrollo profesional de destacados creadores visuales españoles e internacionales.

Así, esta iniciativa posibilita la participación de una treintena de fotógrafos previamente seleccionados por convocatoria abierta en dos días de intensas sesiones de trabajo con destacados expertos del sector, como directores de museos y centros de arte, comisarios, galeristas, editores y coleccionistas.

Estos encuentros permiten establecer conexiones profesionales, susceptibles de derivar en exposiciones, publicaciones y colaboraciones. El programa busca de este modo ser catalizador de nuevas oportunidades, favoreciendo un punto de inflexión en las trayectorias artísticas de los participantes.

Además, en el marco del programa *PHotoESPAÑA PRO Talento a bordo* se incluyen otras actividades abiertas a todos los públicos, como sesiones de proyecciones en las que los autores pueden compartir con los espectadores sus trabajos en un espacio para el encuentro, el debate y la reflexión. De hecho, esta iniciativa también se configura como un foro para dialogar sobre los nuevos retos a los que se enfrente la fotografía contemporánea, donde creadores, especialistas y público general puedan encontrar y fomentar modelos innovadores de colaboración y sostenibilidad que garanticen que la práctica fotográfica continúe siendo relevante, comprometida y económicamente viable.

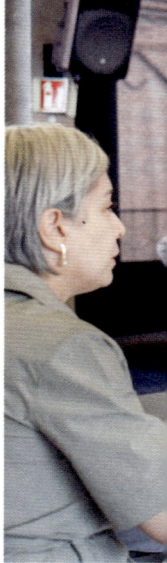

Jorquera
Programas profesionales
de PHotoESPAÑA
2023-2024
© ARCHIVO PHE

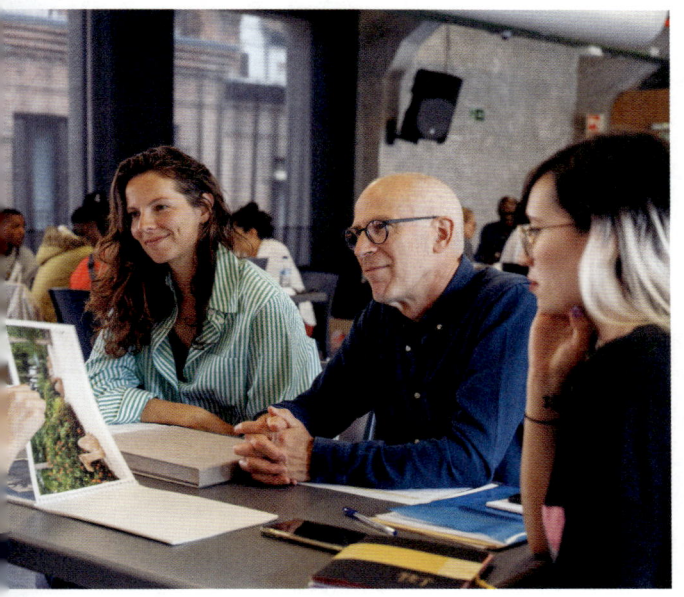

Artistas seleccionados
Aleix Plademunt, Alexis Javier Díaz Belmar, Anoek Steketee, Arguiñe Escandón, Arnau Blanch, Carla Alejandra Yovane Pérez, Carolina Andrea G. Agüero, Celeste Rojas Mugica, Eduardo Nave, Elisa Miralles, Espe Pons, Ira Lombardia, Javier Arboledas, Jon Gorospe, Jorge López, Juan Couder, Lanier Marine, Lola Guerrera, Loreto Vergara, Lurdes Basolí, Mar Sáez, Marcos Zergers, Rafael Trapiello, Ricardo Cases, Rob Hornstra, Rodrigo Gómez Rovira, Tomeu Coll Escarrer, Txema Salvans, Yann Gross y Zaida Verónica González Ríos

Invitados internacionales
Anna-Kaisa Rastenberger, Directora Finnish Museum of Photography (Finlandia); Marina Paulenka, Directora de Exposiciones de Fotografiska Berlin (Alemania); Geaninne Guimarães, Comisaria en el Guggenheim Bilbao/NY (EEUU); Lisa Springer, Comisaria de Programas Internacionales V&A Museum (Reino Unido); Friso Wijnen, Director del festival Breda Photo (Países Bajos)

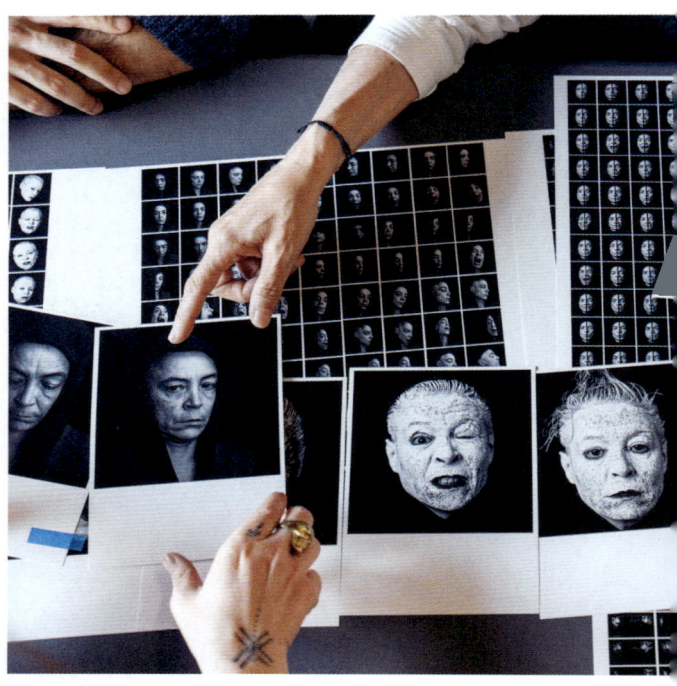

For the first time, Iberia and PHotoESPAÑA are presenting in CentroCentro an ambitious initiative that will solidify the Festival's position as a benchmark in the field of contemporary photography: the *PHotoESPAÑA PRO Talento a bordo* programme, targeted at fostering the professional development of outstanding visual creators from Spain and abroad.

This initiative makes it possible for around thirty photographers chosen previously in an open call to participate in two days of intense work sessions with prominent experts in the sector, like directors of museums and art centres, curators, gallery owners, publishers and collectors.

These encounters will enable them to make professional connections that may lead to exhibitions, publications and partnerships. The programme thus seeks to be a catalyst of new opportunities that ushers in a turning point in the participants' artistic careers.

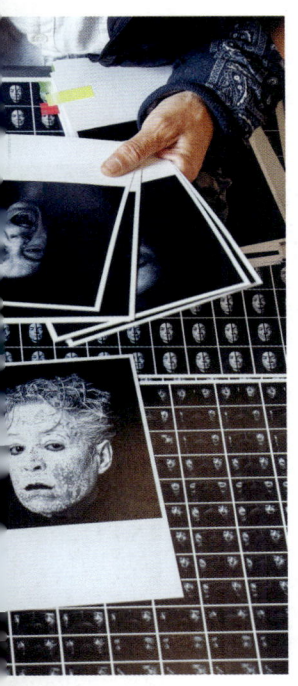

Jorquera
Programas profesionales de
PHotoESPAÑA 2023-2024
© ARCHIVO PHE

Activities open to all audiences are also included as part of the *PHotoESPAÑA PRO Talento a bordo* programme, like screening sessions in which the authors can share their works with spectators in a space for encounter, debate and reflection. In fact, this initiative is also viewed as a forum to discuss the new challenges that contemporary photography is facing, where creators, experts and the general public can meet and foster innovative models of collaboration and sustainability that guarantee that the practice of photography remains relevant, committed and economically feasible.

 CentroCentro
Plaza Cibeles, 1
28014 Madrid
centrocentro.org

Organiza
Iberia, CentroCentro y
PHotoESPAÑA

Colabora
Ministerio de las Culturas las Artes
y el Patrimonio del Gobierno de
Chile, Embajada del Reino de los
Países Bajos e Institut d'Estudis
Baleàrics

Descubrimientos PHE

Descubrimientos PHE es el encuentro profesional para fotógrafos que PHotoESPAÑA realiza en cada una de sus ediciones. Esta actividad permite a autores previamente seleccionados la posibilidad de tener citas con expertos nacionales e internacionales, con el fin de crear un espacio donde mostrar sus fotografías a comisarios y editores y recibir asesoramiento individual sobre su trabajo. Un jurado internacional elige al ganador de Descubrimientos 2025, que tendrá una exposición individual en la siguiente edición del Festival.

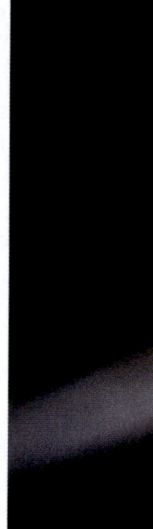

Discoveries PHE is the professional platform for photographers organized by PHotoESPAÑA as part of each festival edition. This initiative offers selected photographers the opportunity to meet with national and international experts, providing a dedicated space to present their work to curators and publishers, receive personalized feedback, explore current trends in photography, share their projects within a creative community, and expand their professional network.
An international jury will select the winner of Discoveries 2025, who will be awarded a solo exhibition in the next edition of the Festival.

Nélia Dos Santos
De la serie *Marimbar*,
2024. Proyecto ganador
de Descubrimientos
PHE24
© NÉLIA DOS SANTOS

Visionadores
Alejandro de Villota, Director de la Galería Memoria; Elena Carbajal, Coordinadora general de la Colección Solo; Eleonora Pasqui, Editora jefe de Damiani Books; Gabriela Pinto, Coordinadora de proyectos culturales en Fundación Enaire; Gorka Lejarcegi, Redactor jefe de fotografía de revistas y suplementos del diario *El País*; Maddalena Scarzella, Comisaria de la Fondazione Sozzani; María Beguiristain, Directora de arte y exposiciones de la Fundación Santander; María Zozaya, Jefa de proyecto expositivo de la Fundación Juan March; Marine Merindol, Directora de operaciones de Magnum Photos; Paula Luengo, Conservadora y responsable de exposiciones del Museo Nacional Thyssen-Bornemisza

 CentroCentro
Plaza Cibeles, 1
28014 Madrid
centrocentro.org

Organiza
CentroCentro y PHotoESPAÑA

Actividad para artistas
previamente seleccionados

Visionado Santander

FUNDACIÓN SANTANDER CREATIVA
28.06.2025

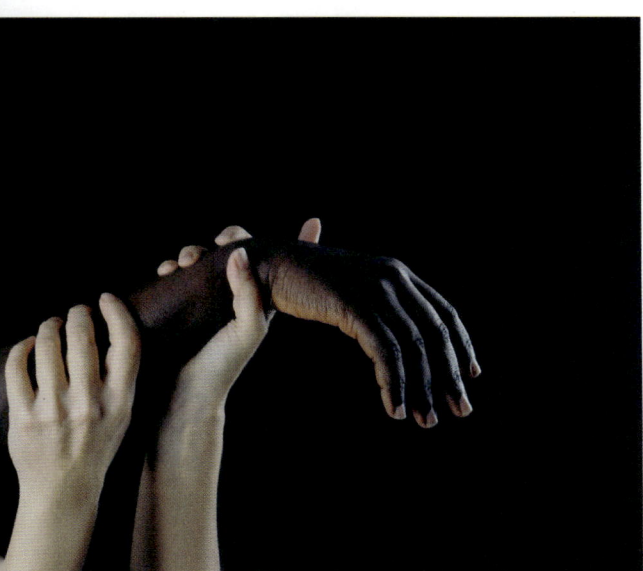

Un año más, el visionado de porfolios de PHotoESPAÑA vuelve a la capital cántabra de la mano de Fundación Santander Creativa. Esta actividad contribuye al desarrollo y reconocimiento de fotógrafos locales, que pueden recibir asesoramiento personalizado sobre sus proyectos por parte de profesionales del sector, fortaleciendo así su presencia en el circuito artístico.

Once again, the portfolio reviews of PHotoESPAÑA return to the Cantabrian capital with the support of the Fundación Santander Creativa. This activity contributes to the development and recognition of local photographers, who can receive personalized advice on their projects from industry professionals, thus strengthening their presence in the art circuit.

Fundación Santander Creativa
Enclave Pronillo
General Dávila, 129A
39010 Santander
fundacionsantandercreativa.com

Organiza
Ayuntamiento de Santander,
Fundación Santander Creativa y
PHotoESPAÑA

Imagen futura

ESPACIO FUNDACIÓN TELEFÓNICA

Las sociedades contemporáneas se enfrentan con cuestiones fundamentales a las que la fotografía no es ni puede ser ajena: la memoria histórica, la asimilación del poscolonialismo y sus nuevas perspectivas de raza y clase, la colisión entre la necesaria preservación del medioambiente y el consumismo, la lucha por la igualdad de género y la libertad sexual son ejes dominantes en la creación contemporánea. Bajo el título *Después de todo*, esta nueva edición de PHotoESPAÑA pone el foco en el trabajo de fotógrafas y fotógrafos que han optado en distintos contextos y períodos históricos por una confrontación crítica de la realidad.

En este contexto, el Festival y Fundación Telefónica proponen una nueva edición de *Imagen futura*, el ciclo de encuentros para abordar las nuevas visiones y los nuevos relatos expresados por artistas visuales desde posicionamientos cada vez más singulares: participantes legítimos para hablar de las cuestiones que están en boca de todos, con voces autorizadas y en primera persona.

Contemporary societies face fundamental questions to which photography is neither indifferent nor can it remain so: historical memory, the assimilation of post-colonialism and its new perspectives on race and class, the clash between the imperative to preserve the environment and rampant consumerism, and the struggle for gender equality and sexual freedom are key axes of contemporary creation. Under the title *Después de todo* [After all], this new edition of PHotoESPAÑA focuses on the work of photographers who, in different contexts and historical periods, have chosen to critically confront reality.

In this context, the Festival and Fundación Telefónica present a new edition of *Imagen Futura*, a series of meetings aimed at exploring new visions and narratives expressed by visual artists from increasingly unique perspectives—legitimate voices speaking with authority and firsthand experience on the issues that dominate public discourse.

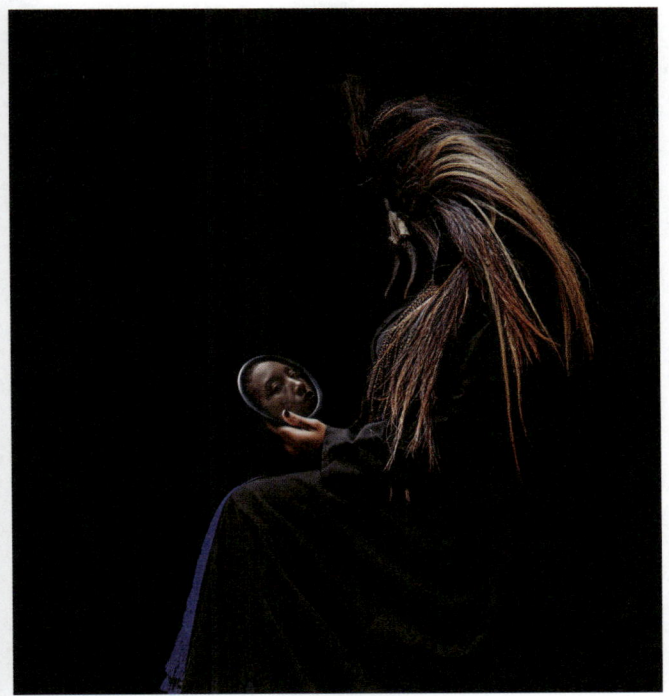

Ayana V. Jackson
The Phantom Limb Wakes, 2025
© AYANA V. JACKSON

B **Espacio Fundación Telefónica**
Fuencarral, 3
28004 Madrid
espacio.fundaciontelefonica.com

Afrofuturismos
Miércoles 7 de mayo. 19:00 hs
Ayana V. Jackson

Más info
phe.es

Encuentro con Sofía Crespo

SOLO INDEPENDENCIA
12.06.2025

En el marco de la exposición *Perpetual Present* en el Museo Arqueológico Nacional, la artista Sofía Crespo protagoniza un encuentro dedicado a desentrañar las conexiones entre tecnología, memoria y ecología. A través de su trayectoria, Crespo explorará cómo herramientas como la inteligencia artificial y la impresión 3D permiten reinterpretar el arte rupestre de Altamira, cuestionando al mismo tiempo nuestra capacidad para representar la naturaleza en la era digital.

El encuentro, seguido de un diálogo abierto con el público, abordará paradojas clave de nuestro tiempo: ¿cómo se construyen los relatos históricos con tecnologías efímeras? Y, sobre todo, ¿pueden las creaciones digitales —tan frágiles como las especies en extinción que retratan— convertirse en los nuevos archivos del futuro?

As part of the *Perpetual Present* exhibition at the National Archaeological Museum, artist Sofía Crespo leads a session focused on unraveling the connections between technology, memory, and ecology. Through her journey, Crespo will explore how tools like artificial intelligence and 3D printing allow for the reinterpretation of Altamira cave art, while simultaneously questioning our ability to represent nature in the digital age.

The session, followed by an open dialogue with the audience, will address key paradoxes of our time: how are historical narratives constructed with ephemeral technologies? And most importantly, can digital creations —as fragile as the endangered species they portray— become the new archives of the future?

 SOLO Independencia
Pl. de la Independencia, 5
28001 Madrid
solocontemporary.com

Organiza
Onkaos

Acceso bajo reserva gratuita
onkaos.com

Encuentro con galeristas

CENTRO DE DOCUMENTACIÓN DE LA IMAGEN DE SANTANDER (CDIS)
27.06.2025 | 19.00 hs

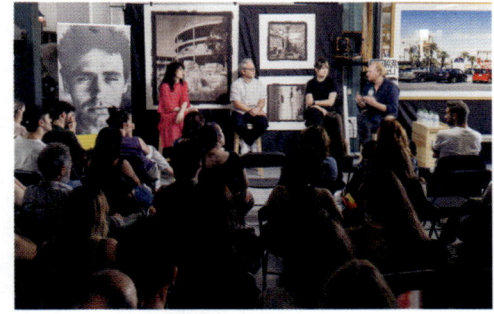

Sebastián Bejarano
Encuentros PHE23
© ARCHIVO PHE

En el marco de PHotoESPAÑA 2025, el CDIS acoge un encuentro con tres destacados profesionales del ámbito galerístico. A través de sus trayectorias, los participantes ofrecerán una visión amplia sobre el papel de las galerías en la difusión de la fotografía contemporánea, el acompañamiento a artistas y la construcción de colecciones.

El encuentro propone además un espacio de diálogo en torno a los desafíos actuales del mercado del arte, las dinámicas de internacionalización y la evolución del papel del galerista en el actual contexto cultural. Una oportunidad única para conocer de cerca las claves del trabajo galerístico y reflexionar sobre las relaciones entre creación, mediación y público.

As part of PHotoESPAÑA 2025, the CDIS in Santander will host a conversation with three prominent figures from the gallery world. Drawing on their professional paths, the speakers will offer a broad perspective on the role of galleries in promoting contemporary photography, supporting artists, and shaping collections.

The event also aims to create a space for dialogue around current challenges in the art market, processes of internationalization, and the evolving role of the gallerist within today's cultural landscape. A unique opportunity to gain insight into the workings of the gallery world and reflect on the relationships between artistic creation, mediation, and audience engagement.

Centro de Documentación de la Imagen de Santander (CDIS)
Magallanes, 30
39007 Santander

Organiza
Ayuntamiento de Santander, Fundación Santander Creativa y Centro de Documentación de la Imagen de Santander (CDIS)

Máster PHotoESPAÑA
Proyectos fotográficos

LA FÁBRICA / FUNDACIÓN CONTEMPORÁNEA
Ediciones 2025-2026

El *Máster PHotoESPAÑA | Proyectos Fotográficos* es un programa semestral dirigido a fotógrafos que buscan orientación profesional al desarrollo de su fotografía de autor. El máster ofrece un entorno riguroso para el desarrollo/culminación de proyectos, prestando atención a las relaciones de la fotografía con los espacios físicos y virtuales, a las nuevas y tradicionales materialidades de la imagen, a las tendencias curatoriales en bienales y festivales.

Su metodología se basa en el aprendizaje con múltiples perspectivas cualificadas, provenientes de destacados profesionales de la escena fotográfica internacional en los campos de la creación, la gestión, la publicación y el mercado, quienes acompañan al autor en todas las etapas del proceso, desde la conceptualización hasta su materialización, abordando los aspectos de exposición, edición, financiación y comunicación de la obra.

El máster promueve el proceso creativo en un contexto de trabajo real, fomentando la creación de redes profesionales e integrando al alumno en la comunidad de PHotoESPAÑA y La Fábrica.

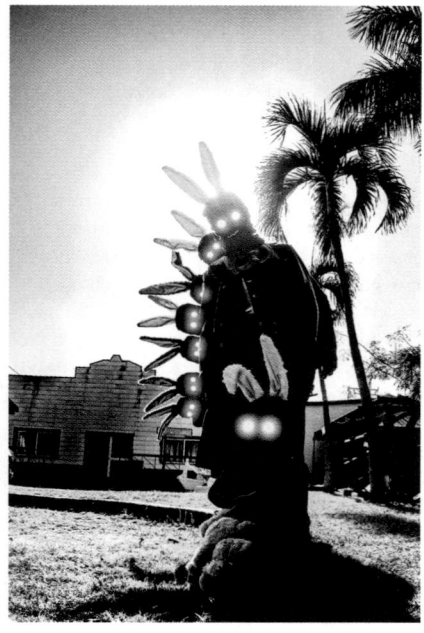

Yari Rassi
De la serie *El canto de
las liebres*, 2024
© YARI RASSI

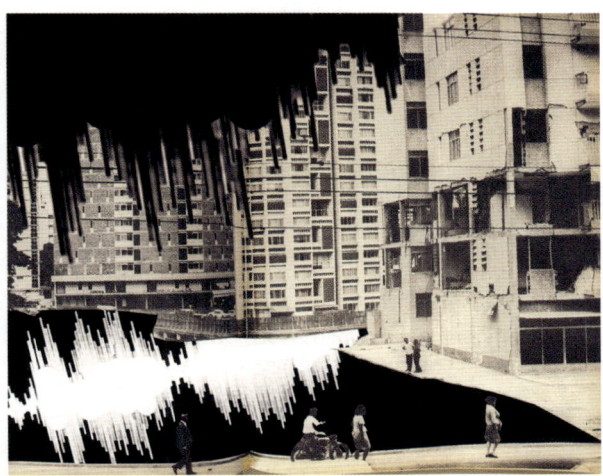

Luis Duno Gottberg
Líneas de furia, 1, 2025
© LUIS DUNO GOTTBERG

PHotoESPAÑA Master's Degree | Photographic Projects is
a semester-long program aimed at photographers seeking
professional guidance in the development of their personal
photographic work. The master's program offers a rigorous
environment for the development and completion of projects,
with a focus on photography's relationship to both physical and
virtual spaces, the new and traditional materialities of the image,
and current curatorial trends in biennials and festivals.

Its methodology is based on learning through multiple
qualified perspectives provided by leading professionals from
the international photography scene—specialists in creation,
management, publishing, and the art market. These experts
support the author throughout every stage of the process, from
conceptualization to execution, addressing key aspects such as
exhibition, editing, funding, and communication of the work.

The master's program fosters the creative process within
a real working context, encouraging the development of
professional networks and integrating students into the
PHotoESPAÑA and La Fábrica communities.

**La Fábrica / Fundación
Contemporánea**
Verónica, 13
28014 Madrid
master.phe.es

Directora artística
Linarejos Moreno

Coordinadora académica
Diana Vilera

Contacto
formacion@lafabrica.com

Fototalleres de los sábados
Captar lo invisible

FUNDACIÓN CANAL
24 y 31 de mayo y 7 y 14 de junio

Un año más, PHotoESPAÑA y la Fundación Canal organizan los *Fototalleres de los Sábados*, que durante cuatro sábados consecutivos permiten a niños y adolescentes, agrupados por edades, familiarizarse y profundizar en la práctica de la fotografía. En esta ocasión, la actividad gira en torno a la exposición *Duane Michals: el fotógrafo de lo invisible*, centrada en la figura del autor norteamericano, reconocido por su estilo innovador y su revolución del arte fotográfico al incorporar secuencias narrativas y texto manuscrito en sus imágenes, rompiendo con la idea de la fotografía como una simple captura de la realidad.

El taller está diseñado para acercar a los niños al mundo de la fotografía de una manera lúdica y creativa, permitiéndoles explorar cómo una serie de imágenes puede, a partir de la experimentación con secuencias fotográficas, contar una historia sin necesidad de palabras o complementándolas con textos breves.

Yet another year, PHotoESPAÑA and the Canal Foundation are organising the *Fototalleres de los Sábados* [Saturday Photography Workshops], which allow children and adolescents, organised into age groups, to become familiar with and learn more about the practice of photography over the course of four consecutive Saturdays. This time, the activity revolves around the exhibition *Duane Michals: The Photographer of the Invisible*, which spotlights this US photographer known for his innovative style and his revolution of the art of photography by including narrative sequences and handwritten text on his images, breaking away from the idea of photography as merely capturing reality.

This workshop is designed to teach youngsters about the world of photography in a fun, creative way by allowing them to explore how a series of images can tell a story through experimentation with photographic sequences without the need for words, or complemented with brief texts.

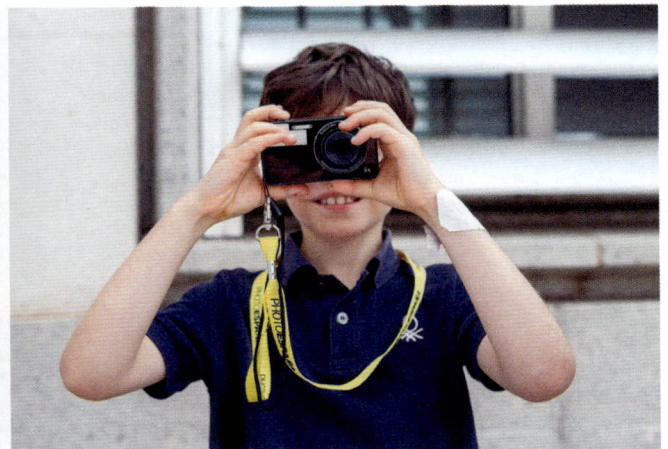

Participante en la pasada edición
de los *Fototalleres de los Sábados*
© CORTESÍA DE LA FUNDACIÓN CANAL

D **Fundación Canal**
Mateo Inurria, 2
28036 Madrid
fundacioncanal.com

Organiza
Fundación Canal y PHotoESPAÑA

Más info
Actividad previa inscripción para
niños y niñas de entre 6 y 13 años,
distribuidos en grupos por edad (6-9
y 10-13)

Sábados 24 y 31 de mayo y 7 y 14
de junio, en dos turnos horarios (de
mañana y tarde) en cada jornada

#RecorridosUrbanosPHE25

ONE SHOT HOTELS
10.04 – 11.05.205

One Shot Hotels y PHotoESPAÑA ponen de nuevo en marcha la convocatoria *#RecorridosUrbanosPHE25*. Las fotografías a concurso podrán reflejar cualquier aspecto de las ciudades, tanto las propias como las que visitamos. De entre todas las participantes, diez serán seleccionadas como finalistas y sus autores podrán disfrutar de una noche en habitación doble en cualquiera de los establecimientos de One Shot Hotels. Además, cuatro fotografías serán proclamadas ganadoras y sus autores percibirán 500 euros cada uno.

One Shot Hotels and PHotoESPAÑA are launching the *#RecorridosUrbanosPHE25* call for entries. The photographs may reflect any aspect of cities, both our own and those we visit. Ten will be selected as finalists and their authors will be able to enjoy a night in a double room at any of the One Shot Hotels establishments. In addition, four photographs will be proclaimed winners for which each photographer will receive a prize of 500 euros.

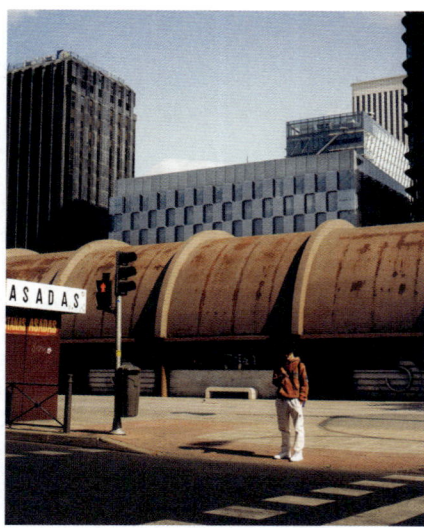

Andrei Bogdam
Imagen ganadora de
#RecorridosUrbanosPHE24
© ANDREI BOGDAM

One Shot Hotels
oneshothotels.com

Organiza
One Shot Hotels y PHotoESPAÑA

Más info
phe.es

#CaptarLoInvisible

FUNDACIÓN CANAL
02.06 – 30.06.2025

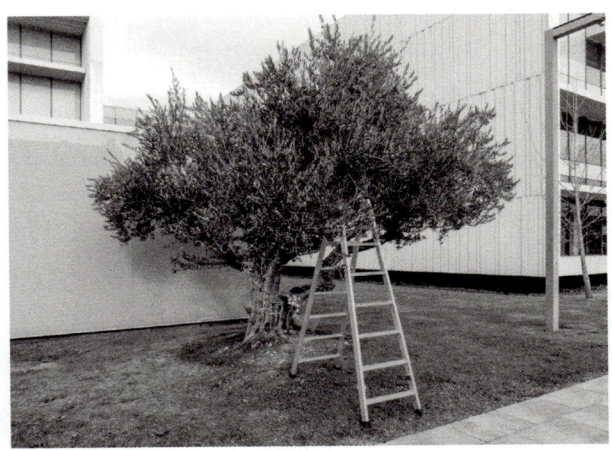

Javier Aristu
Imagen participante en la
convocatoria de 2024
© JAVIER ARISTU

Con motivo de la gran retrospectiva dedicada a Duane Michals, la Fundación Canal y PHotoESPAÑA organizan la convocatoria #CaptarLoInvisible. El concurso invita a los participantes a explorar el poder narrativo de la imagen a través de fotografías que cuenten una historia, transmitan una emoción o generen una reflexión en el espectador. El autor de la imagen ganadora recibirá un premio de 1.000 euros y los dos finalistas, un accésit de 500 euros cada uno.

On the occasion of the Duane Michals retrospective, the Fundación Canal and PHotoESPAÑA are organising the #CaptarLoInvisible call for participation. The competition invites participants to explore the narrative power of images through photographs that tell a story, convey an emotion or spark a reflection in spectators. The author of the winning image will receive a 1,000 euro prize and the two runners-up will each win 500 euros.

Fundación Canal
fundacioncanal.com

Organiza
Fundación Canal y PHotoESPAÑA

Más info
phe.es

#EncuentraTuCubo

PURIFICACION GARCIA
08.08 – 22.08.2025

PURIFICACION GARCIA y PHotoESPAÑA se unen de nuevo para aunar fotografía y moda en la convocatoria *#EncuentraTuCubo*, en la que el cubo no solo representa el universo creativo de PURIFICACION GARCIA, sino que emerge como una forma de ver la vida y en una fuente de constante inspiración. De entre todas las imágenes participantes, se escogerán tres finalistas y el público podrá votar por su favorita. El ganador recibirá un acceso exclusivo a la edición online del Máster PHotoESPAÑA.

PURIFICACION GARCIA and PHotoESPAÑA join forces once again to bring together photography and fashion through the *#EncuentraTuCubo* initiative. In this call for entries, the cube not only symbolizes the creative universe of PURIFICACION GARCIA but also emerges as a unique way of seeing life and a constant source of inspiration. Among all submitted images, three finalists will be selected, and the public will have the opportunity to vote for their favorite. The winner will receive exclusive access to the online edition of the PHotoESPAÑA Master's program.

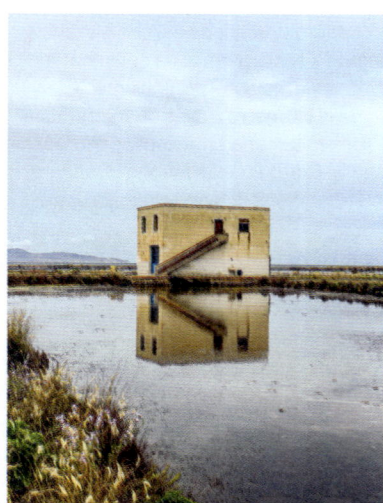

Alejandra Pinto
Imagen ganadora
de la convocatoria
#EncuentraTuCubo
2024
© ALEJANDRA PINTO

PURIFICACION GARCIA
purificaciongarcia.com

Organiza
PURIFICACION GARCIA

Más info
phe.es

#DeBarEnBarPHE25

CERVEZAS AMBAR
14.08 – 07.09.2025

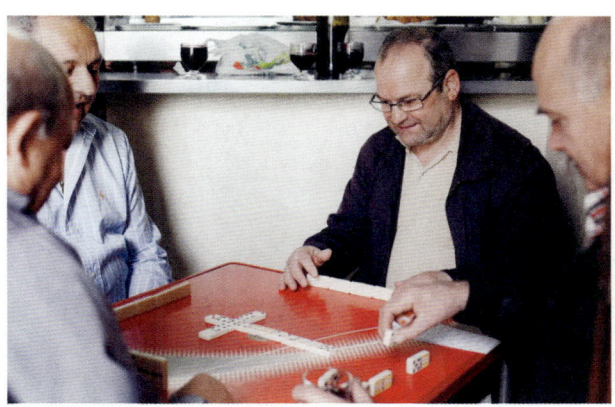

Elena del Moral
Imagen participante en la
convocatoria de 2023
© ELENA DEL MORAL

Un año más, Ambar y PHotoESPAÑA se unen para lanzar una nueva convocatoria bajo el título *#DeBarEnBarPHE25*, un concurso de fotografía online que invita a homenajear a los bares como puntos de encuentro, celebración y expresión cotidiana.

De entre todas las imágenes participantes, serán seleccionadas como ganadoras tres fotografías, cuyos autores recibirán un premio en metálico de 500 euros, así como cinco accésits, consistentes en productos y experiencias Ambar.

Once again, Ambar and PHotoESPAÑA join forces to launch a new call under the title *#DeBarEnBarPHE25*, an online photography contest that invites participants to pay tribute to bars as places of gathering, celebration, and everyday expression.

Among all the submitted images, three photographs will be selected as winners, with their authors receiving a cash prize of 500 euros, along with five honorable mentions, which will consist of ÁMBAR products and experiences.

Cervezas Ambar
ambar.com

Organiza
Cervezas Ambar y PHotoESPAÑA

Más info
phe.es

Convocatoria online

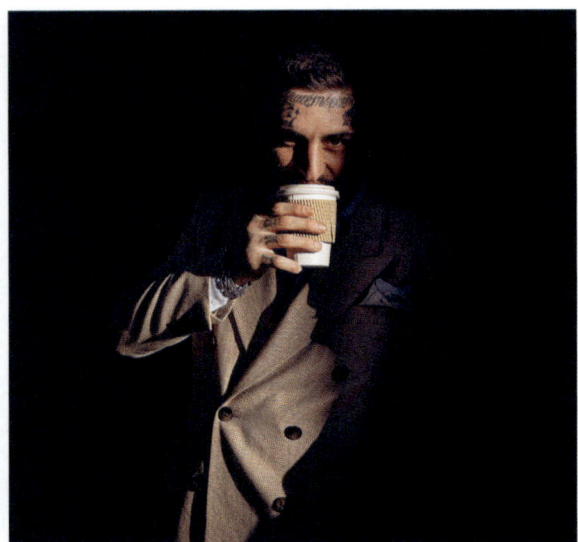

Javeri Arcenillas
Imagen ganadora de *#StreetStylePHE24*
© JAVIER ARCENILLAS

El Corte Inglés, Ámbito Cultural y PHotoESPAÑA celebran la moda con una nueva convocatoria online a través de Instagram, cuya temática se desvelará previamente a través de las redes sociales del Festival. Los autores de las tres mejores fotografías a concurso recibirán un premio de 500 euros cada uno en tarjetas regalo de El Corte Inglés.

El Corte Inglés, Ámbito Cultural, and PHotoESPAÑA celebrate fashion with a new online call, via Instagram, with the theme to be revealed in advance through the Festival's social media channels. The creators of the top three photographs will each receive a 500 euros El Corte Inglés gift card as a prize.

**Ámbito Cultural.
El Corte Inglés**
ambitocultural.es

Organiza
El Corte Inglés, Ámbito Cultural y
PHotoESPAÑA

Más info
phe.es

¡Retrátate!
Estela de Castro

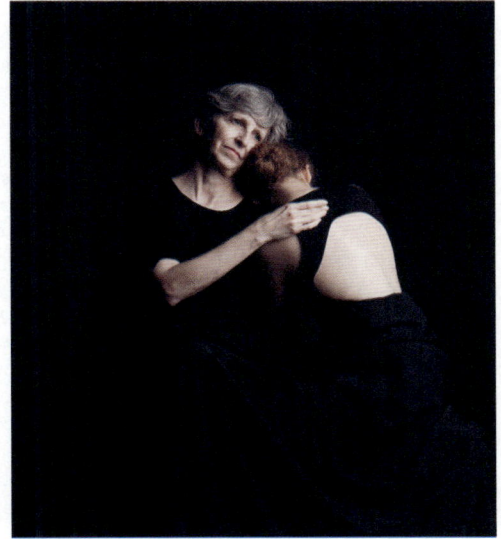

Estela de Castro
Madre e hija, 2023
© ESTELA DE CASTRO

El Ayuntamiento de Santander y PHotoESPAÑA organizan
una nueva edición de *¡Retrátate!,* una de las actividades
para públicos emblemáticas del Festival y que convierte
a los ciudadanos y a los visitantes de la capital cántabra
en los protagonistas de la sesión fotográfica realizada,
en esta ocasión, por Estela de Castro. Tras la actividad, cada
participante retratado puede descargarse su fotografía a través
de la web oficial de PHotoESPAÑA.

The Santander City Council and PHotoESPAÑA are organizing
a new edition of *Get Your Portrait Taken!*, one of the Festival's
flagship public activities, which turns both locals and visitors to
the Cantabrian capital into the stars of a photo session—this
time led by photographer Estela de Castro. After the event,
each participant can download their portrait from the official
PHotoESPAÑA website.

Organiza
Ayuntamiento de Santander
y PHotoESPAÑA

Más info
phe.es

Truck Art Project

04.06 – 14.09.2025

Por segundo año consecutivo, PHotoESPAÑA se suma, de la mano de la empresa de transportes Palibex, al proyecto *Truck Art Project*, una iniciativa cultural que difunde arte de vanguardia de forma accesible e innovadora.

Este proyecto de arte sobre ruedas, puesto en marcha en 2016, convierte una flota de camiones en soporte para diferentes artistas de la escena contemporánea. Transformados en galerías itinerantes, estos vehículos industriales mantienen sus rutas habituales por toda la geografía española y nos convierten en espectadores involuntarios y fugaces de arte en movimiento.

Hasta ahora, *Truck Art Project* ha sido un muestrario vivo de las tendencias más actuales de la pintura, el dibujo y el arte urbano en España. Alejado del cubo blanco y destinado a un receptor que no es el habitual del arte contemporáneo, y en contextos que tampoco le son favorables, el proyecto ha buscado nuevas formas de interacción con el público.

En 2025, el foco se traslada de nuevo a la fotografía: los camiones se convertirán en lienzos para mostrar la obra de un heterogéneo grupo de artistas visuales que trabajan desde distintos contextos sociales. Coincidiendo con una edición de PHotoESPAÑA que gira en torno al concepto *Después de todo*, juntos compondrán un retrato generacional de la juventud tras la pandemia, las crisis económicas y el incierto contexto social.

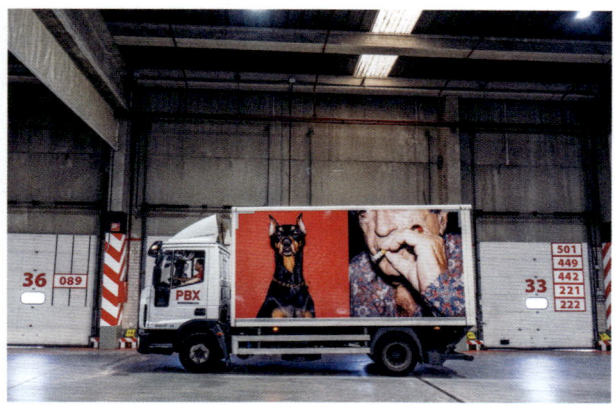

Jorquera
Intervenciones realizadas en la anterior
edición de *Truck Art Project*, 2024
© ARCHIVO PHE

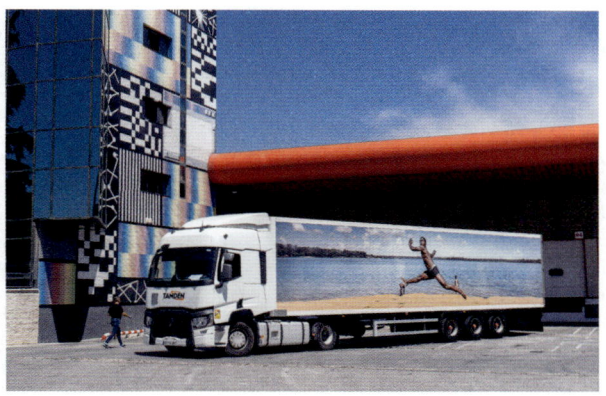

Jorquera
Intervenciones realizadas en la anterior
edición de *Truck Art Project*, 2024
© ARCHIVO PHE

For the second consecutive year, PHotoESPAÑA joins forces with the transport company Palibex to support the Truck Art Project—an innovative cultural initiative that brings cutting-edge art to the public in a highly accessible and original way.

Launched in 2016, this mobile art project transforms a fleet of trucks into moving canvases for various contemporary artists. These industrial vehicles, repurposed as traveling galleries, continue their regular routes across Spain, turning us into fleeting and unsuspecting spectators of art in motion.

To date, Truck Art Project has served as a living showcase of the latest trends in painting, drawing, and urban art in Spain. Breaking away from the traditional white cube and reaching audiences not typically exposed to contemporary art—and often in unconventional settings—the project seeks new forms of public engagement.

In 2025, the focus will once again shift to photography: the trucks will become platforms for the work of a diverse group of visual artists operating from a variety of social contexts. Coinciding with a PHotoESPAÑA edition themed *After All*, the initiative will present a generational portrait of youth shaped by the pandemic, economic crises, and ongoing social uncertainty.

Organiza
Palibex y PHotoESPAÑA

Arte digital

PHotoESPAÑA quiere dedicar especial atención a las nuevas prácticas, formatos y canales de creación y producción de imágenes y se une a CUPRA City Garage Madrid, espacio innovador y disruptivo ubicado en el corazón de la ciudad, buscando expandir la noción de la fotografía y mostrando la extraordinaria creatividad y diversidad de la práctica artística contemporánea.

Una selección de creadores visuales puede así compartir sus obras más recientes con nuevos públicos a través de las pantallas y de la sala inmersiva de CUPRA City Garage Madrid, un espacio único de visibilidad y conexión para talentos emergentes que trabajan con perspectivas visuales, estilos y narrativas capaces de transformar el panorama de la fotografía, con propuestas rompedoras y no convencionales.

PHotoESPAÑA aims to place special focus on new practices, formats, and channels for image creation and production. To this end, it joins forces with CUPRA City Garage Madrid—an innovative and disruptive space located in the heart of the city—with the goal of expanding the notion of photography and showcasing the extraordinary creativity and diversity of contemporary artistic practice.

A curated selection of visual creators has the opportunity to share their most recent work with new audiences through the screens and immersive room at CUPRA City Garage Madrid. This space has become a unique platform for visibility and connection, offering emerging talents a place to present bold proposals that go beyond the conventional, exploring new visual perspectives, styles, and narratives that are reshaping the photographic landscape.

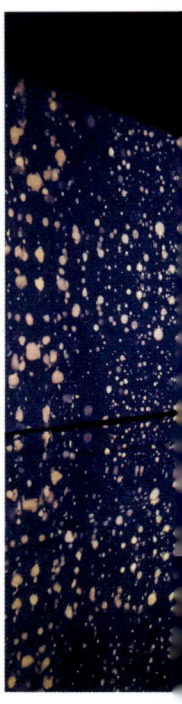

CUPRA City
Garage Madrid
CEDIDA

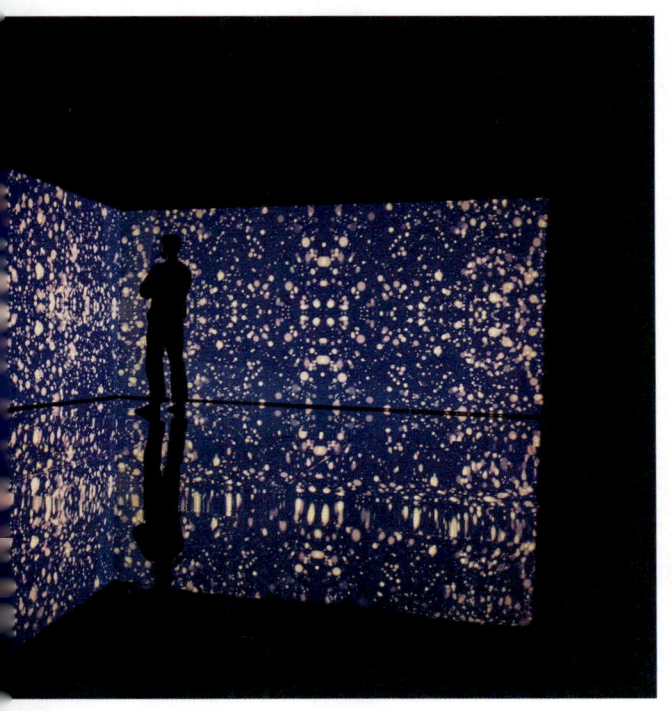

E **CUPRA City Garage Madrid**
Serrano, 88
28006 Madrid
cupraofficial.es/city-garage-
madrid

Organiza
CUPRA City Garage Madrid y
PHotoESPAÑA

Más info
phe.es

Espacio digital Agencia EFE

PHE.ES
04.06 – 14.09.2025

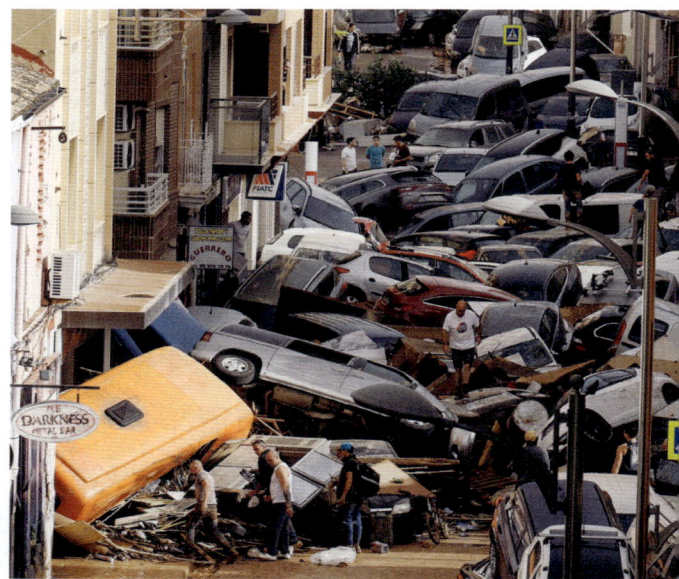

La colaboración de PHotoESPAÑA y la agencia EFE busca revalorizar el papel del fotoperiodismo para entender el mundo que nos rodea.

En esta edición, el festival y la agencia pública han apostado por mostrar en imágenes el trabajo de los reporteros gráficos en la dana que azotó la Comunidad Valenciana el pasado 29 de octubre. La selección de fotografías escogidas para esta colaboración muestran la fuerza de una naturaleza desatada y las desgarradoras consecuencias para las víctimas.

El fotoperiodismo debe contar con la inmediatez para estar siempre en el lugar y en el momento preciso, pero también con el rigor necesario para contar lo que ocurre con sensibilidad con el que sufre.

ALFAFAR (VALENCIA), 30/10/2024.- Vehículos amontonados en una calle tras las intensas lluvias de la fuerte dana que afecta especialmente el sur y el este de la península ibérica, este miércoles en Picaña (Valencia). EFE/Biel Aliño

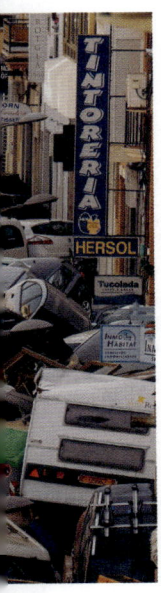

De eso saben mucho los profesionales de EFE, en especial los de su delegación de València, reconocida con el Premio EFE de la última edición que se entregará en el marco de los Premios Internacionales Rey de España de Periodismo por la cobertura de la dana. PHotoESPAÑA, el festival internacional de fotografía y artes visuales, recoge el guante con una alianza que tiene clara vocación de continuidad.

The collaboration between PHotoESPAÑA and the EFE Agency aims to highlight the value of photojournalism in helping us understand the world around us.

In this edition, the festival and the public agency have chosen to showcase, through images, the work of photojournalists during the storm (*DANA*) that hit the Valencian Community on October 29. The selected photographs for this collaboration capture the raw power of unleashed nature and the heartbreaking consequences for its victims.

Photojournalism is about immediacy—being in the right place at the right time—but it's also about accuracy in reporting events and empathy for those who suffer.

The professionals at EFE know this well, especially those from its Valencia bureau, which received the EFE Award at the most recent edition of the King of Spain International Journalism Awards for their coverage of the storm. PHotoESPAÑA, the international festival of photography and visual arts, embraces this commitment through a partnership with a clear intention of continuity.

Organiza
Agencia EFE y PHotoESPAÑA

Website disponible
en phe.es

Ricardo Cases
Grafitis y falleras (2016-2025)

PARQUE DE SANTANDER
05.05 – 28.09.2025

Unas estructuras invernadero parecen brotar entre la vegetación del Parque Santander del madrileño barrio de Chamberí sorprendiendo a los transeúntes y deportistas que transitan diariamente este espacio.

Ricardo Cases (Orihuela, 1971), figura clave de la fotografía en España, toma los *Invernáculos* de Lluis Alexandre para presentarnos un trabajo documental de parte de su contexto vital, como es habitual en su obra. En esta ocasión, el protagonismo no le corresponde al paisaje levantino como tal, sino a las falleras, quiénes toman la calle para dar un giro al folklore, en un cruce entre lo tradicional y lo subversivo.

Cases muestra en toda su autenticidad y complejidad la identidad de las retratadas, agitando, no obstante, el concepto de postal habitual, en las antípodas del inmovilismo tradicional, en un ejercicio en el que el simbolismo punk representa su particular visión del costumbrismo contemporáneo.

Greenhouse-like structures seem to sprout among the vegetation of Santander Park in Madrid's Chamberí neighborhood, surprising passersby and athletes who frequent this space daily.

Ricardo Cases (Orihuela, 1971), a key figure in Spanish photography, takes Lluis Alexandre's Invernáculos as a backdrop to present a documentary project rooted in his own life context, as is customary in his work. This time, however, the spotlight is not on the Levantine landscape itself, but on the falleras, who take to the streets, offering a fresh twist on folklore—a fusion of the traditional and the subversive.

Cases captures the identity of his subjects in all its authenticity and complexity, challenging the conventional postcard image. His work stands in stark contrast to traditional immobility, engaging in an exercise where punk symbolism embodies his unique take on contemporary costumbrismo.

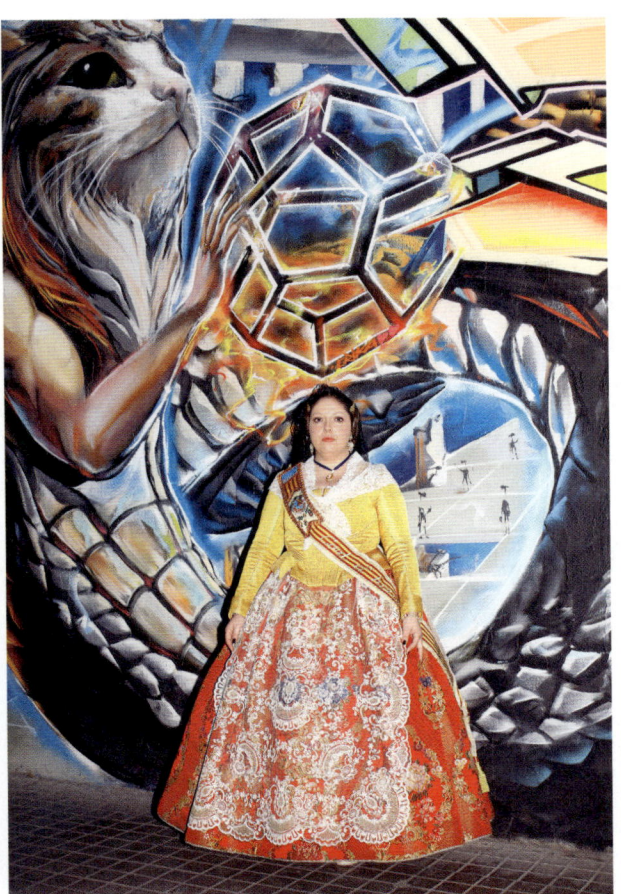

Ricardo Cases
De la serie *Grafitis y falleras*, 2016
© RICARDO CASES

F **Parque de Santander**
Pº de San Francisco de Sales, 39
28003 Madrid

Organiza
Comunidad de Madrid. Consejería
de Cultura, Turismo y Deporte

Antonio M. Xoubanova
Zoom

LIBRERÍA LA FÁBRICA
07.06 – 14.09.2024

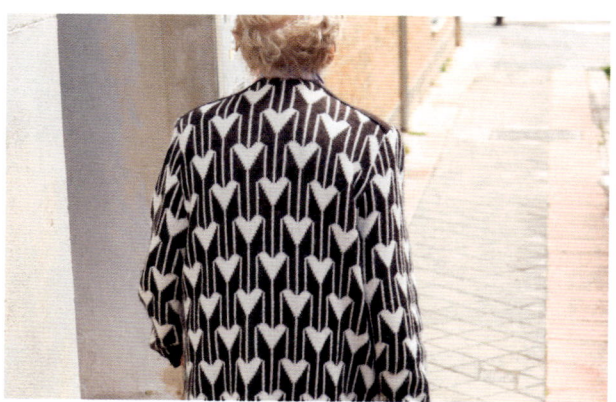

Antonio M. Xoubanova
De la serie *Zoom*, 2024
© ANTONIO M. XOUBANOVA

Zoom es una serie de Antonio M. Xoubanova (Madrid, 1977) que aborda la fotografía como un acto de acercamiento al objeto, revelando gradualmente la forma interior de la experiencia privada del fotógrafo.

A través de este proceso, se evidencia el acto mismo de fotografiar, donde el detalle comienza a conectarse con nuevos elementos, ampliando el contexto y los significados. Un enfoque que busca generar una conciencia más profunda de la experiencia, la cosa o la persona que estamos observando.

El proyecto surge como una serie de secuencias sencillas que se complejizan al momento de ser presentadas. Cada una de ellas se convertirá en una publicación impresa, así como en una exposición ubicada en el escaparate de una galería o librería distinta. El espacio escogido para esta ocasión es la librería La Fábrica, especializada en fotografía, arte, diseño y narrativa contemporánea independiente.

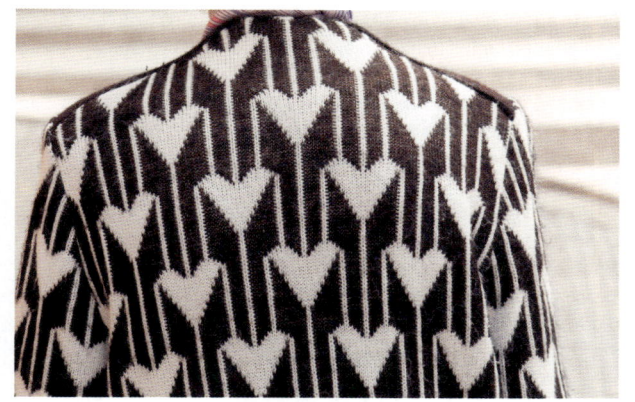

Zoom is a series by Antonio M. Xoubanova (Madrid, 1977) that examines photography as an act of approaching an object and gradually revealing the internal form of the photographer's private experience.

This process spotlights the act of photographing, where the detail begins to connect with new elements to expand the context and meanings. This approach seeks to raise a deeper awareness of the experience, the thing or the person we are observing.

The project emerges as a series of simple sequences that become complex as soon as they are presented. Each of them will become a print publication and an exhibition displayed in the window of a different gallery or bookshop. The space chosen this time is the La Fábrica bookshop, which specialises in photography, art, design and contemporary independent fiction.

G **Librería La Fábrica**
Verónica, 13
28014 Madrid
tienda.lafabrica.com

Organiza
PHotoESPAÑA
y Librería La Fábrica

Intervención urbana

STARBUCKS
Junio – septiembre 2025

Desde sus inicios, uno de los objetivos de PHotoESPAÑA ha sido desbordar los espacios expositivos habituales, sacar la fotografía a la calle y contagiar el entusiasmo por esta disciplina a toda la ciudadanía. Fiel al espíritu de su primera edición, PHotoESPAÑA refuerza este año su presencia en el centro de Madrid, con la incorporación de nuevas sedes a la programación.

En este marco, el Festival y Starbucks se aúnan por primera vez para convertir los escaparates de un céntrico establecimiento de la cadena de cafeterías en soporte expositivo que sorprenda a los transeúntes que cada día recorren las calles de Madrid. Con esta intervención urbana, Starbucks no solo potencia su visibilidad en el contexto cultural, sino que se convierte en un actor clave en la difusión de fotografía entre sus clientes y visitantes de la ciudad.

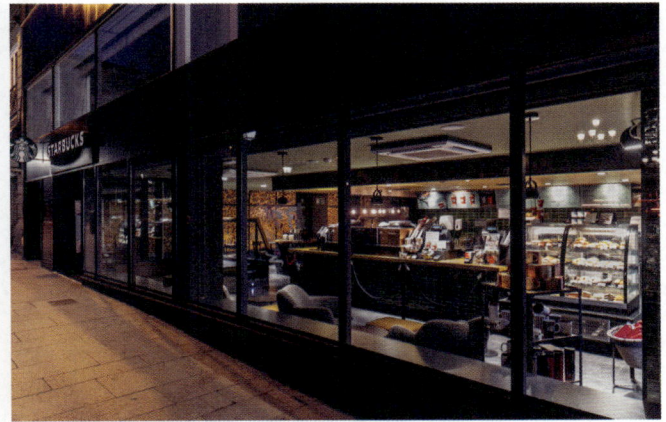

Starbucks de la Pl. de Pedro Zerolo
CEDIDA

Since its inception, one of PHotoESPAÑA's main objectives has been to expand beyond traditional exhibition spaces, bringing photography to the streets and sharing the enthusiasm for this discipline with the general public. Staying true to the spirit of its first edition, this year PHotoESPAÑA strengthens its presence along the city center of Madrid by incorporating new venues into the program.

In this context, the Festival and Starbucks have partnered for the first time to transform the windows of a central Starbucks store into an exhibition space that will surprise passersby who walk the streets of Madrid every day. Through this urban intervention, Starbucks not only enhances its visibility within the cultural sphere but also becomes a key player in promoting photography among its customers and visitors to the city.

 Starbucks
Pl. de Pedro Zerolo, 12
28004 Madrid
starbucks.es

Organiza
Starbucks y PHotoESPAÑA

Más info
phe.es

Las Nocturnas de la Casa de Velázquez

CASA DE VELÁZQUEZ
12.06.2025

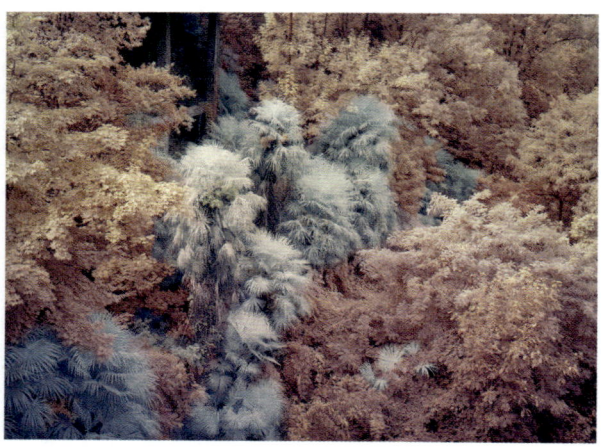

Yann Gross
Fortune 6, 2024
© YANN GROSS

Cinco fotógrafos y cineastas residentes de la Académie de France à Madrid presentan sus trabajos en una noche de proyecciones al aire libre. En el documental *Des aigles au-dessus de la tête*, Yann Gross sigue el personaje de Mitch, un cincuentón en búsqueda constante de libertad, a los pies del Grand Muveran, en el Chablais Vaudois. Inspirada en nuestra relación orgánica con la naturaleza y los elementos, Marine Lanier propone una serie de fotografías de su proyecto *Le Jardin d'Hannibal*, ambientado en las cimas de los Alpes en el jardín botánico de Le Lautaret, el más alto de Europa. El cortometraje *Tú serás un ultra* de Maxence Voiseux nos sumerge en el mundo de los ultras a través del retrato de un padre y de su hijo. El cine de Juan Francisco González se caracteriza por la utilización de archivos fílmicos para reexaminar el pasado histórico y crear narrativas en las que combina elementos documentales y de ficción. María Rojas nos propone un viaje visual que trata de poner en relación acciones y desarrollos culturales como el lenguaje con elementos que componen nuestro entorno con el agua como elemento.

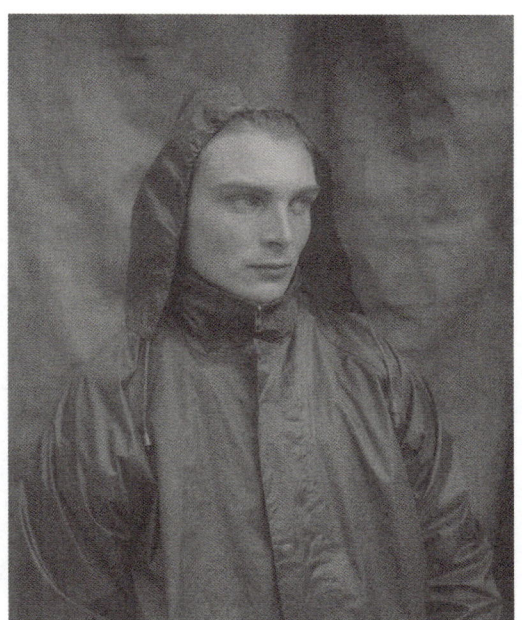

Marine Lanier
Les Jardiniers #1,
2022
© MARINE LANIER

Five resident photographers and filmmakers from the Académie
de France à Madrid present their work in an open-air screening
night. In the documentary *Des aigles au-dessus de la tête*, Yann
Gross follows the character of Mitch, a man in his fifties in constant
search of freedom, at the foot of the Grand Muveran in the Chablais
Vaudois. Inspired by our organic relationship with nature and
the elements, Marine Lanier presents a series of photographs
from her project Le *Jardin d'Hannibal*, set in the Alpine peaks at
the Jardin du Lautaret, the highest botanical garden in Europe.
The short film *Tú serás un ultra* by Maxence Voiseux immerses
us in the world of football ultras through the portrait of a father
and his son. Juan Francisco González's cinema is characterized
by the use of archival footage to reexamine historical memory
and craft narratives that blend documentary and fiction. María
Rojas offers a visual journey that seeks to connect cultural actions
and developments—such as language—with elements of our
environment, focusing on water as a central theme.

Casa de Velázquez
Paul Guinard, 3
28040 Madrid
casadevelazquez.org

Organiza
Casa de Velázquez

Autores
Yann Gross, Marine Lanier, María
Rojas, Juan Francisco González y
Maxence Voiseux

Premio de comisariado
José Luis Soler
Convocatoria: 11.03 – 12.05.2025

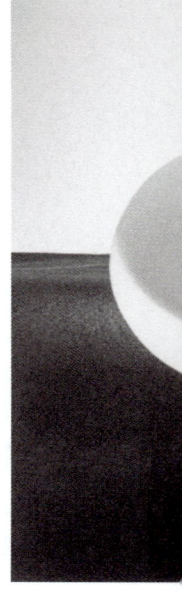

Akira Sato
Sin Título, ca. 1960
© AKIRA SATO /
COLECCIÓN JOSÉ LUIS
SOLER

Para rendir tributo a la figura del empresario José Luis Soler, visibilizar la riqueza de su colección fotográfica y apoyar a los nuevos talentos del ámbito de la investigación, el comisariado, la mediación y la gestión cultural, la Colección José Luis Soler y PHotoESPAÑA impulsan un nuevo Premio anual, cuyo fin es facilitar el acceso al mundo profesional de comisarios y comisarias noveles, apostar por las propuestas más innovadoras y sostenibles, y dar visibilidad a sus proyectos en el Espacio de Fotografía José Luis Soler, un nuevo espacio ubicado en una de las naves del recinto de Bombas Gens, una antigua fábrica de bombas hidráulicas cuya rehabilitación impulsó el matrimonio Soler-Lloret. Valencia suma así una nueva iniciativa cultural de la mano de la Colección José Luis Soler y PHotoESPAÑA amplía su radio de acción en la capital valenciana, en una sala consagrada a la fotografía que surge con fuerza con este Premio de comisariado, el primero en formar parte de la programación oficial del Festival.

De hecho, los proyectos expositivos que opten al Premio deberán plantearse en diálogo con la temática global de la Sección Oficial de PHE25: bajo el título *Después de todo*, la edición aborda el posconflicto y la fotografía como herramienta crítica de memoria, disidencia, expiación, restitución o agente de cambio. Además, las propuestas deben circunscribir la investigación al marco concreto de los fondos fotográficos de la Colección José Luis Soler, que cuenta con más de dos mil fotografías de más de un centenar de autores internacionales de primer nivel.

To pay tribute to the figure of the businessman José Luis Soler, shed light on the wealth of his photography collection and support new talents in the field of research, curatorship, cultural mediation and cultural management, the José Luis Soler Collection and PHotoESPAÑA are announcing a new annual award whose goal is to facilitate new curators' access to the professional world,

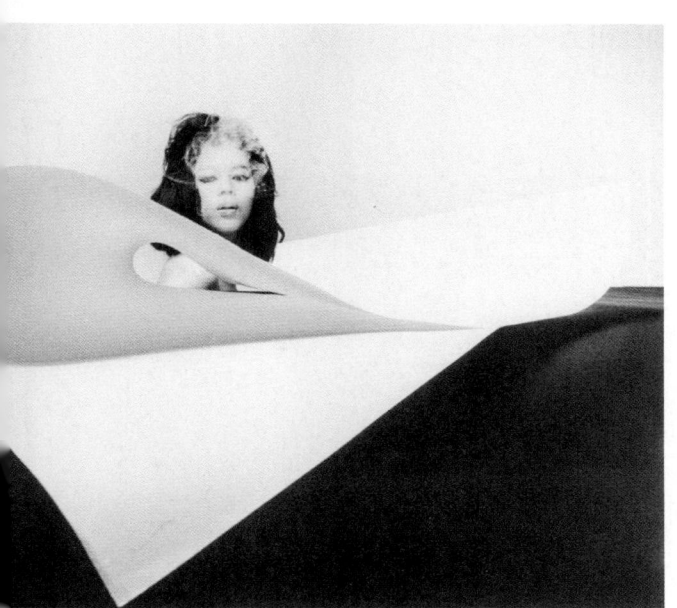

showcase the most innovative and sustainable proposals and bring visibility to their projects in the José Luis Soler Photography Space. This new space is located in one of the warehouses of the Bombas Gens premises, a former hydraulic pump factory whose rehabilitation was driven by the Soler-Llorets. Valencia is thus adding a new cultural initiative via the José Luis Soler Collection and PHotoESPAÑA is expanding its scope of action in the capital city in a venue devoted to photography that is being foregrounded with this curatorship award, the first to be part of the Festival's official programming.

In fact, the exhibition projects that vie for the award have to be designed in dialogue with the overall theme of the Official Section of PHE25. With the title *After All*, this edition is addressing post-conflict and photography as a critical tool of memory, dissidence, expiation or restitution, or as a change agent. Plus, the proposals have to limit the inquiry to the specific framework of the photographic holdings of the José Luis Soler Collection, which has more than 2,000 photographs by more than 100 prominent international authors.

Organiza
Colección José Luis Soler y
PHotoESPAÑA

Más info
phe.es

Circuito PHE

15.09 – 28.09.2025

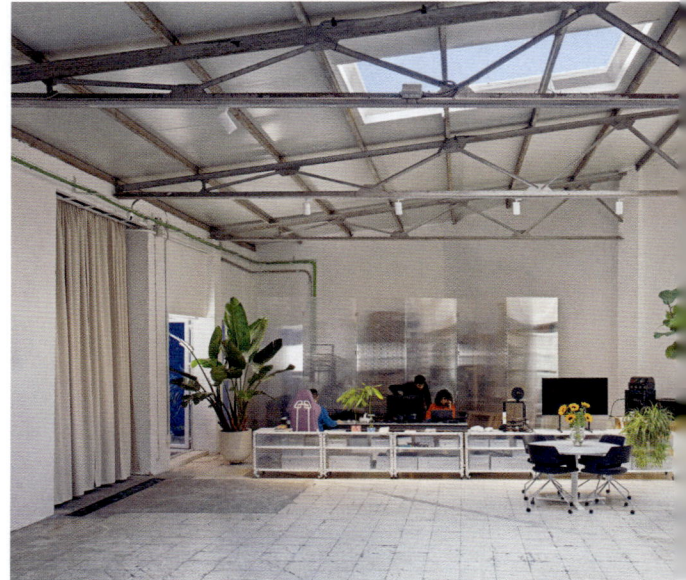

Madrid es un escenario en constante cambio, donde la fotografía encuentra nuevos espacios para expresarse, y *Circuito PHE* es una ventana a esa diversidad. Este programa paralelo del Festival ofrece una ruta alternativa por espacios expositivos experimentales para sumergirse en rincones inesperados de la ciudad. Lugares donde la fotografía dialoga con el presente, se entrelaza con otras disciplinas y conecta con nuevas audiencias.

Desde estudios, laboratorios, espacios de creación híbridos, *Circuito PHE* amplía el mapa visual del festival y ofrece una panorámica distinta de la creación fotográfica, tanto nacional como internacional. Un recorrido abierto, vibrante y en constante evolución, donde cada sala, cada imagen y cada propuesta suman nuevas formas de entender y disfrutar la fotografía.

Descubre el otro Madrid de *PHotoESPAÑA*. Sumérgete en *Circuito PHE* del 15 al 28 de septiembre.

Asier Rua
Instalaciones del espacio HYPER HOUSE
© ASIER RUA

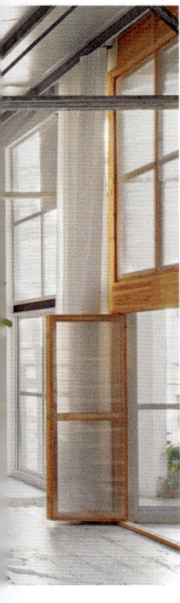

Madrid is a constantly evolving stage, where photography finds new spaces to express itself, and *Circuito PHE* is a window into that diversity. This parallel program of the Festival offers an alternative route through experimental exhibition spaces, inviting visitors to explore unexpected corners of the city. Places where photography engages with the present, intertwines with other disciplines, and connects with new audiences.

From studios and labs to hybrid creative spaces, *Circuito PHE* expands the visual map of the festival and offers a different perspective on photographic creation, both national and international. It's an open, vibrant, and ever-evolving journey, where each venue, each image, and each proposal adds new ways to understand and enjoy photography.

Discover a different side of Madrid through PHotoESPAÑA. Dive into *Circuito PHE* from September 15 to 28.

Circuito PHE
Varias localizaciones

Más info
phe.es

Luis Cuenca Castro
China 354

INSTITUTO CERVANTES
25.06 – 31.08.2025

China 354 es una obra cinematográfica inspirada en los 24 periodos solares del calendario lunar tradicional chino. Cada estación, regida por los movimientos de la luna, tiene una duración y características únicas. Mientras que el tiempo solar es constante y predecible, el tiempo lunar fluye de manera orgánica. Esta reflexión de un tiempo sin medida absoluta es el origen del compromiso del cineasta español Luis Cuenca Castro (Madrid, 1975) por crear una película al día en China durante un año lunar con 354 días. Éstas no debían superar el minuto de duración, no solo como un nuevo giro temporal, sino como una limitación desde la que ser capaz de destilar lo esencial de cada historia filmada.

Cámara en mano, el autor llevó su experiencia vital de inmersión en este país a una experiencia cinematográfica en tiempo real registrando lo que veía y dejando que los eventos presentes pautaran el guion. Un diario visual que intenta diseccionar las ideas chinas de identidad, nación, tradición, contemporaneidad, familia o amor, revelando no solo la diversidad del país, sino también el significado cultural y filosófico del año lunar.

China 354 is a cinematic work inspired by the 24 solar terms of the traditional Chinese lunar calendar. Each season, governed by the movements of the moon, has its own unique duration and characteristics. While solar time is constant and predictable, lunar time flows organically. This meditation on time without absolute measure sparked the commitment

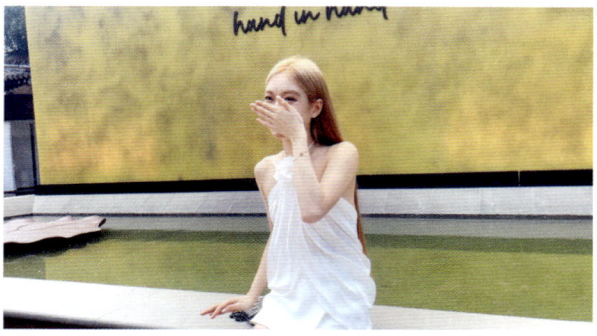

TODAS LAS IMÁGENES
Luis Cuenca Castro
China 354 (fotograma), 2019
© LUIS CUENCA CASTRO

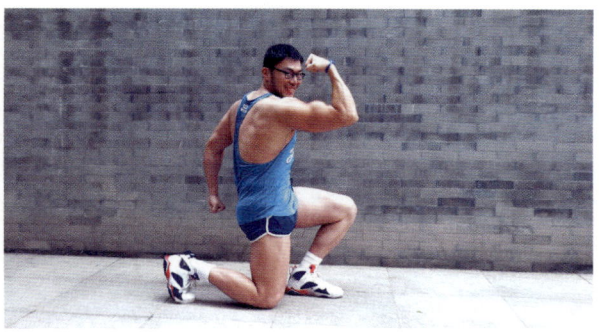

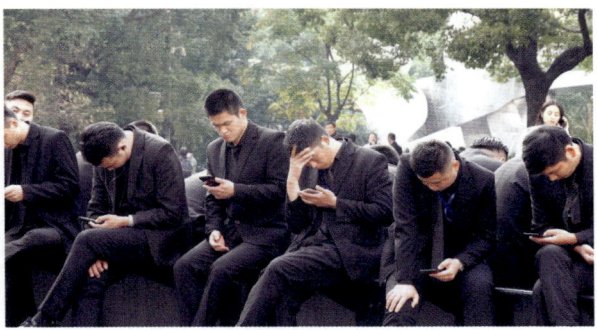

of Spanish filmmaker Luis Cuenca Castro (Madrid, 1975) to create one film per day in China over the course of a lunar year spanning 354 days. Each film was limited to under one minute —not only as a new temporal approach, but as a creative constraint designed to distill the essence of each captured story.

With a camera in hand, the artist transformed his immersive experience in the country into a real-time cinematic journey, documenting what he observed and allowing present events to shape the narrative. The result is a visual diary that seeks to dissect Chinese notions of identity, nation, tradition, modernity, family, and love—revealing not only the country's diversity but also the cultural and philosophical significance of the lunar year.

 35

Instituto Cervantes
Alcalá, 49
28014 Madrid
cervantes.org

Comisario
Fosi Vegue

Producción
Larry Levene / Es.Docu
Jenny Chou / ATLAS Studio

Organiza
Instituto Cervantes

Colabora
Embajada de la República Popular China en España, Embajada de España en la República Popular China y China Internacional Exhibition Agency (CIEA)

Premio PHotoESPAÑA

Joel Meyerowitz nació en 1930 en el Bronx (Nueva York), donde recibió una educación "callejera" que alimentó su capacidad de observación de la condición humana: una percepción inserta en el corazón de su fotografía.

Tras estudiar pintura, historia del arte e ilustración médica en la Universidad Estatal de Ohio, llegó a la fotografía en 1962, tras contemplar a Robert Frank en pleno trabajo. Impactado, abandonó su puesto como director artístico en publicidad, pidió prestada una cámara y salió a fotografiar las calles de Nueva York. En ellas conoció al diseñador gráfico Tony Ray-Jones con el que comenzó a aprender y a explorar el lenguaje fotográfico. En esa misma época trabó amistad con Garry Winogrand junto al que recorrió a diario, cámara en mano, la Quinta Avenida durante casi cinco años.

Aunque Meyerowitz es un fotógrafo callejero en la tradición de Henri Cartier-Bresson, fue capaz de transformar el medio con su uso pionero del color, en una época en la que la fotografía artística estaba dominada por el uso del blanco y negro. De hecho, *Cape Light* (1978), el primero de los más de medio centenar de libros que ha publicado hasta la fecha, contribuyó decisivamente a la aceptación generalizada de la fotografía en color, a pesar de la resistencia inicial.

Aunque Meyerowitz nunca se sintió confinado en ninguna disciplina fotográfica concreta, para él "la fotografía callejera es el único género que no debe nada a la pintura ni a las demás artes plásticas. Es puramente fotográfica". Su obra forma parte de las colecciones del Museo Metropolitano de Arte, el Museo Whitney de Arte Americano, el MoMA y la Tate Modern, entre otras.

<table>
<tr><td>

PHE 24
Boris Savelev

PHE 23
Edward Burtynsky

PHE 22
Susan Meiselas

PHE 21
Isabel Muñoz

PHE 20
Fotoperiodismo español

Premio Especial PHE
Rosa Ros

PHE 19
Donna Ferrato

</td><td>

PHE 18
Samuel Fosso

PHE 17
Cristina García Rodero

PHE 16
Harry Gruyaert

PHE 15
Paz Errázuriz

PHE 14
Ramón Masats

PHE 13
Bernard Plossu

PHE 12
Alberto García-Alix

</td></tr>
</table>

Joel Meyerowitz was born in 1930 in the Bronx (New York), where he received a "street" education that nurtured his ability to observe the human condition—a perception that lies at the heart of his photography.

After studying painting, art history, and medical illustration at Ohio State University, he came to photography in 1962, when he had the chance to watch Robert Frank at work. Deeply impacted, he left his position as an art director in advertising, borrowed a camera, and set out to photograph the streets of New York. There, he met graphic designer Tony Ray-Jones, with whom he began to learn and explore the photographic language. Around that same time, he befriended Garry Winogrand, and together—with cameras in hand—they walked up and down Fifth Avenue daily for nearly five years.

Although Meyerowitz is a street photographer in the tradition of Henri Cartier-Bresson, he transformed the medium through his pioneering use of color at a time when artistic photography was dominated by black and white. In fact, *Cape Light* (1978), the first of more than fifty books he has published to date, played a decisive role in shifting attitudes toward color photography—from initial resistance to widespread acceptance.

While Meyerowitz never felt confined by any particular photographic discipline, he maintains that "street photography is the only genre that owes nothing to painting or the other visual arts. It is purely photographic."

His work is part of the collections of the Metropolitan Museum of Art, the Whitney Museum of American Art, MoMA and Tate Modern, among others.

PHE 11
Thomas Ruff

PHE 10
Graciela Iturbide

PHE 09
Malick Sidibé

PHE 08
Martin Parr

PHE 07
Robert Frank

PHE 06
Hiroshi Sugimoto

PHE 05
William Klein

PHE 04
William Eggleston

PHE 03
Helena Almeida

PHE 02
Nan Goldin

PHE 01
Duane Michals

PHE 00
Chema Madoz

PHE 99
Luis G. Palma

PHE 98
Josef Koudelka

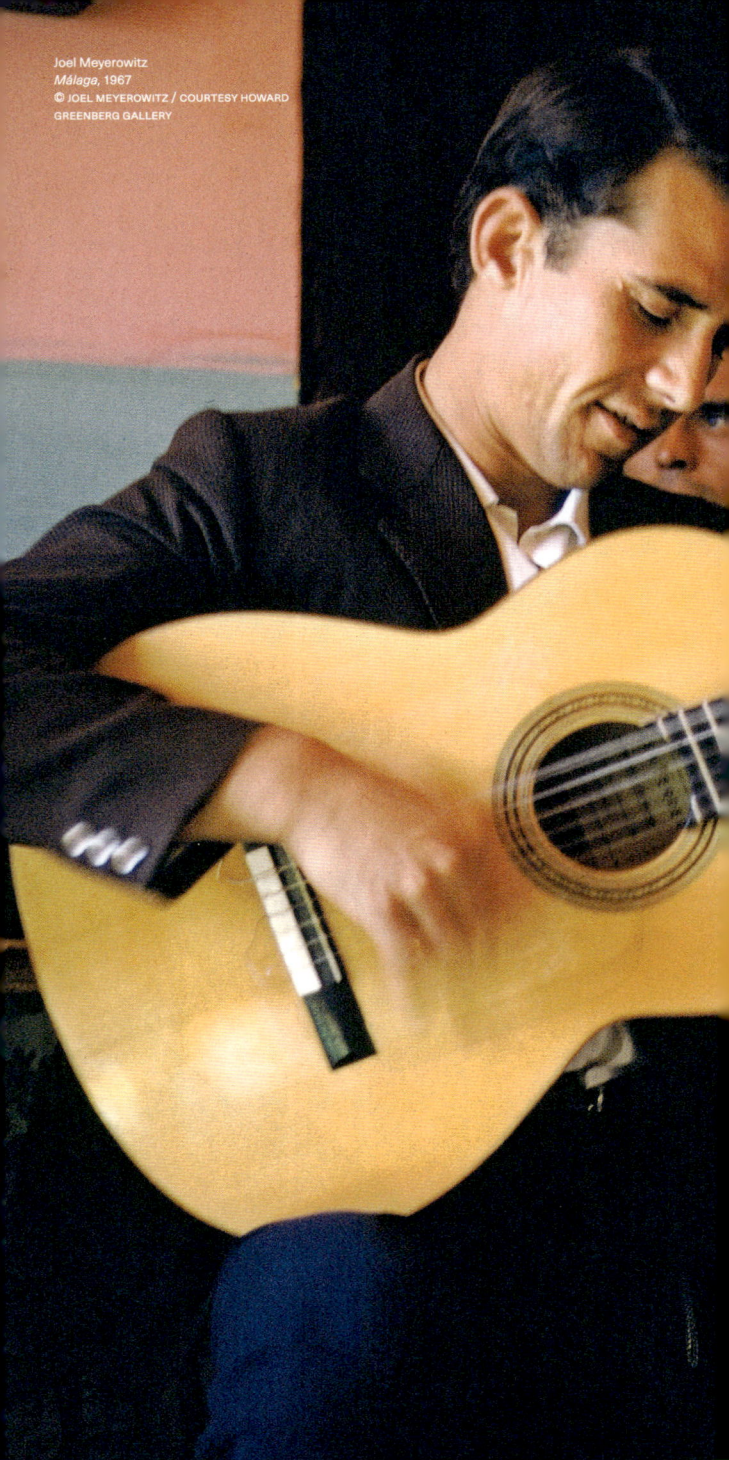

Joel Meyerowitz
Málaga, 1967
© JOEL MEYEROWITZ / COURTESY HOWARD
GREENBERG GALLERY

PHE 25

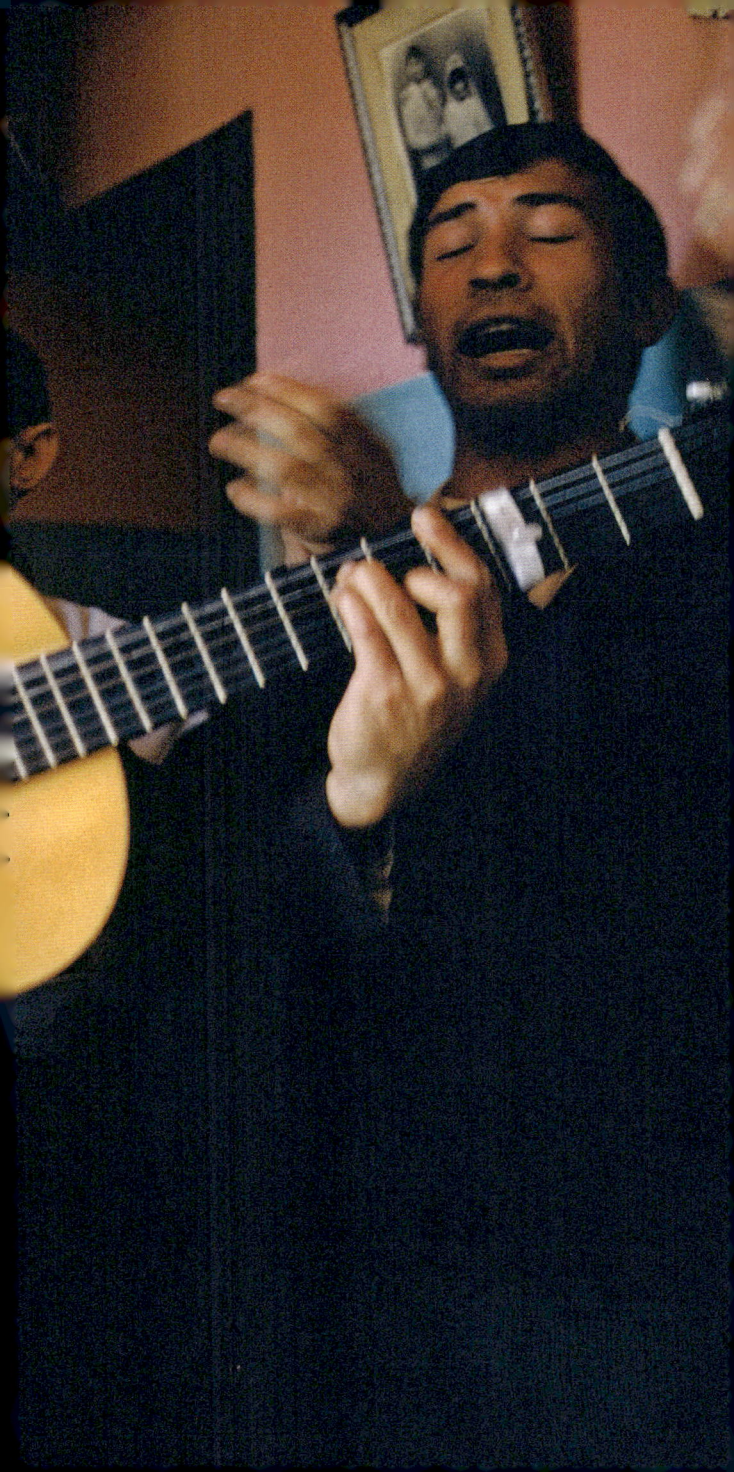

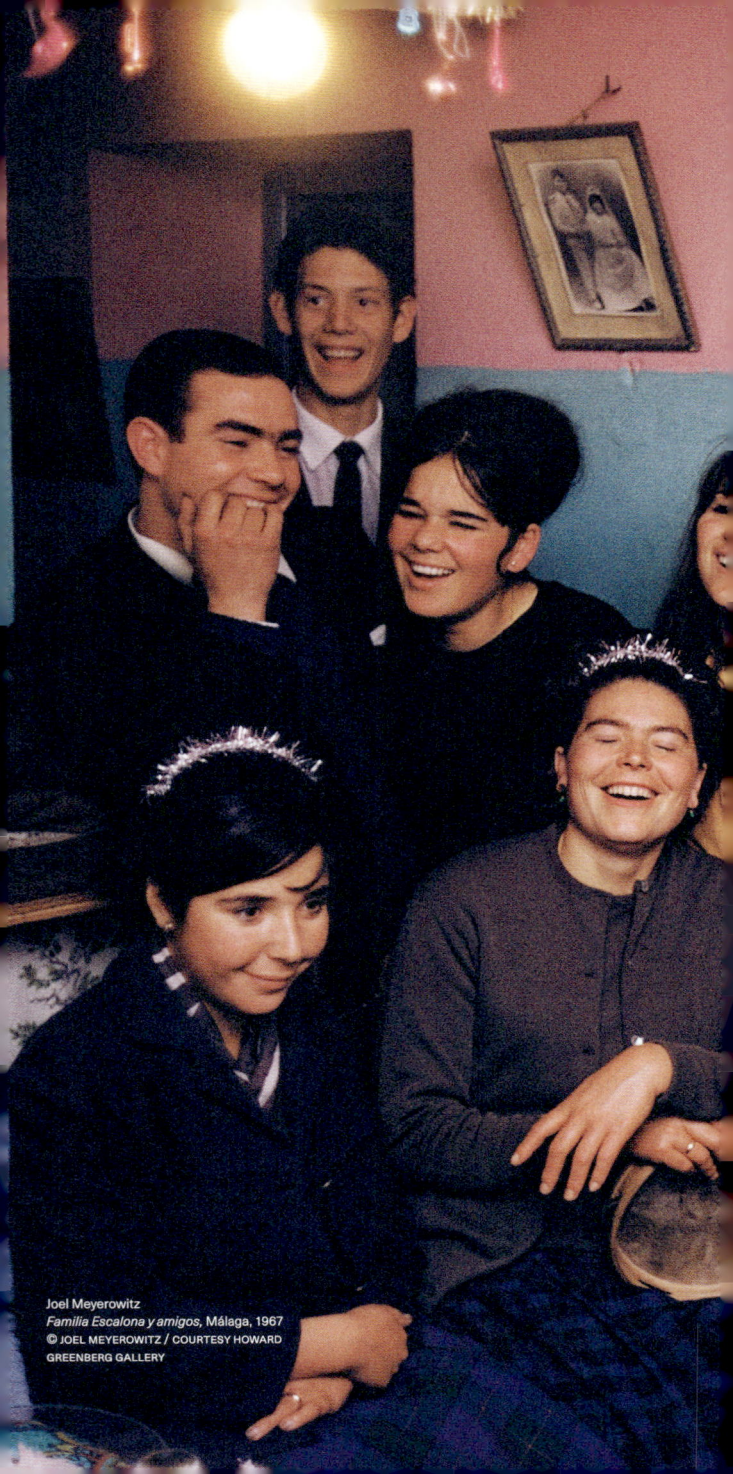

Joel Meyerowitz
Familia Escalona y amigos, Málaga, 1967
© JOEL MEYEROWITZ / COURTESY HOWARD
GREENBERG GALLERY

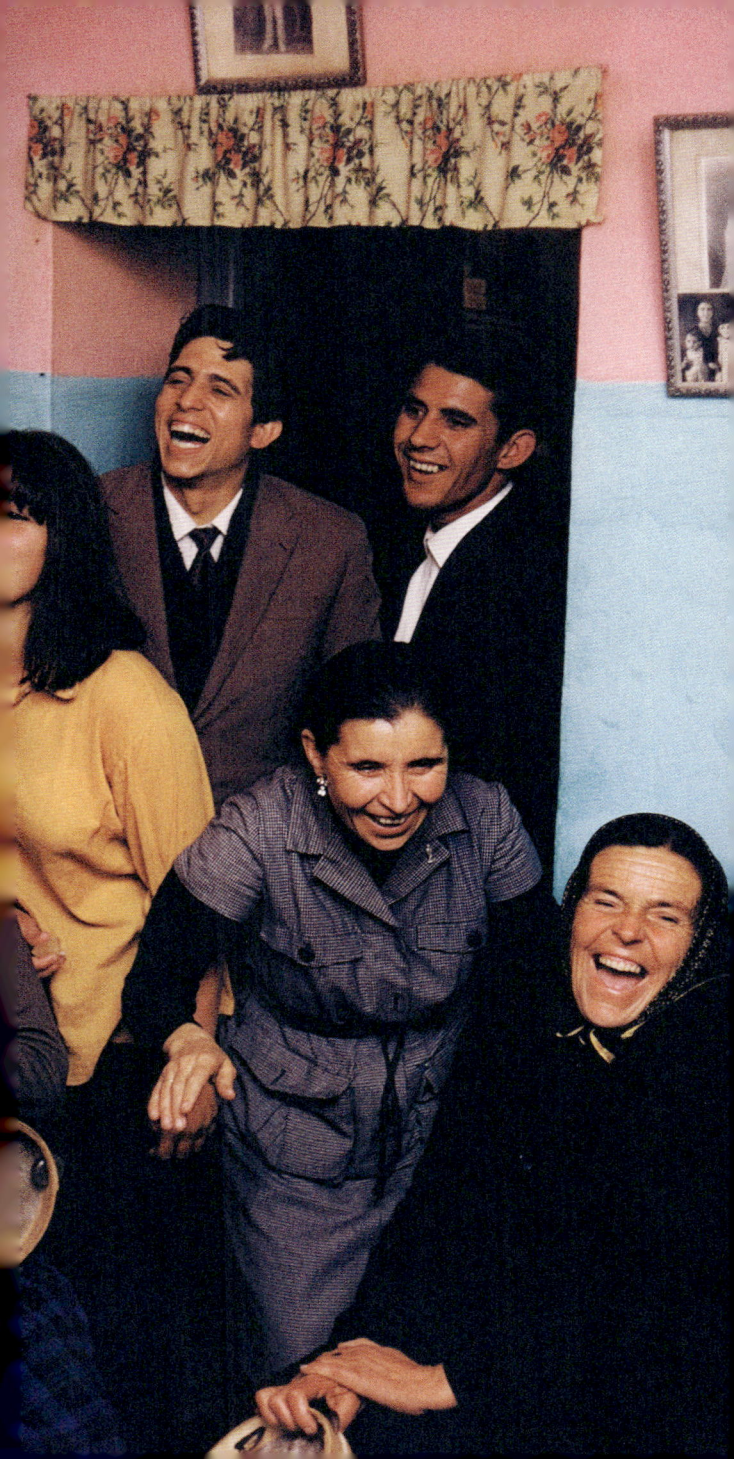

Joel Meyerowitz
Self-Portrait, Edinburgh, sin fechar
© JOEL MEYEROWITZ / COURTESY
 HOWARD GREENBERG GALLERY

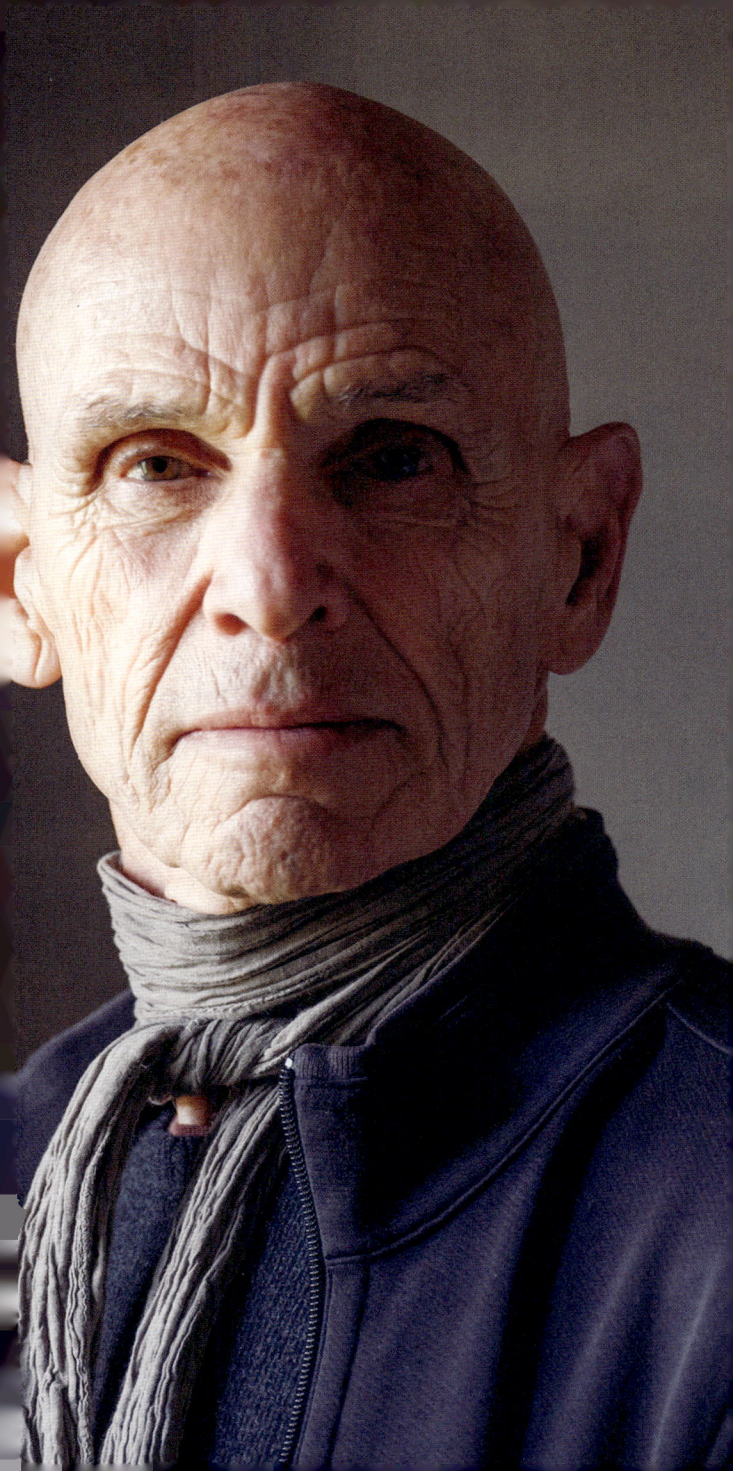

Publicaciones

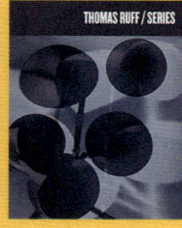

Thomas Ruff
Series

LA FÁBRICA
34€

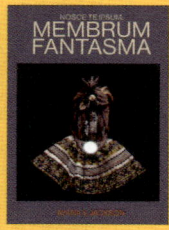

Ayana V. Jackson
Nosce Te Ipsum: Membrum Fantasma
Textos: Ayana V. Jackson, Marisol
Rodríguez y Yeison F. García

MINISTERIO DE CULTURA
13€

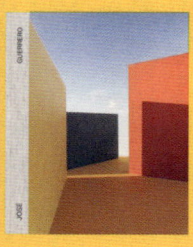

José Guerrero
A propósito del paisaje
Textos: Marta Gili, Marta Llorente
y Lorenzo Bruni

FUNDACIÓN MAPFRE
34,90€

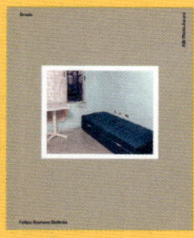

Felipe Romero Beltrán
Bravo
Textos: Alejandra Aragón, Dominik
Bermúdez, Albert Crobí y Victoria
del Val

FUNDACIÓN MAPFRE
34,90€

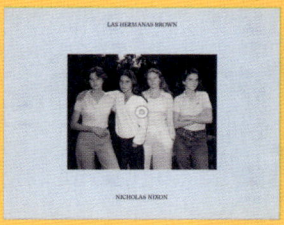

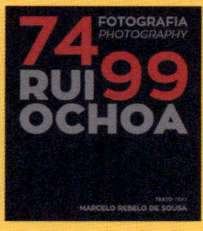

Nicholas Nixon
Las hermanas Brown
Texto: Carlos Gollonet

FUNDACIÓN MAPFRE
34,90€

Rui Ochoa
Rui Ochoa 74-99
Texto: Marcelo Rebelo de Sousa

CASA DAS LETRAS
CONSULTAR PRECIO EN PUNTO DE VENTA

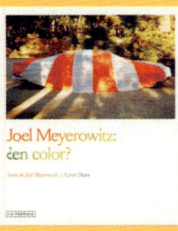

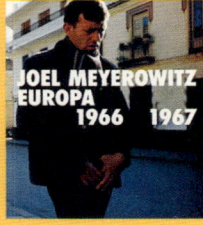

Joel Meyerowitz
Joel Meyerowitz: ¿En color?

LA FÁBRICA
32€

Joel Meyerowitz
Europa 1966-1967

LA FÁBRICA
39€

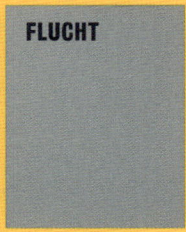

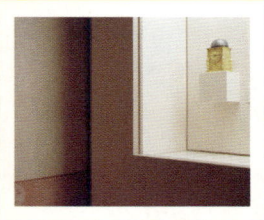

Espe Pons
FLUCHT
Textos: Mona Benjamin, Vicenç
Altaió y Pilar Parcerisas

EDITORIAL RM
78€

Bleda y Rosa
Cuaderno de Campo N.º 2
Las horas del sol

LA FÁBRICA
18€

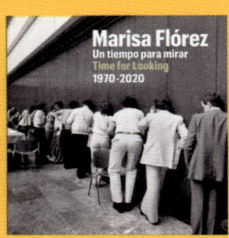

Marisa Flórez
Un tiempo para mirar (1970-2020)
Textos: Mónica Carabias y Manuel
Vilas

COMUNIDAD DE MADRID
Y GALAXIA GUTEMBERG
CONSULTAR PRECIO EN PUNTO DE VENTA

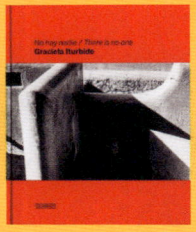

Graciela Iturbide
No hay nadie
Texto: Òscar Pujol

LA FÁBRICA
35€

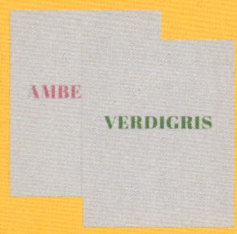

Paul Graham
Verdigris / Ambergris
MACK
95€

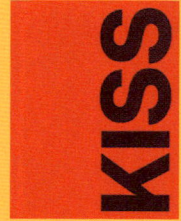

Marina Bobo
KISS

DALPINE
25€

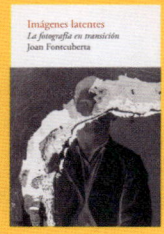

Joan Fontcuberta
Imágenes latentes. La fotografía
en transición

DALPINE
22€

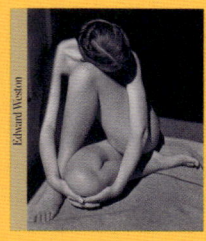

Edward Weston

FUNDACIÓN MAPFRE
34,90€

Miembros Junta PHotoESPAÑA 2025

PHoto**ESPAÑA**

D. Alberto Anaut. *In memoriam*
D. Alberto Fesser
D. Óscar Becerra
Dª. María Santoyo

ADMINISTRACIONES

Patrimonio Nacional
D. Víctor Cageao
Director de las Colecciones Reales

Ministerio de Cultura
Dª. Ángeles Albert
Directora General de Patrimonio
Cultural y Bellas Artes

Comunidad de Madrid
D. Gonzalo Cabrera
Director General de Cultura e
Industrias Creativas

Ayuntamiento de Madrid
Dª. María José Barrero
Coordinadora General de Cultura
del Área de Gobierno de Cultura,
Turismo y Deporte

**Agencia Española de Cooperación
Internacional para el Desarrollo
(AECID)**
D. Santiago Herrero
Director de Relaciones Culturales
y Científicas

SEDE ALCALÁ DE HENARES

**Ayuntamiento de Alcalá de
Henares**
D. Santiago Alonso Nuevo
Concejal de Cultura e Igualdad

SEDE SANTANDER

Gobierno de Cantabria
Dª. Eva Guillermina Fernández
Directora General de Cultura y
Patrimonio Histórico

Ayuntamiento de Santander
Dª. Noemí Méndez
Concejala de Cultura, Juventud
y Educación

PATROCINADORES DE
EXPOSICIONES Y PROGRAMAS

Acciona
Dª. Isabel Gistau
Directora de Marca

Iberia
Dª. Gemma Juncá
Directora de Marketing y Marca

Grupo Ágora
D. Enrique Torguet
Director de Comunicación,
Patrocinio y Relaciones
Institucionales

Fundación Canal
Dª. Eva Tormo
Directora Gerente

Fundación MAPFRE
Dª. Nadia Arroyo Arce
Directora del Área de Cultura

Fundación "la Caixa"
Dª. Mireia Gubern
Directora de CaixaForum+

Palibex Creativa
D. Jaime Colsa
Director General

Fundación Telefónica
D. Pablo Gonzalo
Responsable del área de Arte,
Cultura y Pensamiento

Fundación Ortega – Marañón
Dª. Lucía Sala Silveira
Directora General

Fundación ENAIRE
Dª. Margarita Asuar
Directora Gerente

GRANDES CENTROS

Círculo de Bellas Artes
D. Valerio Rocco
Director

Casa de América
D. León de la Torre
Director

Teatro Real
Dª. Concha Barrigós
Directora de Comunicación
Estratégica, Asuntos Corporativos y
Relaciones Informativas

INSTITUCIONES
INTERNACIONALES

**Fundación Casa de México en
España**
D.ª Ximena Caraza Campos
Directora General

**Instituto Iberoamericano de
Finlandia**
Dª. Tiina Jortikka
Directora

Embajada de Francia en España
D. Eric Tallon
Consejero cultural

FESTIVAL OFF

Tamara Kreisler Gallery
Dª. Tamara Kreisler
Directora

Camara Oscura
D. Juan Curto
Director

Blanca Berlín
Dª. Blanca Berlín
Directora

Proyecto SOLO
D. Óscar Hormigos
Chief Creative Officer de Colección
SOLO

Museo Helga de Alvear
Dª. Sandra Guimarães
Directora

Equipo

LA FABRICA

Alberto Anaut
Fundador. *In memoriam*

Alberto Fesser
Presidente

Óscar Becerra
Director

Alejandra López
Directora general

Javier Bardón
Director de proyectos
y festivales

PHoto**ESPAÑA** 2025

María Santoyo
Directora

Juan Varela
Coordinador general

Nerea Fernández
Responsable de exposiciones

Maíra Villela
Responsable de programas
y actividades

Laura Sáenz de Urturi
Producción

Aitana Tolón
Coordinadora Festival Off

Isabel Cisneros
Directora de comunicación

Belén Martínez
Responsable de comunicación

Marta Quismondo
Responsable de proyectos digitales

María Fragoso
Social Media Manager
y convocatorias online

Almudena Cañete
Relaciones externas

María Villamayor
Coordinadora de exposiciones

Andrea Mochnáč
Coordinadora de programas

Marina P. Villarreal
Coordinadora de convocatorias

Patricia Collada
Iván Garabatea
Emilio Gómez
Departamento de operaciones

Edición

LA FABRICA

César Martínez-Useros
Director de La Fábrica Editorial

Camino Brasa
Directora editorial

Raúl Muñoz
Director de distribución

Ignacio Casares
Desarrollo editorial

La Fábrica
Verónica, 13. 28014 Madrid
+ 34 913 601 320
info@lafabrica.com
www.lafabrica.com

© La Fábrica 2025
© de los textos: sus autores
© de las imágenes: sus autores
© de las reproducciones
autorizadas, VEGAP, Madrid, 2025
ISBN: 978-84-10024-80-9
Depósito Legal: M-11104-2025

Studio Fernando Gutiérrez
Diseño gráfico

gráfica futura
Diseño y maquetación

Art in Translation
Traducción

Javier L. Manzano
Corrección

Adriana Rodríguez
Producción

Brizzolis
Impresión y encuadernación

La tipografía utilizada en este libro
es Neue Haas Unica y ha sido
impreso en papel Munken Lynx
de 100 g. en el interior y cartulina
estucada de 250 g. en cubierta.

Patrocinadores

Con el apoyo de

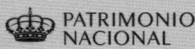 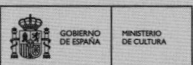

Patrocinadores principales

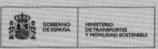 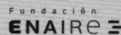

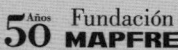 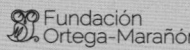

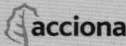 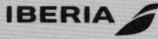

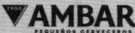

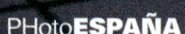
PHoto**ESPAÑA** CaixaForum$^+$ **LA FABRICA**

¿QUÉ MIRAS?

Una serie documental
de PHotoESPAÑA y CaixaForum+
en colaboración con Magnum Photos
para aprender a leer imágenes

NOTAS

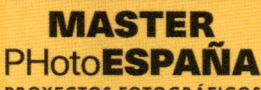

MASTER
PHotoESPAÑA
PROYECTOS FOTOGRÁFICOS

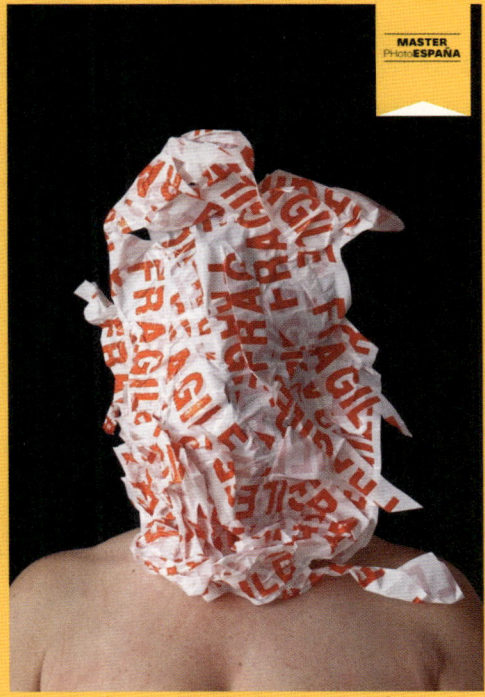

© Verónica Ettedgui

Te ofrecemos la oportunidad de dar forma a tu proyecto de autor y presentarlo en el marco del **Festival PHotoESPAÑA.**

Concreta un ensayo fotográfico de calidad y su estrategia de publicación, exposición y difusión. Artistas, comisarios y editores te acompañarán en la producción de tu propia obra desde su concepción hasta su exposición en la próxima edición del Festival.

Reserva tu plaza:

formacion@lafabrica.com
+34 674658751

Más información para las convocatorias 2025-2026
master.phe.es

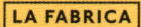 FUNDACIÓN CONTEMPORÁNEA

Medios asociados

EFE: EL PAÍS

EL INDEPENDIENTE   PHOTO

ARTE   Normal
La revista de VIPS

NUEBO

Patrocinadores

Sedes

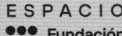 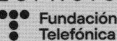 FUNDACION MONTEMADRID LA CASA ENCENDIDA

 Instituto Cervantes

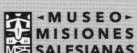 ESPACIO Fundación Telefónica

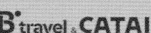 B travel & CATAI

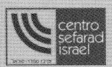 -MUSEO- MISIONES SALESIANAS

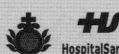 HospitalSanRafael

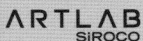 centro sefarad israel

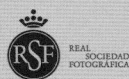 RSF REAL SOCIEDAD FOTOGRÁFICA

 ARTLAB SiROCO

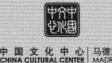 中国文化中心 | 马德里 CHINA CULTURAL CENTER | MADRID

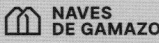 Biblioteca Central Cantabria

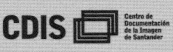 CDIS Centro de Documentación de la Imagen de Santander

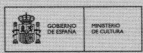 NAVES DE GAMAZO

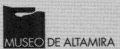 fcm

 GOBIERNO DE ESPAÑA MINISTERIO DE CULTURA MUSEO DE ALTAMIRA

KBr Fundación MAPFRE

palacio quintanar innovación, diseño y cultura

SANVALERO grupo ARCHIVO Jalon Angel

Sedes

 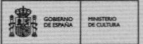

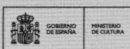 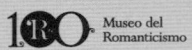 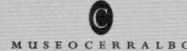

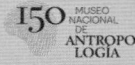

 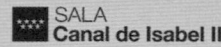

 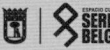

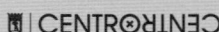

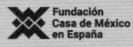 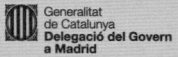

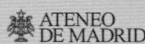

Patrocinadores

Entidades colaboradoras

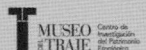

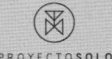 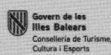 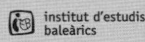

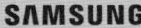

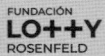

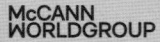

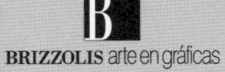 CLUB MATADOR

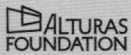

Colaboradores principales

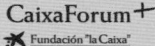

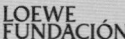

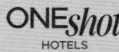

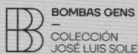

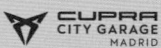

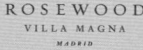

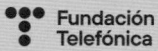

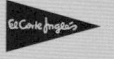

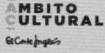

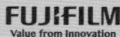

FUJIFILM
Value from Innovation

PURIFICACION GARCIA

Patrocinadores

País invitado

 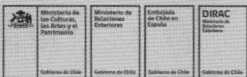 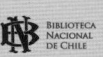

Instituciones internacionales

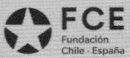 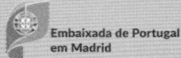

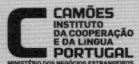 

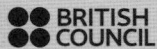 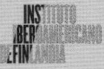

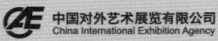 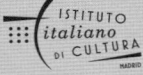

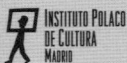

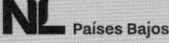

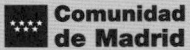 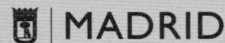
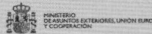 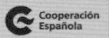
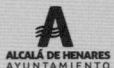
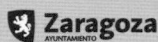 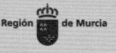
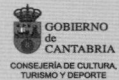 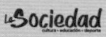
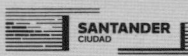 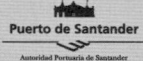